EVANGELISCHE PUBLIZISTIK – **WOHIN**

Reinhard Mawick,
Willi Wild (Hrsg.)

EVANGELISCHE PUBLIZISTIK – WOHIN?

Geschichte, Beispiele und Zukunft kirchlicher Medienarbeit

Bibliografische Information der Deutschen Nationalbibliothek:
Die Deutsche Nationalbibliothek verzeichnet diese Publikation in der Deutschen Nationalbibliografie; detaillierte bibliografische Daten sind im Internet über http://dnb.d-nb.de abrufbar.

Printed in Germany

Das Buch wurde auf alterungsbeständigem Papier gedruckt.

Gesamtgestaltung: Anja Haß, Leipzig
Bildnachweis: Covermotiv John Towner/unsplash.com und vladystock/iStockphoto.com, Seiten 1, 2, 19, 85, 129: vladystock/iStockphoto.com
Druck und Bindung: CPI books GmbH

ISBN 978-3-86160-595-9
eISBN (E-Pub) 978-3-86160-596-6
www.wartburgverlag.de

Publizistik ist, wie Geisendörfer es ausdrückte, ein „Mittel der Freiheit“. Den Freiraum journalistischer Arbeit in der Kirche zu sichern, sollte daher ein gemeinsames Anliegen sein. Geisendörfer war der Meinung, „dass eine solide, seröse, sachgemäße und kritische Publizistik eine wesentliche Voraussetzung für Kirche in dieser Zeit ist“.

Willi Wild

INHALT

EVANGELISCHE PUBLIZISTIK KONKRET –
DIE KIRCHENZEITUNG „GLAUBE+HEIMAT“

GELEITWORT

Volker Jung

Warum muss Kirche einen eigenen Pressedienst haben? Warum macht Kirche ein Magazin wie chrismon? Warum gibt es eigene Kirchenzeitungen mit unabhängigen Redaktionen? Warum eine Plattform wie evangelisch.de? So bin ich vor einiger Zeit in einer Diskussion gefragt worden. Begründet wurden die Fragen so: Kirche muss verkündigen und für ihr Wirken Öffentlichkeitsarbeit machen. Kirche soll Menschen für den Glauben und die Mitgliedschaft in ihrer Organisation gewinnen. Evangelische Publizistik, so wurde argumentiert, leiste das nicht. Sie berichte zwar über Kirche und ihre Themen, sie tue dies aber mit Abstand und in journalistischer Freiheit. Wenn es hart auf hart kommt und die Mittel weniger, sei das, vom kirchlichen Grundauftrag her betrachtet, entbehrlich. Über diese und ähnliche Fragen wird zurzeit diskutiert, und vermutlich werden diese Diskussionen in den nächsten Jahren zunehmen.

Wie kann eine Gegenposition aussehen? Ja, Publizistik darf keine kirchliche „Hofberichterstattung" sein. Sie hat sogar den Auftrag, die eigene Organisation kritisch zu begleiten. Gerade darin hat sie eine eigene Legitimation und schlägt eine Brücke in den gesellschaftlichen publizistischen Raum. Sie ist nicht nur kritische Begleiterin der eigenen Institution, sie ist auch kritische Begleiterin der Gesellschaft in christlicher Perspektive. Dies hat einen wesentlichen Grund in der kirchlichen Botschaft selbst und damit in einem sehr viel weiter zu fassenden Verständnis von Verkündigung. Das Evangelium, die frohe Botschaft von der Liebe Gottes zu allen Menschen, ist eben nicht nur Botschaft für die persönliche Seele. Es ist auch eine Botschaft mit einer gesellschaftlichen und damit politischen Bedeutung. In diesem Sinn ist evangelische Publizistik ein Beitrag der Kirche zur Gestaltung der Gesellschaft, und zwar zu einer freiheitlichen und demokratischen Gesellschaft.

Der Nestor der evangelischen Publizistik, der bayerische Pfarrer und Begründer des Gemeinschaftswerkes der Evangelischen Publizistik Robert Geisendörfer, hat dies einmal so gesagt: „Fürsprache üben, Barmherzigkeit vermitteln und Stimme leihen für die Schwachen". Dazu sollten „keine frommen Sprüche produziert werden, sondern Journalismus". Das Grundanliegen stimmt auch noch heute. Allerdings ist die publizistische Welt vielfältiger geworden. Was das bedeutet, dem geht dieses Buch in seinen verschiedenen Beiträgen nach. Ich danke allen sehr, die dieses Buch konzipiert haben und Texte verfasst haben. Es ist ein wichtiger Beitrag in einer Zeit, in der evangelische Publizistik nötiger denn je, aber alles andere als selbstverständlich ist.

Dr. Volker Jung, Kirchenpräsident der Evangelischen Kirche in Hessen und Nassau (EKHN), ist seit 2015 Vorsitzender des Aufsichtsrates des Gemeinschaftswerkes der Evangelischen Publizistik (GEP).

VORWORT

Reinhard Mawick, Willi Wild

100 Jahre sind eine lange Zeit, in 100 Jahren kann viel passieren, und 100 Jahre alt wird in diesem Jahr „Glaube+Heimat", die Mitteldeutsche Kirchenzeitung. Das wird tüchtig gefeiert. Und dieses Buch ist ein gewichtiger Teil dieses Feierns, denn in ihm wird die wechselvolle Geschichte von „Glaube+Heimat" dargeboten: eine Geschichte mitten in Deutschland – durch die Anfänge in der Weimarer Republik, die Bedrohungen, Abgründe und Anfechtungen der Nazizeit, den Neubeginn nach dem Zweiten Weltkrieg, den langen Jahrzehnten der DDR, die gegen Ende besonders stürmische Entwicklungen brachten, bis in die heutige Zeit. Wir sagen herzlichen Glückwunsch!

Diese wechselvolle Geschichte bildet den zweiten Teil dieses Buches (ab Seite 130). Im ersten Teil hingegen geht es um das Phänomen evangelische Publizistik im Allgemeinen und teilweise auch im Speziellen. Autorinnen und Autoren aus Wissenschaft, Praxis und Kirchenleitung geben einen Einblick in den Stand des Denkens und des Tuns evangelischer Medienarbeit. Dass im Rahmen dieser publizistischen Gelegenheit jeweils nur kleine Ausschnitte beleuchtet werden können, versteht sich von selbst. Aber wir sind der Auffassung, dass Größe und Komplexität eines Phänomens nicht davon abhalten dürfen, mit einer Durchdringung anzufangen.

Den Beginn macht **Roland Rosenstock**, indem er die Geschichte darbietet oder besser, skizziert, denn im Rahmen dieses Buches ist es natürlich lediglich „Eine kurze Geschichte der evangelischen Publizistik". Deutlich länger und ausführlicher hat er dies vor mehr als zwanzig Jahren in seiner voluminösen Dissertation „Evangelische Presse im 20. Jahrhundert" niedergelegt. In seinem Beitrag hier geht es besonders darum, neben den wichtigsten Entwicklungen aus über einhundert Jahren die Frage nach dem Selbstverständnis der evangelischen Publizistik zu stellen. Rosenstock sieht nämlich mehr und mehr das in Gefahr, was für ihn das Herzstück evangelischer Publizistik ist: einen kritischen Journalismus aus protestantischem Geist, der für sich den Anspruch erhebt, auch gegenüber seiner Kirche und deren Leitungsgremien Objektivität und Unabhängigkeit zu wahren. Deswegen hat er seinen Rückblick in eine aktuelle Problemanalyse eingebettet (Seite 20).

Neue Entwicklungen reflektieren **Ilona Nord** und **Thomas Schlag.** Da Religion ohne mediale Vermittlung und damit ohne Medien nicht möglich sei, ist „die religiös-mediale Praxis (...) immer auch ein Kind der jeweiligen medialen Logiken und Möglichkeiten der Zeit", schreiben die Autoren in ihrem Beitrag. Sie gehen dann der Frage nach dem „beziehungsorientierten, lebensdienlichen und theologischen Tiefensinn unter der Benutzer:innenoberfläche" in unserer von digitalen Medien und Kommunikationsweisen geprägten Gegenwart nach – auch in einer Auswertung und Analyse medialer und religiöser Erfahrungen im Zuge der Corona-Pandemie (Seite 36).

Jörg Bollmann, langjähriger Geschäftsführer und Direktor des Gemeinschaftswerks der Evangelischen Publizistik, gibt einen Einblick in die große Fülle der evangelischen Publizistik. Er erinnert in seinem Beitrag an besonders gelungene

Bündelungen von Reichweite, die seines Erachtens unerlässlich sind, um in der Nische, die evangelische Publizistik im gesamtgesellschaftlichen Medienkonzert und -geschehen immer ist, wahrgenommen zu werden, denn: „Was früher die Dächer waren, unter denen sich Menschen versammelten, sind in der modernen Gesellschaft die Medien, die ihre Wirkung in der Welt des 21. Jahrhunderts mehr und mehr online entfalten" (Seite 47).

Die Frage nach der DNA evangelischer Publizistik treibt **Florian Höhne** um. Zwar könne die Gegenwartsdiagnose dazu verleiten, „verführt vom morbiden Charme des Zynismus (...) die Zukunftsvision der evangelischen Publizistik eher in Schwarz- und Grautönen" zu zeichnen. Doch dies sei unangemessen, meint Höhne denn evangelische Publizistik gehöre „essenziell" zur Kirche dazu. Er sieht sie als Ausdruck einer Bildungsarbeit, „die Menschen hilft, sich über kirchliches und politisches Leben, über ethische Fragen und historische Umstände zu informieren, sich eine Meinung zu bilden und an (kirchen-)politischen Diskussionen teilzuhaben." Außerdem könne evangelische Publizistik inmitten der zuweilen düsteren Welt säkularer Medien Hoffnung stiften, indem sie das Konzept des „konstruktiven Journalismus" vertrete – wofür es hoffnungsvolle Beispiele gebe (Seite 60).

Diesem Anliegen fühlt sich auch **Udo Hahn** verpflichtet, der in seinem „Zwischenruf" noch einmal auf die Bedeutung einer funktionierenden Publizistik für die nach innen wie nach außen gerichtete Wirksamkeit der Kirche verweist. Dass die Publizistik materiell im Raum der Kirche seit jeher kurzgehalten wird, sieht der Autor kritisch. Über keine anderen Handlungsfelder erreiche die Kirche so viele Menschen wie über Bildung und Publizistik. Aber: „Verfolgt man die Debatten um die finanzielle Ausstattung dieser Bereiche, so scheint sich die Kirche dieses Werts der Reichweite nicht bewusst zu sein. Oder diesen für das kirchliche Wirken in der Gesellschaft nicht für wichtig zu halten. Beides wäre fatal" (Seite 76).

Die digitale Transformation, die Ende des 20. Jahrhunderts begann und in diesem Jahrhundert immer rasanter an Fahrt gewinnt, führt immer mehr dazu, dass sich kirchliche Medienhäuser völlig neu aufstellen und gruppieren müssen. **Rieke C. Harmsen** war von Beginn an an der Digitalisierung des Medienhaues der bayerischen Landeskirche maßgeblich beteiligt. Harmsen schildert diesen Prozess anhand der Entwicklung von sonntagsblatt.de und zeigt die Komplexität auf, die eine konsequente Digitalisierung nach sich zieht. Zum anderen betont sie, dass diese „journalistisch professionelle und unabhängige Plattform (...) einen wichtigen Beitrag für Demokratie, Frieden und Zusammenhalt in der Gesellschaft" leistet (Seite 86).

Während der Corona-Pandemie musste sich das kirchliche Leben über Nacht auf neue Formate umstellen. Es ist noch zu früh, eine wirkliche Bilanz zu ziehen, was diese Verunmöglichung direkter Begegnung und direkter Präsenz für Folgen zeitigen. Aber die bayerische Pfarrerin **Cornelia Egg-Möwes** berichtet von der medialen Erfolgsgeschichte ihres #abendsegen, der, aus der Corona-Not geboren, bis heute für Tausende zum geistlichen Leben gehört (Seite 100).

Dass sich Kirchenleitende häufig über Berichte kirchlicher Medien ärgern, kann nicht verwundern. Auch nicht, dass es deswegen unter ihnen zuweilen die Meinung gibt, es müsse ungebundenen Journalismus im Raum der Kirche nicht geben. Der Jurist **Jan Lemke** macht die Probe aufs Exempel und stellt sich als Präsident des Kirchenamtes der EKM die Frage

„Brauchen wir kirchlichen Journalismus oder kann das weg?“ Er kommt zu einem klaren Ergebnis, das unter anderem geprägt ist von seiner Funktion als ehrenamtlicher Vorstandsvorsitzender des Evangelischen Presseverbandes in Mitteldeutschland (EPVM) (Seite 107).

Von einer anderen Seite erörtert der Journalist **Arnd Henze** das Thema: Für ihn ist es völlig klar, dass evangelische Publizistik unbequem sein und bleiben muss. Henze fordert vor diesem Hintergrund sogar den Aufbau einer zentralen Rechercheeinheit für den Kirchenjournalismus und zwar in Gestalt einer „Recherche- und Hintergrundredaktion unter dem Dach des epd“. Seiner Ansicht nach ist es die vordringliche Aufgabe kirchlich verantworteter journalistischer Medien, auch zukünftig „eine relevante und unverzichtbare Stimme im säkularen öffentlichen Raum“ zu bleiben, denn „(a)ls solche“ werde sie „mehr denn je gebraucht“ (Seite 117).

Dann sind wir beim Geburtstagskind angekommen: der 100-jährigen Wochenzeitung „Glaube+Heimat“, deren Geschichte, deren Wohl und Wehe die zweite Hälfte dieses Buches gewidmet ist. Zum Auftakt dieses Teils findet **Sebastian Kranich** in seinem Streifzug durch die Zeitungsgeschichte ein schönes Zitat: „Eine Kirchenzeitung unterscheidet sich von einem Blatt, das sich auf den sogenannten erbaulichen [...] Typ beschränkt, dadurch, daß sie zugleich ein Fenster der Kirche zur Öffentlichkeit hin ist.“ Dies galt sicher 1946, dem Jahr des Zitates, wie es auch heute noch gilt (Seite 130).

Ganz persönlich von ihrer Familiengeschichte ausgehend, beleuchtet die Pfarrerin und ehemalige Thüringer Ministerpräsidentin **Christine Lieberknecht** das Gründungsjahr 1924 und die Verhältnisse samt Zeitgeist damals in und um Thüringen (Seite 135). Daran knüpft der Historiker **Jochen Birken-**

meier an, der die Geschichte von „Glaube+Heimat" in der Zeit der Naziherrschaft von 1933 bis 1945 betrachtet. Was der Autor dabei an nationalistischem und antisemitischem Ungeist im Raum der Kirche zutage fördert, ist erschütternd (Seite 151).

Den Neubeginn von „Glaube+Heimat" nach dem Zweiten Weltkrieg in der Sowjetischen Besatzungszone und die fast vier DDR-Jahrzehnte zeichnet **Karl-Christoph Goldammer** nach. Er findet dabei ganz unterschiedliche Phasen des Mit- und Gegeneinanders zwischen Kirche und realsozialistischem Staat. Dabei ergründet er, dass personelle Kontinuitäten zur Nazizeit leider keineswegs die Ausnahme blieben (Seite 173).

Im Jahr 1988 wurde es dann sehr konfliktträchtig zwischen Kirche, Kirchenzeitung und DDR-Regime. Häufig mussten Kirchenzeitungen mit weißen Flecken erscheinen, die die Zensur erzwang. Die Journalistin **Bettina Röder** kann da aus ihrer Erfahrung als engagierte Beteiligte und Zeitzeugin berichten. Ebenso wie in einem weiteren Beitrag über die Geschichte der Kinderzeitschrift „Benjamin", einem Kind der Friedlichen Revolution in der DDR, das später verlegerisch nach Stuttgart auswanderte (Seite 219 bzw. 234).

Schließlich kommt **Willi Wild**, der Chefredakteur der Jubilarin „Glaube+Heimat", zu Wort, der über die vergangenen Jahre der traditionsreichen Kirchenzeitung schreibt und dabei auch über die bemerkenswerte digitale Transformation derselben. Diese schlägt sich in besonderer Weise in einer Kommunikationsplattform mit Gemeindebriefportal nieder, einem Joint Venture der Evangelischen Kirche in Mitteldeutschland (EKM) mit der zum Wartburg Verlag gehörenden Kirchenzeitung. Dieses Projekt ist deutschlandweit einmalig, es erweckt den „heimlichen Riesen" Gemeindebrief zu neuem Leben und befeuert die Kommunikation auf den unterschiedlichen kirchlichen Ebenen bis zur Basis in den Kirchengemeinden sowie die journalistische Kreativität (Seite 238).

Die Herausgeber sind dem Wartburg Verlag dankbar, dass er es ermöglicht, anlässlich des runden Geburtstags von „Glaube+ Heimat" diese Themensammlung zur evangelischen Publizistik im Jahre 2024 als Buch an die Öffentlichkeit zu bringen. Natürlich sind wir uns bewusst, dass dies nur ein kleiner und subjektiv gewählter Ausschnitt eines weiten Feldes ist. Aber dieses Feld, die evangelische Publizistik, ist in ihrem Bestand gefährdet und in ihrem Selbstverständnis unklar. Mögen die Beiträge dieses Bandes eine Diskussion über den weiteren Weg der evangelischen Publizistik im 21. Jahrhundert befördern – im Raum der Kirche und gerne auch darüber hinaus.

Berlin/Weimar, im Februar 2024

Reinhard Mawick ist seit 2014 Chefredakteur des Monatsmagazins „zeitzeichen – Evangelische Kommentare zu Religion und Gesellschaft". 2009–2014 war er Pressesprecher der Evangelischen Kirche in Deutschland (EKD), zuvor war er bei der Wochenzeitung „Deutsches Allgemeines Sonntagsblatt" und beim evangelischen Magazin „chrismon" tätig.

Willi Wild ist seit 2015 Chefredakteur der Mitteldeutschen Kirchenzeitung „Glaube+Heimat" sowie seit 2017 Geschäftsführer des Evangelischen Presseverbandes in Mitteldeutschland (EPVM).

EVANGELISCHE PUBLIZISTIK **IN VERGANGENHEIT, GEGENWART UND ZUKUNFT**

ANFANG UND ENDE *ODER* UMGEKEHRT
EINE KURZE GESCHICHTE DER EVANGELISCHEN PUBLIZISTIK

Roland Rosenstock

I. Das Ende

In einer Festschrift im Jahr 2012 veröffentlichte der Jurist Hans Ulrich Anke, seit 2010 und bis heute Präsident des Kirchenamtes der EKD, einen Text, der den Auftrag und die Funktion *der* evangelischen Publizistik für die evangelische Kirche in einer umfassenden Kritik des Mandatsbegriffs des publizistischen Gesamtkonzeptes von 1997 neu definierte: „Die" evangelische Publizistik gebe es nicht. Und was als evangelische Publizistik bezeichnet werde, diene der geistlichen Dimension des kirchlichen Verkündigungsauftrags, lenke die Aufmerksamkeit auf persönlich verantwortete Glaubenszeugnisse und trage zur Vergewisserung in geistlichen Fragen bei.[1]

Der Widerspruch des leitenden EKD-Kirchenjuristen richtete sich offen gegen das Paradigma einer journalistischen Unabhängigkeit. Die Funktion eines kritischen Gegenübers zur verfassten Kirche als Institution wird für all die Formen der evangelischen Publizistik abgewiesen, die aus Kirchensteuermitteln finanziert werden und dem aufsichtsrechtlichen Handeln der verfassten Kirche unterstehen: Das Mandat werde von der jeweils rechtlich verfassten Kirche erteilt.

Sehr deutlich formuliert Anke, dass Neutralität, Distanz und Kritik gerade nicht zum Mandat dazugehörten, allerdings „verlässliche und kreativitätsförderliche Spielregeln“ gewährt werden müssten. Unmissverständlich betont er die Deutungsmacht der rechtlich verfassten Kirche, wenn er schreibt, dass von kirchlich getragenen Formaten evangelischer Publizistik erwartet werde, dass sie „auf die Botschaft der Kirche“ setze, statt „auf Nachrichten über die Kirche“.

Im Blick auf kirchliche Unternehmen, zum Beispiel das Gemeinschaftswerk der Evangelischen Publizistik (GEP), forderte Anke, bis heute Mitglied im Aufsichtsrat des GEP, den „Grundsatz von Firmenwahrheit und Firmenklarheit“. Seine Begründung: Nutzer dieser publizistischen Angebote erwarteten eine „Einladung zum Glauben“ und eine „verlässliche Orientierung“, die in „Kohärenz mit den öffentlichen Verlautbarungen der Kirche“ stehen müssten, da die Evangelische Kirche als „Überzeugungsgemeinschaft“ identifizierbar sein müsse. Der Neuformulierung eines publizistischen Gesamtkonzeptes trat Anke entgegen, und mit Blick auf das Reformationsjubiläum 2017 forderte er eine Diskussion zu Grundsätzen und konzeptionellen Eckpunkten für die publizistische Arbeit der EKD.

Da sich diese Deutung des Mandats evangelischer Publizistik auch gegen das Selbstverständnis des Evangelischen Pressedienstes (epd) als Nachrichtenagentur richtete, veranlasste der Festschriftartikel den langjährigen epd-Redakteur und Hamburger Professor für Qualitätsjournalismus Volker Lilienthal, Ankes „Ruf“ als eine „Ungebührlichkeit“ zu bezeichnen.[2] Gleichwohl beschrieb er, dass der „undiskutierbare vorgegebene Fixpunkt“ in seinen beiden letzten epd-Jahren in der Zentralredaktion die Vermeidung von Kirchenkritik gewesen sei. Insofern schlussfolgerte Lilienthal, dass Ankes Anspruch der Deutungsmacht aufgrund der fast 100 Prozent Gesellschafteranteile der EKD am GEP, unter dessen Dach sich die epd-Zentralredaktion befindet, durchaus die Frage nach der fehlenden Unabhängigkeit des GEP erlaube: „Journalisten sollen die übergeordneten ideologischen Interessen ihres Hauptaktionärs stets antizipieren und ihr Schreiben entsprechend ausrichten. ... Ich meine: Freier Journalismus entsteht so bestimmt nicht mehr“[3] Trifft zu, was Lilienthal in seinem Artikel geschrieben hat – er spricht am Ende selbst von der Notwendigkeit einer „Enttäuschung“ –, dann wäre die Geschichte der evangelischen Publizistik zu ihrem Ende gekommen.

II. Rückblick

Wie hat sich das Selbstverständnis der evangelischen Publizistik im 20. Jahrhundert entwickelt, die Unterscheidung zwischen einem „allgemeinen evangelischen Mandat“ und einem „speziellen kirchenamtlichen Auftrag“ herausgebildet? Im Folgenden soll exemplarisch auf einige wenige Entwicklungen hingewiesen werden, ohne damit den Anspruch der Vollständigkeit erfüllen zu können. Dabei liegt der Fokus auf der Printpublizistik, die lange Zeit das Leitmedium der evangelischen Publizistik ausmachte.[4]

Die Anfänge gehen auf Wichern zurück. Das von der verfassten Kirche unabhängige Vereinswesen bildete dabei eine wichtige Voraussetzung für die weitere Entwicklung der evangelischen Publizistik. Die Beschäftigung mit der sozialen Frage gab im ausgehenden 19. Jahrhundert den Anlass für eine selbständig organisierte evangelische Pressearbeit. Nach der Gründung des ersten Presseverbandes in Sachsen im Jahr 1891 – unter anderem als Reaktion auf den ersten Parteitag der SPD in Halle – begann der Aufbau von regionalen Presseverbänden in den Provinzen, die sich von der Inneren Mission lösten und organisatorisch verselbständigten. Als Dachverband für die eigenständigen Verbände und Vereine wurde 1910 der Evangelischen Presseverband für Deutschland (EPD) in Berlin gegründet, der als unabhängiger Träger die Zusammenarbeit mit den überregionalen Tageszeitungen koordinieren und die innerkirchliche Pressearbeit durch Berufsjournalisten professionalisieren sollte.

Es ist ein interessantes Detail, dass August Hermann Hinderer im Jahr 1917 als Erster den Begriff der „Öffentlichkeitsarbeit" geprägt hat, der ursprünglich auf eine gemeinsam organisierte kulturpolitische Anstrengung aller evangelischen Presseverbände zielte.[5] Aufgrund der Vernetzung der Presseverbände konnte eine unabhängige Verbandsstruktur geschaffen werden, die für den Protestantismus eine wichtige Funktion in der säkularisierten Gesellschaft der Weimarer Republik erfüllte. An den Transformationsprozessen, die vor allem durch die politischen Umwälzungen des 20. Jahrhunderts verursacht wurden, lässt sich das Ringen zwischen journalistischer Freiheit und dem kirchlichen Regulierungs- und Orientierungsanspruch nachverfolgen.

Unter Hinderer wurde 1918 auch der *Evangelische Pressedienst* (*Epd*) als Nachrichtenagentur in Berlin gegründet, durch die sich der Grundsatz des protestantischen Dienstverständnisses ausdrücken sollte und sich das Berufsverständnis evangelischer Journalistinnen und Journalisten profilierte.[6] War der EPD ursprünglich antisozialdemokratisch ausgerichtet, nahm Hinderer – nach der Gründung einer föderalen Republik – mit dem EPD eine weitgehend neutrale Position gegenüber allen demokratischen Parteirichtungen ein.

Das Vertragswerk der Reichsarbeitsgemeinschaft der Deutschen Presse von 1926 führte erstmals zu einer einheitlichen Regelung der Arbeitsbedingungen von Redakteuren und zur Gründung einer „Versorgungsanstalt".[7] Diese Regelungen wurden auch im evangelischen Bereich übernommen, was zu einer deutlichen Aufwertung des Journalistenberufes führte.[8]

Wie erfolgreich Hinderer und seine Mitarbeiter in der Weimarer Republik waren, zeigt die Bestandaufnahme, die 1928 auf der internationalen Presseausstellung „Pressa" in Köln und 1929 im *Handbuch der Evangelischen Presse* vorgelegt wurde.[9] Aus dem EPD war ein wirkungsvoller unabhängiger Verband geworden, der wirtschaftlich weitgehend von kirchlichen Zuschüssen unabhängig agieren konnte und in der Weimarer Demokratie eine nachhaltige kultur- und bildungspolitische Bedeutung gewann.

Durch die Machtübernahme der Nationalsozialisten im Jahr 1933 veränderten sich auch die gesellschaftlichen und kirchlichen Rahmenbedingungen für die Möglichkeiten einer freien Verbandstätigkeit: Der Staat beanspruchte die politische und ideologische Führung von Presse und Rundfunk, und die evangelischen Verbände gerieten auch innerkirchlich unter Druck. Mit *Evangelium im Dritten Reich* und *Christenkreuz und Hakenkreuz* betrieb die „Glaubensbewegung" der Deutschen Christen (DC) auflagenstarke Propaganda für ihre Ziele. Mit dem ehemaligen Kirchenkommissar für die altpreußische Union, August Jäger, stand Hinderer ein erbitterter Gegner gegenüber, der 1933 im Umfeld der Reichsbischofswahl – nach dem Rücktritt von Friedrich von Bodelschwingh – gewaltsam versuchte, die Besetzung des EPD durch Aktivisten der DC und die Absetzung Hinderers zu erreichen. Für die Publikationen des EPD und die Nachrichtenagentur Epd bedeutete der mühsam abgewendete Übernahmeversuch eine harte Kurskorrektur und den Zwang zur kirchenpolitischen Neutralität. Das Ende der Pressefreiheit in Deutschland wurde spätestens durch den sogenannten „Frick-Erlass“ eingeläutet, der unter anderem die Information über kirchenpolitische Fragen in der Tagespresse und auch in der kirchlichen Presse verbot. Die gesamte konfessionelle Presse wurde 1936 dem NS-Schriftleitergesetz unterstellt; sie musste die „Sprachregelungen“ der NS-Pressepolitik umsetzen, und mit dem Werbeverbot endete die wirtschaftliche Eigenständigkeit der evangelischen Printpublizistik. Mit dem Erlass zur „Gestaltung der kirchlich-konfessionellen Presse“ durften die evangelischen Journalisten nur noch über innerkirchliche Fragen berichten, womit der Öffentlichkeitsanspruch der evangelischen Publizistik gebrochen wurde. Nachdem 1937 die Gemeinnützigkeit des EPD aufgehoben wurde, begann ein Changieren mit dem NS-Staat und den kirchenpolitischen Führern, das allein das Überleben des EPD in der NS-Zeit sichern sollte, was dazu führte, dass auch der Epd bis 1941 im Dienst der NS-Propaganda stand.[10]

Nach dem Zusammenbruch von 1945 wurden von den alliierten Kontrollregierungen Lizenzen nur an kirchenleitende Persönlichkeiten oder Organe ausgegeben. Damit erhielt die evangelische Presse im Allgemeinen einen rein innerkirchlichen Bezug. In der sowjetisch besetzten Zone konnte sich keine ungebundene Struktur mehr herausbilden.

III. Evangelische Publizistik in der DDR

In der Sowjetischen Besatzungszone (SBZ) wurden fünf Kirchenzeitungen, die Mitarbeiterzeitschrift *Zeichen der Zeit*, die *Christenlehre*, die Evangelische Verlagsanstalt (EVA) mit der *Theologischen Literaturzeitung* und ein Nachrichtendienst von der sowjetischen Militäradministration lizensiert.[11] Die Gründung von Presseverbänden wurde untersagt, die Freiheit des Journalismus durch sowjetische Zensurmaßnahmen weitgehend eingeschränkt. Mit der Gründung der DDR gab es zwar laut Verfassung keine Zensur mehr, das bedeutete aber für die Redakteure nur, dass es keine Vorzensur mehr gab und durch die staatliche Lizenzpflicht bzw. die Notwendigkeit der Druckgenehmigung weiterhin eine indirekte Zensur ausgeübt wurde.

Die kirchlichen Redaktionen in der DDR behielten weitgehend ihre freie Entscheidungskraft, was sie von den staatlichen Zeitungen unterschied. Da eine Zensur bei der Drucklegung jedoch weiterhin durch das Presseamt stattfand, mussten die Journalisten mit einer „Schere im Kopf" arbeiten, die je nach kirchenpolitischer Großwetterlage entschied, über welche Vorgänge berichtet werden konnte und über welche Ereignisse geschwiegen werden musste.

Die Zeitungen bekamen mit der Gründung der DDR eine neue Lizenzurkunde, in der neben dem Chefredakteur und dem Herausgeber auch Umfang, Größe und Auflagenhöhe der Zeitung eingetragen wurden. Der Umfang der Sonntagszeitungen betrug in der Regel acht Seiten. Von 1951 bis 1989 übernahm der Postzeitungsvertrieb der DDR die Abfertigung der kirchlichen Zeitungen. Die Auslieferung durfte aber erst dann erfolgen, wenn eine Freigabe vom Presseamt vorlag, und war durch die Papierzuweisungen beschränkt.

Die konfessionelle Presse in der DDR brachte wichtige Informationen, die in den Tageszeitungen nicht zu finden waren, zum Beispiel über die ökumenische Bewegung. Die evangelischen Redaktionen übernahmen grundlegende Aufgaben einer meinungsbildenden Funktion: Sie stellten Hintergrundinformationen im kirchlichen Bereich zusammen, um Hilfe beim Argumentieren im Rahmen ideologischer Auseinandersetzungen zu geben.

Ein kritischer Journalismus war vonseiten der führenden DDR-Staatspartei SED nicht erwünscht. Als ein Beispiel für die Konsequenzen einer verschlüsselten Aktualität als Möglichkeit journalistischer Freiheit kann die Ablösung des Chefredakteurs der *Potsdamer Zeitung,* Pfarrer Günter Heidtmann, dienen, der selbst aus der Tradition der Bekennenden Kirche stammte.[12] Mit seinen Artikeln wollte er Laien und kirchliche Mitarbeitende, die über keine theologische Ausbildung verfügten, zur Urteilsbildung qualifizieren. Dabei wurden von ihm vor allem Gedenktage der Kirche benutzt, um den Artikel so zu schreiben, dass der aufmerksame Leser auch die Beziehung zur Kritik am sozialistischen Staat herstellen konnte. Um ihn vor staatlicher Verfolgung zu schützen, wurde Heidtmann 1951 von der Kirchenleitung an das Seminar für kirchliche Dienste in West-Berlin versetzt.[13]

Der *Evangelische Nachrichtendienst Ost* (ENO) wurde von der EVA herausgegeben und berichtete seit Juni 1947 auf 14 hektografierten Seiten mit einer Auflage von 600 Exemplaren für die kirchliche und die CDU-Presse in der DDR. Vor allem aufgrund der gesamtkirchlichen Berichterstattung kam es immer wieder durch das Presseamt der DDR zur Beschlagnahmung bzw. zu Richtigstellungen. Ab 1955 durfte der ENO nicht mehr direkt ausgeliefert werden, sondern wurde wie die Kirchenpresse über den Postzeitungsvertrieb vertrieben. Dies führte auch dazu, dass das Presseamt den Vertrieb unterbinden konnte, wenn, wie in der Aprilausgabe 1960 geschehen, der Wortlaut eines Briefes des späteren Bischofs der Evangelischen Kirche in Berlin-Brandenburg Kurt Scharf abgedruckt werden sollte. Aus ideologischen Gründen musste 1966 der ENO in *Evangelischer Nachrichtendienst in der DDR* (ena) umbenannt werden.

Nach der Gründung des „Bundes der Evangelischen Kirchen in der DDR" im Jahr 1969 wurde die kirchliche Publizistik neu geordnet. Dennoch kam es, wie im Fall der Berichterstattung über die Selbstverbrennung des Pfarrers Oskar Brüsewitz, auch zum Verbot der Auslieferung der Ausgaben aller Kirchenblätter. Auch, wenn sich die publizistischen Möglichkeiten durch kirchliche Sendezeiten im DDR-Fernsehen seit 1978 ausweiteten, wurde es der evangelischen Publizistik weiterhin nur erlaubt, innerkirchliche Themen zu behandeln.

1987 gelang es der Ost-Berliner Kirchenzeitung *Die Kirche* unter Gerhard Thomas und Bettina Röder, den ökumenischen Prozess für „Gerechtigkeit, Frieden und Bewahrung der Schöpfung" publizistisch auf die Situation der DDR zu beziehen.[14] Eine aktuelle Bibelauslegung mit deutlich kritischen Bezügen führte zur intensiven Beobachtung durch das Presseamt der DDR.

Die evangelische Kirchenpresse hatte in den Jahren 1987/88 erhebliche Zensur- und Verbotsmaßnahmen hinzunehmen: Fünf Ausgaben der „Kirche" durften nicht erscheinen. Massive Eingriffe in die Berichterstattung wurden in der Osternummer vom 3. April 1988 durch weiße Flecken sichtbar gemacht, deren Botschaft deutlich und für jeden verständlich war.

Am 10. Oktober 1988 kam es in Ost-Berlin zum ersten öffentlichen Protest für Pressefreiheit in der DDR. Aufgrund der Verhaftungen im Verlauf der Demonstration und der Berichterstattung ausländischer Korrespondenten befasste sich am 13. Oktober 1988 eine aktuelle Stunde des Deutschen Bundestages mit dem Thema „Pressefreiheit in der DDR“. Damit war es den kirchlichen Basisgruppen gelungen, die staatliche Zensurpolitik der DDR in das öffentliche Gespräch zu bringen, ein Meilenstein auf dem Weg zu den Veränderungen durch die „Bürgerbewegung“ im Jahr 1989.

Für das Verständnis von evangelischer Publizistik in der Zeit der sogenannten Wende war signifikant, dass die protestantische Presse kritischen Gruppen – aus einem Stellvertretermotiv heraus – die Möglichkeit zur publizistischen Äußerung gab. Zur kritischen Kommentierung innerkirchlicher Vorgänge kam das Selbstbewusstsein eines von parteipolitischen Interessen unabhängigen Journalismus, der sich aus einem aufklärerischen protestantischen Freiheitsideal heraus zu wichtigen gesellschaftlichen und politischen Fragen äußert. Mit der Gründung des Evangelischen Presseverbandes Ost in Berlin im Jahr 1991 erfolgte ein Neuanfang für die ungebundene Publizistik auf dem Gebiet der ehemaligen DDR.

IV. Evangelische Publizistik in der Bundesrepublik

Der Aufbau einer kirchlichen Publizistik in der direkten Nachkriegszeit war durch die alliierten Lizenzbestimmungen an offizielle Vertreter der verfassten Kirche gebunden. Dies war die Stunde kirchenleitender Menschen wie Otto Dibelius, der das *Berliner Sonntagsblatt* unter dem Namen *Die Kirche* als überregionales Wochenblatt für Berlin und die gesamte SBZ beantragte, Hanns Lilje, der eine Lizenz für die Hamburger Wochenzeitung *Sonntagsblatt* in der britischen Zone erhielt und von Eugen Gerstenmaier, der in Süddeutschland in der amerikanischen Zone *Christ und Welt* begründete. Der in Treysa gebildete Rat der EKD unterstützte die Bestrebungen nach einem Wiederaufbau des EPD als unabhängigen Verband nicht. So gingen entscheidende Weichenstellungen von den landeskirchlichen Presseverbänden in Westfalen und Bayern aus.

In der britischen Zone durfte auf dem Gebiet jeder Landeskirche eine protestantische Kirchenzeitung erscheinen: unter anderem in der Rheinprovinz *Der Weg*, für Westfalen und Lippe die *Neue Kirche*, in der Hannoverschen Landeskirche *Die Botschaft*. In der amerikanischen Zone erschienen das *Evangelische Gemeindeblatt* für Württemberg und das *Sonntagsblatt* für Bayern.

Der ehemalige Chefredakteur des *Epd*, Focko Lüpsen, baute 1947 als Herausgeber und Direktor des Evangelischen Presseverbandes von Westfalen und Lippe (EPWL) in Bielefeld/Bethel mit der Unterstützung des westfälischen Präses Karl Koch die Zentralredaktion des Evangelischen Pressedienstes (jetzt *epd*) auf.[15] Hinzu kam der Evangelische Pressedienst für Bayern, der von Robert Geisendörfer aus München weiterentwickelt wurde. Mit der Gründung des Gemeinschaftswerkes der evangelischen Presse e.V. (GW) kam es in Westdeutschland 1951 zu einer neuen zentralen Instanz, die überregionale Aufgaben wahrnehmen konnte und sich für die Professionalisierung der journalistischen Ausbildung einsetzte.

Auf Bestreben von Geisendörfer wurden Ende der 1960er-Jahre zentrale publizistische Einrichtungen im Haus der Evangelischen Publizistik (HEP) in Frankfurt/Main zusammengelegt.[16] Auch der *epd* zog 1968 von Bielefeld/Bethel nach Frankfurt um. Die evangelische Presse verlor ihre Funktion als Leitmedium und wurde in ein medienübergreifendes Gesamtkonzept integriert. Dabei entwickelte sich im Rahmen einer inhaltlichen Neustrukturierung der evangelischen Publizistik, die mit der Gründung des GEP am 5. Juli 1973 verbunden war – als Leitbild einer evangelischen Medienpolitik –, das Motiv der medialen Stellvertretung für Minderheiten, als Mandat, einem „Engagement ohne Eigennutz", das in der Formulierung, „Stimme der Stummen" zu sein, von Geisendörfer als erstem Direktor auf eine neue Formel gebracht wurde.

Das GEP hatte nun die Aufgabe einer Koordinierungsfunktion. *Die* Evangelische Publizistik wurde von der Gründung des GEP an als genuine Funktion der verfassten Kirche in den 1970er- und 1980er-Jahren verstanden. Als Voraussetzung dafür trat Geisendörfer – bis zu seinem plötzlichen Tod 1976 – für die journalistische Freiheit innerhalb und außerhalb der verfassten Kirche ein, auch als „Anwalt der Freiheit" jedes einzelnen Redakteurs, der für die evangelische Publizistik und den epd tätig war. Mit der Strukturreform von 1989 wurde die Arbeit des GEP auf die evangelischen Freikirchen ausgeweitet und 1997 ein neues publizistisches Gesamtkonzept veröffentlicht.

V. Evangelische Publizistik nach 2000

Nach dem gescheiterten Versuch, mit einer Dachmarke eine bundesweite Kooperation der unabhängigen landeskirchlichen Medienverbände einzugehen, suchte die evangelische Printpublizistik Anfang der Jahrtausendwende bis heute nach Lösungen für die sinkenden Auflagenzahlen. Stattdessen wurde nach dem Ende des *Deutschen Allgemeinen Sonntagsblatts* im Oktober 2000 das von der EKD subventionierte Imagemagazin *chrismon* gegründet. Als Folge der zentralisierten Markenpolitik entschied die Rheinische Kirche im Jahr 2003, bei einer Abonnentenzahl von 29.000, die Redaktion der rheinischen Kirchenzeitung abzuwickeln und den ehemaligen *Weg*-Abonnenten *chrismon plus* anzubieten. Damit sollte die mit 12.011 Abonnenten im dritten Quartal verzeichnete Magazinversion des auflagenstarken Supplements durch eine Startauflage von 110.000 Exemplaren neu belebt werden. Zudem wurde der ehemals unabhängige Medienverband zu einem Servicecenter für das rheinische Landeskirchenamt anverwandelt.[17]

Aus dem GEP heraus wurden auch weitere Landeskirchen aufgefordert, den Zuschuss für die Kirchengebietspresse in die *chrismon*-Markenfamilie zu investieren. Dabei erreichten die Kirchengebietsblätter eher eng verbundene Mitglieder, während sich das *chrismon*-Konzept doch an die Kirchendistanzierten wenden wollte. So waren die Abonnementenzahlen bereits in Baden, als 1996 der *Aufbruch* eingestellt wurde, weit hinter den ehemals 30.000 zahlenden Abonnenten zurückgeblieben. *Chrismon plus* als Abo-Magazin blieb auch im Rheinland deutlich hinter den Erwartungen zurück. Mit *chrismon plus* wurde eine Alternative zu der ungebundenen Printpublizistik gesucht, um für das Vertrauen in das gesellschaftliche Handeln der Kirche und ihrer kirchenleitenden Repräsentanten zu werben. Die wesentlichen Merkmale der evangelischen Publizistik treten dabei in den Hintergrund: Kritik, Distanz und – wo nötig – Neutralität.

Im Kontext der weiteren Debatte um den Festschriftartikel des EKD-Kirchenamtspräsidenten Hans Ulrich Anke aus dem

Jahre 2012 ist es bemerkenswert, dass Jörg Bollmann, seit 2002 und bis März 2024 Direktor des GEPs und Geschäftsführer der EKD Media GmbH, in den Jahren seitdem und bis zu seinem Ausscheiden Anke nie öffentlich widersprochen hat. Mit Blick auf den Rückgang der Mitgliederzahlen und den daraus folgenden EKD-Sparbeschlüssen warb Bollmann 2020 in einem Beitrag zur aktuellen Diskussion um den Zustand der evangelischen Publizistik in der Zeitschrift *zeitzeichen* für seine Zentralisierungs-, Fusions- und Markenpolitik: „Alles unter einem Dach!"[18] Mit der Übernahme der Mehrheitsanteile am Medienhaus der Evangelischen Kirche in Hessen und Nassau (EKHN) zum Jahreswechsel 2023/2024 ist nun erstmals ein landeskirchlicher Medienverband zu einer Tochtergesellschaft des GEP geworden. Auf dem Markt der konfessionellen Medienunternehmen hat sich das GEP erkennbar von einem Dachverband zur Förderung und Vernetzung der landeskirchlichen Presseverbände zu einem wirtschaftlich konkurrierenden Mitbewerber gegenüber den föderal geprägten Medienverbänden gewandelt.

Bleibt die Frage: Bei wem liegt die Deutungsmacht für das kirchliche Handeln? Nach Anke liegt es bei den kirchenleitenden Personen selbst, die das Mandat bestimmen, weil sie die Kirchensteuern und die Mehrheitsanteile verwalten. Die Frankfurter „Überzeugungsgemeinschaft" wächst weiter und scheint im Rückblick dem Auftrag der EKD mehr verpflichtet zu sein als dem Mandat *der* evangelischen Publizistik. Oder liegt ein Missverständnis zugrunde? Ich hoffe es!

Prof. Dr. Roland Rosenstock ist Professor für Praktische Theologie, Religions- und Medienpädagogik an der Universität Greifswald.

1 Hans Ulrich Anke: Auf die Botschaft kommt es an! Glaube und Verantwortung in der evangelischen Publizistik, in: Glaube und Verantwortung, Festschrift zum 65. Geburtstag von Nikolaus Schneider, hg. v. Petra Bosse-Huber und Christian Drägert, Neukirchen-Vluyn 2012, 77–95.

2 Vgl. Volker Lilienthal: Eine Ungebührlichkeit. Replik auf Hans Ulrich Ankes Ruf nach einem konkretisierten Mandat evangelischer Publizistik, in: Nachrichten der Evangelisch-Lutherischen Kirche in Bayern 4/2013, 110–113. In diesem Heft nahmen weitere Autoren zu Ankes Position Stellung: Norbert Schneider, Elke Rützenhöfer, Karin Achtelstetter, Daniel Meier, Roland Rosenstock und Johanna Haberer.

3 Ebd., 112.

4 Zum Folgenden vgl. Roland Rosenstock: Evangelische Presse im 20. Jahrhundert, Stuttgart/Zürich 2002.

5 Vgl. Günter Bentele/Tobias Liebert: Art. „Öffentlichkeitsarbeit" 1917 (I), in: Deutsches Online Museum für Public Relations, https://pr-museum.de/begriffe-epochen/begriffe/begriffe-oeffentlichkeitsarbeit-und-public-relations/oeffentlichkeitsarbeit-1917/
Zu Hinderer als Publizist vgl. Simone Höckele-Häfner: Leidend dienen ... August Hermann Hinderer (1877–1945), in: Johanna Haberer und Friedrich Kraft (Hgg.), Evangelische Publizisten, Erlangen CPV 2016, 62–68.

6 Zu den Anfechtungen und der wechselvollen Geschichte des epd vgl. Hans Hafenbrack: Geschichte des Evangelischen Pressedienstes, Bielefeld 2008.

7 Reichsarbeitsgemeinschaft der Deutschen Presse (Hg.), Das Vertragswerk der Reichsarbeitsgemeinschaft der Deutschen Presse, Berlin 1926.

8 August H. Hinderer, Der Zeitungsspiegel, Berlin 1929, 27.

9 August H. Hinderer/Gerhard Kauffmann, Handbuch der evangelischen Presse, Leipzig 1929.

10 Zum angeblichen NS-Verbot des Epd 1937 vgl. Volker Lilienthal: Lüpsens Legende. Ende einer Zwecklüge, in: epd-medien 48/2002, 3–24.

11 Zu den fünf Sonntagsblätter gehörten drei lutherische: Der Sonntag (Dresden), die Mecklenburgische Kirchenzeitung (Schwerin) und „Glaube+Heimat" (Weimar/Jena); eine unierte Zeitung: Die Kirche (Berlin/Dahlem), und eine regionale Kirchenzeitung für die Mark Brandenburg, die Potsdamer Kirche, Potsdam.

12 Günter Heidtmann arbeitete ab 1938 als Pfarrer der bekennenden Gemeinde in Potsdam. Nach seiner Rückkehr aus dem Krieg übernahm er das Pfarramt der Heiligengeist-Gemeinde in Potsdam und

wurde 1946 Chefredakteur des brandenburgischen Sonntagsblattes.

13 Für die weitere Entwicklung der evangelischen Presse in Westdeutschland kommt Heidtmann eine wichtige Rolle zu: 1954 wurde er Chefredakteur des rheinischen Sonntagsblattes Der Weg, 1955 Pressepfarrer der Evangelischen Kirche im Rheinland und Chefredakteur der evangelischen Kirchenzeitung Kirche in der Zeit (KIZ).

14 Gerhard Thomas war von 1978–1986 Chefredakteur der Mecklenburgischen Kirchenzeitung und von 1986–1998 Chefredakteur der Ost-Berliner Kirchenzeitung Die Kirche. Bettina Röder kam 1980 als Redakteurin zur Dresdner Kirchenzeitung Der Sonntag, wechselte 1983/84 zur Mecklenburgischen Kirchenzeitung und war ab 1987 Redakteurin und 1992/93 Chefredakteurin der Kirche.

15 Zu Lüpsen vgl. auch Volker Lilienthal: Karriere mit Legende und Verdiensten. Focko Lüpsen (1898–1977), in: Johanna Haberer und Friedrich Kraft (Hgg.), Evangelische Publizisten, Erlangen CPV 2016, 69–88.

16 Zu Geisendörfer vgl. auch Otmar Schulz: Freiheit und Anwaltschaft. Der evangelische Publizist Robert Geisendörfer – Leben, Werk und Wirkungen, Erlangen 2002.

17 Vgl. Roland Rosenstock: Monatsmagazin oder Kirchengebietszeitung? in: Reinhard Schmidt-Rost und Norbert Dennerlein, Kontrapunkt, 2. verb. Aufl. 2005, 55–73.

18 Vgl. das Interview mit Johanna Haberer, Journalisten müssen Hexen sein (zeitzeichen 10/2020), verfügbar unter: https://zeitzeichen.net/node/8566 (11.11.2023), und Jörg Bollmanns Replik, „Wichtige gesellschaftsdiakonische Aufgaben". Aufgabe und Leistungskraft evangelischer Publizistik in unserer Zeit (zeitzeichen 12/2020), verfügbar unter: https://zeitzeichen.net/node/8646 (11.11.2023).

CHRISTLICHER GLAUBE UND DIGITALITÄT

DASS SICH KIRCHEN AUF DIE DIGITALE TRANSFORMATION ANGEMESSEN EINLASSEN, IST EIN ZEICHEN IHRER LIEBE ZUR WELT

Ilona Nord, Thomas Schlag

Einleitung

Welche Medien, wenn nicht die digitalen Medien, verweisen darauf, dass es keinen naiven Zugang zur Welt gibt? Sie performieren, perforieren und prägen den individuellen Weltzugang in elementarer Weise. Sie lassen nicht unbeteiligt und rufen dazu auf, sich zu ihrer jeweils transportierten Botschaft in ein je eigenes Verhältnis und in eine lebendige Beziehung zu setzen. Digitale Medien eröffnen auf besonders dynamische Weise vielfältige Weltzugänge, um nicht zu sagen, einen ganzen Kosmos von Sinnbezügen. Zugleich fordern sie dazu heraus, das komplexe Beziehungsgeflecht digital geprägter Lebenskultur produktiv und kritisch zu deuten – und damit keinem einzigen inhaltlichen Angebot „auf Treu und Glauben" zu vertrauen oder sich diesem in unmündiger Weise kritiklos auszusetzen.

Die christliche Religion kann in lebensdienlichem Sinn auf dieses „Sich-in-Beziehung-Setzen" einstimmen und für einen produktiv-kritischen Umgang mit den digitalen Dingen und Welten sensibilisieren. Denn sie eröffnet durch die Kommunikationskraft ihrer Botschaft vielfältige Selbst- und Weltzugänge. Dazu nutzt religiöse Kommunikation von Anfang an die mediale Kraft von Texten, Bildern, Symbolen und Metaphern. Dies bringt im Kontext digital geprägter Lebenskultur besondere Präsenzherausforderungen mit sich. Und dafür kann Religion mit guten Gründen an eigene mediale Tradierungslogiken anknüpfen.

Der bis in gegenwärtige Digitalisierungsdiskurse hinein immer wieder aufgerufene Zusammenhang von Buchdruck und Reformation ist ein im wahrsten Sinn des Wortes eindrückliches Beispiel für die mediale Grundsignatur aller Religion. Die religiös-mediale Praxis ist immer auch ein Kind der jeweiligen medialen Logiken und Möglichkeiten der Zeit. Die literarische Gattung der Flugblätter ebenso wie etwa die Zürcher Bibelwerkstatt Froschauers verkörpern ganz buchstäblich die Kooperation zwischen glaubensbestimmter Emphase, theologisch profilierter Textproduktion und medial vermittelter Ausbreitung über alle lehramtlichen Begrenzungsversuche hinweg. Die elementare Erfahrung des zugesprochenen Priestertums aller Gläubigen konstituierte sich von Anfang an nicht nur durch hochheiligen Sakramentsempfang, sondern auch durch medial konstituierte Empfängerschaft und mutige Weitergabe der vielerlei vermittelten Glaubenswortschätze.

Aus der beziehungsreichen Allianz von Glauben, Theologie und medialer Verkörperung der evangelischen Botschaft hat sich allerdings spätestens mit der Aufklärung eine Konkurrenzsituation ergeben, die vielfach beschrieben und beforscht worden ist. Mediennutzung ist spätestens seitdem ohne selbstbewusste Medienkritik schlechterdings nicht mehr zu denken. Den produzierten Text- und Bildwelten sollte – übrigens durchaus schon ein Erbe reformatorischer Denkungsart! – nicht mehr blind vertraut werden. Nichts konnte sich mehr von selbst verstehen oder sich gar mit dem Hinweis auf „Selbstverständlichkeit“ vor der Kritik immunisieren.

Schon die enzyklopädischen Großvorhaben im Geist der Aufklärung waren sogleich mit erheblichen Legitimationsanforderungen konfrontiert. Spätestens von hier an unterlag jede mediale Nutzungsabsicht – sowohl im religiösen wie im weltlichen Bereich – der Fundamentalkritik und zugleich der permanenten Plausibilisierungsnotwendigkeit. Dies gilt selbst in den propagandistischen Zeiten, in denen Medien und Massensuggestion unheilige und fatale Koalitionen eingegangen sind. Durch die öffentlich inszenierten totalitären Massenbewegungen des 20. und frühen 21. Jahrhunderts haben auch die daran häufig mitbeteiligten Religionsmächte endgültig ihre mediale Unschuld verloren.

Neues Nachdenken und Weiterdenken

Insofern werfen die digitalen Dynamiken für Religion, Glaube und Kirche nicht in erster Linie ein Technik- oder Reichweitenproblem auf. Sondern ganz elementar stellt sich die Frage nach dem beziehungsorientierten, lebensdienlichen und theologischen Tiefensinn unter der Benutzer:innenoberfläche. Angesichts der ambivalenten Entwicklungen digitaler Kommunikationsformate ist nicht nur den Menschen christlichen Glaubens klar, dass sich das gelingende Leben keineswegs ungebrochen auf Social Media findet oder dort authentisch vollzogen wird. Alle Spiegelungen individueller Ich-Präsenzen müssen mit Verzerrungen rechnen, selbst wenn sie sich einen glasklar-transparenten Anschein geben. Und die christlich-medialen Botschaften sind in der Regel ebenso wenig ohne Hintersinn wie die Botschafter:innen ohne Hintergedanken sind. In digitalen Zeiten und Welten treten Kritik und Legitimationsbedürftigkeit erneut und zeitgleich verschärft auf den Plan.

Somit ist es an der Zeit, angesichts der digitalen Beziehungs- und Spiegelwelten neu über das Verhältnis von Medien, Glaube und Theologie(n) nachzudenken. Eine Theologie, die sich heute in einer säkularen und religionspluralen Gesellschaft als wissenschaftliche Reflexion auf Religion, den Glauben und seine Praxen in Kultur und Gesellschaft entwickelt, kann jedenfalls weder auf die alten Vermittlungsformate einer bloßen Sender-Empfänger-Logik rekurrieren noch die digitalen Möglichkeiten einfach schlicht als technische Optionen nutzen. Und als „selbstverständlich" sollte im Bereich institutioneller religiöser Kommunikationsgestalten sowieso nichts mehr gelten. Deshalb muss ein theologisches Verstehen inmitten der Kultur der Digitalität neue Wege finden, um mit aller notwendigen (selbst-)kritischen Grundhaltung die eigenen Grundüberzeugungen zu plausibilisieren, Orientierung in den komplexen Verhältnissen zu schaffen und gelingende Beziehungen herzustellen.

Ein elementarer Grundsatz der christlichen Tradition mag dazu hier am richtigen Ort sein:

„Höre, Israel,
der Herr, unser Gott, ist der Herr allein,
und du sollst den Herrn, deinen Gott, lieben
von ganzem Herzen, von ganzer Seele,

von ganzem Gemüt und mit all deiner Kraft“
(5. Mose 6,4–5).
Das andre ist dies:
„Du sollst deinen Nächsten lieben wie dich selbst“
(3. Mose 19,18).
Es ist kein anderes Gebot größer als diese beiden.

Diese Orientierungsworte des Markusevangeliums (Markus 12, 29–31) sind aus der Sicht von Praktischen Theolog:innen, die sich mit digitalen Medien beschäftigen, hoch relevant für ein neu zu durchdenkendes und zu entfaltendes theologisches Medienverständnis. Der elementare Beziehungsaspekt liegt diesen Worten nach in der Liebe begründet, die den Menschen an Gott, an die Welt und den Nächsten bindet. Es ist die Liebe, die den Menschen davon zurückhält, sich mitsamt aller digitalen Optionen der Selbstbespiegelung aus den Weltverhältnissen herauszuziehen und sich bildschirmfixiert nur noch auf sich selbst zurückzubeziehen. Die mit der Liebe verbundene Empathie ermächtigt dazu, dass digital mitverursachtes Leid und digital perforierte Zerstörung nicht achselzuckend hingenommen werden.

Und es ist der Eros der Liebe, der sich antiker und biblischer Tradition zufolge mit den kulturellen Praxen der Welt verbindet, zu ihnen lebensdienlich beitragen will, nach eigenem Ausdruck sucht und sich von der Beziehung mit anderen nähren lässt. Der Glaube in dem sich eine solche beziehungsreiche Liebe vergegenwärtigt, ist folglich auf Kultur angewiesen und trägt zugleich zur Kultur bei. Bei aller notwendigen medialen Kritik, von der oben die Rede war, ist also festzuhalten: Würde man eine solche Glaubenspraxis ohne digitale Medien bzw. unter Absehung der Kultur der Digitalität üben und pflegen wollen, käme dies einer weltabständig-abstrakten Ideologie gleich, der im wahrsten Sinn des Wortes die Verbindung und Liebe zur Welt fehlen würde.

Wie schon angedeutet, hat sich der Glaube immer schon in medialen Praxen konkretisiert: in Schrift, Bildern und Visionen, Liedern und Gebeten, Symbolen und Metaphern. Digitalisierung erweitert dieses Repertoire in geradezu kolossaler Weise. Digitalisierungsprozesse ermöglichen es in Echtzeit und weltumspannend, dass im Internet heilige Texte gelesen und interpretiert, religiöse Filme geschaut, geistlicher Musik aufmerksam zugehört werden kann.

Aber wie schon angedeutet: Es wäre unterkomplex, nun allein auf die Möglichkeiten technischer Mediennutzung abzuheben. Denn die Ausdrucksgestalten des christlichen Glaubens und die Herausforderungen des individuellen „Sich-In-Beziehung-Setzens" verändern sich im Zeitalter digitaler Kulturen in erheblichem Sinn. Glaube wird nicht abseits digitaler Kommunikationslogiken gelebt. Sondern er ist auch mitbeeinflusst von den Rezeptions- und Produktionsbedingungen, die Internetkommunikationen in globalem Sinn prägen. Und dass hier viele inhaltliche Angebote primär einen ökonomiestrategischen Ur-„Sinn" haben bzw. „un-sinnig" sind und damit zu Recht selbst dem Ideologie-, Indoktrinierungs- und Vermassungsverdacht unterliegen, muss eigentlich kaum eigens betont werden.

Dies fordert Kirchen und Theologien dazu heraus, konstruktiv, eben selbst- sowie ideologiekritisch über ihren spezifischen Gestaltungsbeitrag einer zukünftigen Praxis gelebten christlichen Glaubens nachzudenken. Dafür soll im Folgenden als eine Art Denkanstoß auf Forschungserträge aus den letzten Jahren zu digitalen Glaubenspraxen in und nach der

Pandemie sowie zu Initiativen neuer Formen theologischer Kommunikation am Beispiel sogenannter christlicher Sinnfluencer:innen Bezug genommen werden.

Konkretionen

Christlicher Glaube und Glaubenspraxen im digitalen Transformationsprozess

Bis zur Corona-Pandemie mag man davon ausgegangen sein, dass digitale religiöse Kommunikationspraxis mehr oder weniger ein Exotikum von wenigen pastoralen Technik-Nerds darstellte. Diese Einschätzung musste bekanntermaßen durch die Erfahrungen der Pandemie selbst rasch und sehr deutlich revidiert werden. Wie wir nicht zuletzt aus unseren eigenen, den CONTOC-Studien wissen, hat sich sehr rasch nach Beginn des Lockdowns und des Kontaktverbotes eine intensive digitale Praxis, vor allem im Bereich von Gottesdiensten und kirchlicher Kommunikation ergeben. Auch in Seelsorge und Bildung entwickelten sich nicht wenige Initiativen, die mit digitalen Möglichkeiten der Kontaktpflege experimentierten und dafür die zur Verfügung stehenden technischen Möglichkeiten nutzten. Insbesondere in dieser frühen Phase der Pandemie deutete manches sogar auf eine Art „Digitalisierungsschub" hin.

Schon zwei Jahre nach Beginn der Pandemie zeigte sich allerdings in vielen Kirchengemeinden das Bedürfnis nach der Rückkehr zu den „alten normalen Verhältnissen". Von den experimentierenden Akteur:innen der Frühzeit scheint sich inzwischen ein nicht geringer Anteil wieder aus den digitalen Kommunikationswelten zu verabschieden.

Natürlich leuchtet es ein, dass das pastorale und kirchliche Personal in Zeiten der Pandemie insbesondere den Ausfall der unmittelbaren Begegnungskultur als überaus schmerzlich empfunden hat. Insofern gibt es gute Gründe dafür, wieder persönliche, leibhafte Begegnungen in gemeindlichen Kontexten pflegen zu wollen. Allerdings ist bedauerlich, dass offenbar damit auch die Chancen und Möglichkeiten einer hybriden Kommunikationskultur deutlich in den Hintergrund gerückt sind. Ganz abgesehen davon muss man fragen, ob die mehr oder weniger komplette Rückkehr in die analogen Welten religiöser Praxis nicht genau die Optionen digitaler Präsenz massiv unterschätzt. Ganz abgesehen davon, dass sich die Kulturen, in denen wir neben und außerhalb von Kirchen leben, weiter digitalisieren.

Wenn, wie oben ausgeführt, religiös-mediale Praxis immer auch ein Kind der jeweiligen medialen Logiken und Möglichkeiten der Zeit ist, so muss man bezweifeln, ob dies den entscheidenden Akteur:innen wirklich schon in aller Konsequenz bewusst ist bzw. bei diesen angekommen ist. Angesichts der Entwicklungen eines unübersehbaren Reputationsverlusts von Kirche sollten insofern die digitalen Präsenzmöglichkeiten auch im Horizont aktueller Legitimations- und Plausibilisierungsnotwendigkeiten neu begriffen werden.

Dies bedeutet dann aber, die Reichweitenfrage eben nicht nur als technische zu verstehen, sondern sie im Sinn von erheblich erweiterten Ermöglichungsbedingungen für eine lebensdienliche Kommunikation des Evangeliums zu begreifen und sich nach allen Regeln theologischer Übersetzungs- und Auslegungskunst auf die neuen Medienlogiken einzulassen. Alle kirchlichen Handlungsfelder sind auf Möglichkeiten digitaler Kommunikation zu „testen“ und im besten Fall sind unterschiedliche Formen analoger, digitaler und hybrider Präsenz anzubieten.

Wer soll Glaubensfragen und -inhalte im Netz (re-)präsentieren? Zur manchmal eigenartigen Attraktivität christlicher Sinnfluencer:innen

An dieser Stelle soll kurz auf ein aktuelles Phänomen christlicher digitaler Kommunikationspraxis eingegangen werden, das offenkundig die medialen Möglichkeiten im besten, auch theologischen Sinn für sich zu nutzen weiß: die sogenannten christlichen Sinnfluencer:innen. Was hier gegenwärtig passiert und vergleichsweise viel Aufmerksamkeit für sich erfährt, ist eine bestimmte, hoch persönliche und damit personalisierte Form medialer Religionspräsenz und -repräsentanz im Netz durch einzelne Akteur:innen christlicher Provenienz, die zum Teil gleichzeitig auch im Pfarramt tätig sind.

Die Nutzung digitaler Formate ist dabei vielfältig und reicht von Kurzandachten bis zu Gottesdiensten und Podcasts. Die inhaltliche Bandbreite umfasst Glaubens- und Lebensthemen ebenso wie freudige und schmerzliche Anlässe. Die Beziehungsaufnahme zu den Rezipient:innen ist vielfältig und reicht von der Möglichkeit der Kommentarfunktion über Emojis bis hin zu tatsächlicher persönlicher Begegnung im Einzelfall. Die digitalen Formate werden insofern intensiv in Produktion und Rezeption genutzt, und es finden vielfache kreative Ausgestaltungen des „Sich-In-Beziehung-Setzens“ statt.

Andererseits wäre es problematisch, würde man die digitale Präsenz theologischer Alltags- und Lebensdeutung ganz und gar diesen exponierten Akteur:innen überlassen. Man sollte insofern deren unbestreitbar hohe, performativ angelegte Sprach- und Auslegungskunst als Inspiration dafür begreifen, sich selbst Kompetenz in dieser digital-medienlogischen Hinsicht anzueignen und mit der eigenen Ausdruckskraft in diesem Medium zu experimentieren.

Kriterien für eine lebensdienliche christliche Kommunikationspraxis in digitalen Zeiten

Wir sind der Überzeugung, dass keine falsche Scheu vor digitaler Glaubenskommunikation herrschen sollte, sich aber auch kritiklose Verwendung verbietet. Denn kein Medium ist per se unschuldig oder frei von normativen Absichten und Ansprüchen. Für den Umgang mit digitalen Dingen und in digitalen Welten gilt grundsätzlich: Kritische Aufklärung, Sensibilisierung und Pflege einer guten Praxis schließen sich nicht aus, sondern gehören unbedingt zusammen. War dies nicht auch schon im Bereich der evangelischen Publizistik so, der gegenwärtig eine stärkere Lobby in der Kirche zu wünschen wäre? Kirche hätte sie jedenfalls dringend nötig, weil ihre Orientierungen mehr denn je gebraucht werden. Diese gute Praxis muss die ideologiekritische Selbstprüfung unbedingt einschließen – denn wie bereits betont wurde: Religion ist auch in digital-medialen Welten niemals unschuldig.

Das Kriterium für die je konkrete Nutzung sollte in der Frage liegen, welches Format jeweils zu Beziehungsreichtum und beziehungsreicher, tiefsinniger Reichweite beizutragen vermag. Wenn also produktive Deutungen der Botschaft ermöglicht werden sollen, ist es notwendig, den Inhalt vor die Form zu stellen und nicht davon auszugehen, dass die Form jeweils schon für sich spricht – und sei sie noch so attraktiv. Denn zweifellos kann sich auch Religion in den Formen und Gestaltungen verlieren – sodass dann inhaltliche Aspekte wortwörtlich aus dem Blick geraten.

Zu vermeiden ist dabei grundsätzlich und unbedingt der bewusste oder unbewusst stattfindende Ausschluss derjenigen, die den digitalen Formaten weder folgen können noch folgen möchten. Die Vermeidung von Exklusionen welcher

Art auch immer ist selbst Teil des lebensdienlichen und liebevollen Charakters religiöser Kommunikationspraxis in digitalen Zeiten.

Bei der Frage nach der konkreten Nutzung digitaler Kommunikationsformate sollte – nicht zuletzt vor dem Hintergrund unverkennbarer Singularisierungstendenzen – insofern immer auch die Perspektive mitlaufen, wie sich unter der Maßgabe der Gottes- und Menschenliebe Formen der Vernetzung und neuer solidarischer Gemeinschaftsbildungen entwickeln lassen.

Die entscheidende Pointe digitaler Transformation liegt nicht in der möglichst elaborierten Nutzung technischer Kommunikationsformen. Sondern diese liegt zuallererst in einer technisch klug gemachten Plausibilisierung des transformativen, lebensdienlichen Charakters der christlichen Botschaft und ihrer vielgestaltigen Text- und Bild-, Symbol- und Metaphernwelt, die im besten Falle einen ganzen Sinn-Kosmos eröffnen kann.

Prof. Dr. Ilona Nord ist Professorin für Evangelische Theologie und Religionsdidaktik an der Universität Würzburg.

Prof. Dr. Thomas Schlag ist Professor für Praktische Theologie an der Universität Zürich.

DIE VIELFALT DER NISCHEN
EINE BESTANDSAUFNAHME VOM WORT ZUM SONNTAG BIS ZUR OHRENWEIDE

Jörg Bollmann

„Meine absolute Grundfeste, mein absoluter Stabilisator ist mein Glaube." Jürgen Klopp, seit 2015 Trainer des britischen Topklubs FC Liverpool und einer der besten deutschen Fußballtrainer, spricht 2016 in einem aufsehenerregenden Interview über seinen Glauben, seine Sicht auf die Bedeutung von Jesus Christus, seine Beziehung zur Kirche. „Ich bin nicht erleuchtet worden oder so was. Ich habe einfach für mich erkannt, dass ich da jemand habe, auf den ich mich verlassen kann", bekannte Klopp – und reihte sich ein in die Riege der vom Gemeinschaftswerk der Evangelischen Publizistik (GEP) angeworbenen Prominenten, die sich als Botschafterinnen und Botschafter für das Reformationsjubiläum 2017 stark gemacht haben. Das Interview mit Jürgen Klopp erreichte bereits auf evangelisch.de zahlreiche Menschen und kam dann auf unterschiedlichen Kanälen online und in Social Media, unter anderem via YouTube und Bild, aus der Nische heraus. Wahrgenommen haben die Aussagen Klopps viele, die nicht zu den hochverbundenen Kirchgängern gehören, die sich aber für die Sicht von Prominenten wie Jürgen Klopp auf

Gott und die Welt interessieren. Das mediale Bekenntnis des deutschen Erfolgstrainers zu seinem Glauben ist und war ein starkes Stück evangelischer Publizistik.

Zu deren Ausdrucksformen zählen seit Jahrzehnten Gespräche mit prominenten Persönlichkeiten und deren Reflexion über Glauben und die Dinge des Lebens, für die sich auch Kirche interessiert. Einerseits. Andererseits kommen wiederum kirchlich prominente Persönlichkeiten in Kooperation mit säkularen Medien zu Menschen, die sie im Gottesdienst wohl selten treffen würden. Ein Beispiel dafür ist die frühere Landesbischöfin der Evangelisch-lutherischen Landeskirche Hannovers und ehemalige Ratsvorsitzende der EKD, Margot Käßmann, die unter anderem mit ihrem Podcast „Mensch Margot" zusammen mit dem Radiosender NDR 1 Niedersachsen jahrelang Millionen von Zuhörerinnen und Zuhörern angesprochen und mit dem Glauben in Verbindung gebracht hat. Auf den Podcast-Spuren in Zusammenarbeit mit NDR 1 Niedersachsen folgt ihr seit 2023 die Regionalbischöfin in der Landeskirche Hannovers, Petra Bahr, die sich als evangelische Christin aber auch als Mitglied im Deutschen Ethikrat im Podcast „Bleib Mensch" zu Wort meldet.

Margot Käßmann und Petra Bahr nutzen in der Zusammenarbeit mit dem NDR die Ausspielwege des öffentlich-rechtlichen Senders – eine Partnerschaft, die sich auch für die evangelische Publizistik insgesamt seit Ende des Zweiten Weltkriegs als äußerst gewinnbringend erwiesen hat. Die zweitälteste Sendung in der ARD heißt Wort zum Sonntag, das am 8. Mai 1954 zum ersten Mal im deutschen Fernsehen gesprochen worden ist und sich über die Jahrzehnte immer weiterentwickelt hat. Im 21. Jahrhundert nehmen immer noch rund 1,2 Millionen Menschen (Stand 2023) zur Kenntnis, was ihnen die katholischen und evangelischen Sprecherinnen und Sprecher im wöchentlichen Wechsel auf den Weg in den Sonntag mitgeben. Auch die sonntäglichen Gottesdienste im ZDF erreichen im Durchschnitt bis zu 800.000 Zuschauende, die christlichen Formate in den Privatsendern, die Andachten in den öffentlich-rechtlichen Radiosendern, die von den Firmen der Arbeitsgemeinschaft evangelischer Rundfunk (aer) produzierten Beiträge für die privaten Hörfunkprogramme tragen zur Vielfalt in der deutschen Hörfunk- und Fernsehlandschaft maßgeblich bei. Mit den starken Partnern an der Seite schlägt die evangelische Publizistik täglich Verkündigungs-Brücken zu Millionen von Menschen, die Sender wiederum profitieren von den evangelischen Qualitätsbeiträgen und natürlich auch von so prominenten Kirchenpersönlichkeiten wie Margot Käßmann oder Petra Bahr. Wirksame Signale aus der Nische!

Viele Menschen erreichen, darum geht es in der Verlags- und Medienlandschaft, darum konkurrieren zum Beispiel Verlage, Sender, Medienhäuser, Online-Influencer:innen und Creator:innen. Alle kämpfen um Interesse und Aufmerksamkeit, egal auf welchen Ausspielwegen, ob in der Nische oder mitten auf dem Platz, ob im Hörfunk, Fernsehen, in Print, Buch, Nachrichtenagentur, auf Webseiten oder per Social Media. Der Tag hat aber zusammen mit der Nacht nur 24 Stunden, das zeitliche und finanzielle Medienbudget der Leserinnen, Zuschauer, Zuhörerinnen und User reicht nicht ins Unendliche. Also wird der Konkurrenzkampf um die Gunst der Kundschaft mit harten Bandagen ausgetragen. In diesem Umfeld muss sich evangelische Publizistik behaupten, als Teilnehmende in diesem Wettbewerb um Lesendenreichweiten, Einschaltquoten, Klicks und Verkaufszahlen.

Hier Erfolg zu haben, ist in vielerlei Hinsicht wichtig. Bevor sich Prominente wie Jürgen Klopp, Gundula Gause, Frauke Ludowig oder andere darauf einlassen, ihre Bekenntnisse und Botschaften über die Vertriebskanäle der evangelischen Publizistik zu verbreiten, haben sie ein Recht darauf, dass eine Frage überzeugend beantwortet werden kann: Wie viele Menschen werden erreicht? Die Antwort auf diese Prüffrage differenziert sich in die bunte Vielfalt der Angebote: Produkte der evangelischen Publizistik kommen in Auflagen und Reichweiten auf Hunderte, Tausende, aber auch Hunderttausende und sogar Millionen. Sie besetzen Nischen, verschwinden darin, aber einige schaffen es auch bis auf die Mitte des Platzes. Und eins ist klar: Für die Anwerbung prominenter Menschen punkten nur die Produkte mit den großen Reichweiten.

Wie zum Beispiel chrismon, das laut Leitbild als Magazin der evangelischen Kirche in Deutschland an dem Bemühen teilnimmt, das Evangelium für die Gegenwart jeweils neu auszulegen und den christlichen Glauben in allen Lebensbereichen zur Geltung zu bringen. Das evangelische Magazin stößt damit auf millionenfaches Interesse: Als Beilage (Supplement) deutscher Qualitätszeitungen wie zum Beispiel Die Zeit oder Die Süddeutsche Zeitung findet es den Weg zu den Lesenden, die das Heft dankbar annehmen. Das bestätigt jedes Jahr die Allensbacher Markt- und Werbeträgeranalyse (AWA): Nach der AWA 2023 nehmen mehr als 1,4 Millionen Menschen das Supplement jeden Monat in die Hand, um es gründlich zu lesen.

„Uns bleiben keine zehn Jahre", hat die chrismon-Leserschaft als Statement des deutschen Fernsehmoderators Eckhart von Hirschhausen im Juni-Heft 2023 auf dem Cover wahrgenommen. Auch Hirschhausen nutzte die evangelische Publizistik mit chrismon als Medium für seine Botschaft, die er auf dem Deutschen Evangelischen Kirchentag 2023 in Nürnberg unter anderem mit seinen Auftritten auf der Bühne des Roten Sofas der evangelischen Kirchengebietspresse eindrucksvoll unterstrichen hat. Es ging ihm darum, die Millionenschar von Christinnen und Christen in diesem Land aufzurütteln. „Kirche! Tu was", lautete sein Appell, sich vehement für die Bewahrung der Schöpfung einzusetzen. Ein Appell, der auf dem Kirchentag, über chrismon und durch weitere Produkte der evangelischen Publizistik, zum Beispiel den Evangelischen Pressedienst (epd), ins Land getragen wurde.

Das Bild der evangelischen Publizistik ist vielschichtig und wird von zahlreichen Medienprodukten gezeichnet. Nur eine kleine Auswahl: das bereits erwähnte Supplement chrismon, das für junge Soldatinnen und Soldaten konzipierte JS-Magazin, die Film- und Kulturzeitschrift epd Film, das Magazin für globale Entwicklung und ökumenische Zusammenarbeit Welt-Sichten, die christliche Zwei-Wochen-Zeitschrift Publik-Forum, die evangelische Monatszeitschrift zeitzeichen. Sie alle sind wichtige Markenzeichen evangelischer Publizistik. Dazu kommen die von den landeskirchlichen Medienhäusern herausgegebenen evangelischen Wochenzeitungen, das christliche Medienmagazin Pro, die zahlreichen Produkte der Stiftung Christliche Medien: Sie alle fügen sich zur evangelischen und christlichen Publizistik zusammen und sind doch nur ein kleiner Teil davon. Alle diese Printprodukte tragen aber maßgeblich zur Vielfalt in der deutschen Medien- und Verlagslandschaft bei. Alle diese Printprodukte sind allerdings auch den Gesetzmäßigkeiten der deutschen Medien- und Verlagslandschaft ausgesetzt und stehen wie fast alle

Printerzeugnisse unter dem Druck des digitalen Wandels. Seit Jahren verzeichnen die meisten Zeitungen und Zeitschriften maßgeblichen Auflagenrückgang. Die einen trifft es stärker als die anderen, es gibt auch Ausnahmen, aber wie für die gesamte Branche gilt auch für die evangelische Publizistik: Die digitale Transformation ist die zentrale Aufgabe der Gegenwart und Zukunft. Das trifft vor allem Printprodukte, aber nicht nur.

Denn der digitale Wandel beschäftigt auch die linearen Fernseh- und Radioprogramme, die öffentlich-rechtlichen, die privaten und auch die christlichen. Zu denen zählen zum Beispiel die Radio- und Fernsehprogramme des christlichen Sinnsenders ERF, das 24-stündige überkonfessionelle TV-Programm von BibelTV oder auch der Hörfunksender Radio Paradiso, der auf 98,2 in Berlin zu empfangen ist und darüber hinaus in Teilen Nordrhein-Westfalens sowie in Frankfurt/Oder. ERF, Radio Paradiso, BibelTV entwickeln sich immer weiter, haben die digitalen Herausforderungen angenommen und sind mit ihren täglichen Programmen längst auch per App digital empfangbar.

Es gibt aber auch Beispiele für punktuelle Wirkung, was 2003 in überragender Weise einem Kinofilm gelungen ist – mit dem schlichten Titel „Luther". Mehr als drei Millionen Menschen strömten in die deutschen Kinos, um sich den von der EKD geförderten Spielfilm anzuschauen. Der Film erreichte 2003 mit rund 2,3 Millionen Zuschauenden Platz drei bei den deutschen Produktionen, hinter „Good bye Lenin" (rund 6,4 Millionen) und „Das Wunder von Bern" (rund 3,2 Millionen) und wurde 2004 mit der Goldenen Leinwand ausgezeichnet. In der Fernseh-Erstausstrahlung im Ersten zur besten Sendezeit um 20.15 Uhr schalteten mehr als sechs Millionen Menschen ein. Der Erfolg wurde auch möglich durch eine beispielgebende Kooperation innerhalb der evangelischen Publizistik und in Zusammenarbeit mit der Öffentlichkeitsarbeit von EKD und Landeskirchen. Beteiligt daran waren viele Akteure, zum Beispiel die evangelische Produktionsfirma EIKON, die den Förderauftrag der EKD operativ umgesetzt hat und in erster Linie damit betraut war. Die EIKON, die mit zahlreichen fiktionalen und dokumentarischen Produktionen Jahr für Jahr maßgeblich zur reichweitenstarken Wirkung der evangelischen Publizistik beiträgt. Aber auch die Matthias-Film, die als gemeinnützige GmbH damit befasst ist, Bewegtbildproduktionen für den Schulunterricht aufzubereiten und zu vertreiben, trug zum Reichweitenerfolg des Luther-Films bei, indem sie sich erfolgreich um den Lizenzerwerb der weitergehenden Rechte gekümmert, den Inhalt pädagogisch und didaktisch aufgearbeitet und im Format „DVD edukativ“ an die Schulen im Land herausgegeben hat.

In der für den Bekanntheitsgrad des Films wichtigen Vorberichterstattung war die Nachrichtenagentur Evangelischer Pressedienst (epd) ein unverzichtbarer Faktor. Der epd hat sich seit der Gründung vor mehr als 100 Jahren den wechselnden Anforderungen der sich dynamisch entwickelnden Mediengesellschaft erfolgreich angepasst und sich mit seinen täglichen Meldungen und Berichten bis heute auf dem hart umkämpften deutschen Agenturmarkt behauptet. Die Nachrichtenagentur setzt Schwerpunkte – thematisch und geografisch. Der epd, der unter anderem mit der Berichterstattung aus den Gebieten der Landeskirchen punktet, gliedert sich in sieben von landeskirchlichen Häusern getragene Landesdienste und in die im GEP angesiedelte Zentralredaktion. Dazu kommen das dem GEP zugeordnete Hauptstadtbüro mit der Bundesberichterstattung sowie das Netz ausländischer Korrespondentinnen und Korrespondenten mit der Berichterstattung aus der Einen Welt. Der epd, so heißt es im Leitbild, informiert unabhängig und in eigener redaktioneller Verantwortung über Leben und Handeln der evangelischen Kirchen, ihrer Institutionen, Gruppen und Bewegungen. Die evangelische Nachrichtenagentur, so ist es aus der jährlichen Wirkungserhebung des hannoverschen Kommunikationsinstituts aserto zu entnehmen, trifft damit nach wie vor auf Interesse: Mit einer Gesamtzahl von 159 zahlenden Kunden hat der epd-Basisdienst 2023 einen neuen Höchststand erreicht. Der Basisdienst speist sich im Wesentlichen aus den Landesdiensten, dem Bundesbüro in Berlin, der Auslandsberichterstattung, den Beiträgen aus den Bereichen Soziales, Medien sowie Kirche, Kultur und Politik. Beliefert wurden mit 90 publizistischen Einheiten über 75 Prozent aller deutschen Tageszeitungen, womit ein Marktanteil von rund drei Viertel (76 Prozent) der gesamten verkauften Tageszeitungsauflage abgedeckt wurde. Dazu kamen weitere Kunden, wie zum Beispiel alle öffentlich-rechtlichen Rundfunkanstalten. Bei einer verkauften Auflage von rund 9,3 Millionen Exemplaren der epd-Tageszeitungskunden wurde 2023 eine technische Reichweite von rund 26 Millionen Leserinnen und Lesern erzielt. Allein über die Onlineportale der Zeitungen und Medienhäuser kam epd bei deutlich über der Hälfte der deutschen Bevölkerung ab 16 Jahren (rund 55 Prozent) an.

Neben epd gibt es seit den frühen 1970er-Jahren mit idea eine weitere evangelische Nachrichtenagentur, die sich in ihrem Claim klar, konkret und christlich zu Wort meldet und dabei die evangelikale Perspektive und Einschätzung kirchlicher und säkularer Vorgänge in den Mittelpunkt ihrer Berichterstattungen stellt. Idea hat sich im Laufe der Jahrzehnte zu einem medialen Faktor, vor allem in der innerkirchlichen Wahrnehmung, entwickelt.

Interessante und wichtige Ausprägungen des Evangelischen Pressedienstes sind die epd-Branchendienste, wie zum Beispiel epd sozial für den diakonischen Markt und epd medien als renommierter Dienst für Medienberichterstattung. Jede Woche meldet sich epd medien wirkmächtig zu Wort und hat 2005 deutsche Mediengeschichte geschrieben: „Die Packung Papiertaschentücher liegt mit deutlich lesbarem Markenzeichen auf dem Küchentisch, die Firmenherkunft der Bierflasche ist ohne Mühe identifizierbar, die Tüte Chips hat einen nicht zu übersehenden Schriftzug auf der Packung." Schleichwerbung! 2005 nahmen zunächst die Medienbranche und dann die breite Öffentlichkeit zur Kenntnis, dass in öffentlich-rechtlichen Vorabendserien en passant allerlei zu erfahren war, wonach wir Zuschauenden gar nicht gefragt hatten. Etwa welcher Kaffee gut schmeckt oder mit welchen Knabbereien sich entspannen lässt. Informationen unter der Hand, ohne werblich gekennzeichnet zu sein – ein einträgliches Geschäft für Firmen, Produzenten und Sender, ausgerechnet im öffentlich-rechtlichen Rundfunk. Mit Unterstützung der Mediengewerkschaft ver.di gelang es epd medien, diesem Treiben mithilfe einer verdeckten Recherche auf die Schliche zu kommen. Die Veröffentlichung veränderte die öffentlich-rechtlichen Sender und führte zu eindeutigeren Regeln für die Produktplatzierung in fiktionalen Programmen. Eine bemerkenswerte journalistische Wirkungsgeschichte der evangelischen Publizistik – die Nische kann auch wehtun.

Die Perspektive, aus der berichtet, kommentiert, gepostet und gesendet wird, hat der GEP-Gründungsdirektor Robert

Geisendörfer treffend auf den Punkt gebracht: „Was evangelische Publizistik kann: etwas öffentlich machen, Fürsprache üben, Barmherzigkeit vermitteln, Stimme sein für die Sprachlosen." Nach wie vor fühlt sich evangelische Publizistik dieser Mission verpflichtet. In einem Medienmarkt, der überladen ist mit Infotainment, Unterhaltung, Spielen, unzähligen Posts in den sozialen Medien und unangenehmen Begleiterscheinungen der digitalen Entwicklung wie zunehmendem Hatespeech, Verunglimpfungen und Fake News. Dagegen will evangelische Publizistik wirken, auch in Fortsetzung des Auftrags, den Jesus Christus seinen Aposteln mit auf den Weg gegeben hat. „Was ich euch sage in der Finsternis, das redet im Licht; und was euch gesagt wird in das Ohr, das verkündigt auf den Dächern" (Matthäus 10,27). Im Licht der Wahrhaftigkeit verpflichtet zu sein, gilt für alle Produkte der evangelischen Publizistik.

Was früher die Dächer waren, unter denen sich Menschen versammelten, sind in der modernen Gesellschaft die Medien, die ihre Wirkung in der Welt des 21. Jahrhunderts mehr und mehr online entfalten. Auch die evangelische Publizistik hat längst digitale Plätze gefunden, auf zahllosen Webseiten ebenso wie in den sozialen Medien, vornehmlich auf Instagram, Facebook, TikTok oder auch auf YouTube. Die Angebotsvielfalt ist so groß, dass sie Gefahr läuft, sich im weltweiten Web zu verlieren. Deshalb stellen sich auch für die evangelischen Digitalprodukte die Prüffragen: Wer stößt auf wahrnehmbares Interesse und erzielt Wirkung?

Dazu ein Beispiel: Wer für Beiträge mit den Titeln „1 Tag in der Notaufnahme", „1 Tag beim Schlachter" oder „1 Tag Hospiz: Wenn die Tochter stirbt" jeweils zweimal mehr als 440.000, einmal mehr als 230.000 Aufrufe im Stimmengewirr von

YouTube bekommt, registriert wahrnehmbares Interesse. Die genannten Beiträge laufen unter der Marke Basis:Kirche und sind unter anderem auf YouTube abrufbar. Für die Basis:Kirche begeben sich die Reporterinnen und Reporter zu Orten, an denen es wehtut. Sie greifen Themen auf, die an Grenzen führen und schmerzen. Den Zuschauerinnen und Zuschauern werden die Emotionen der Berichterstatter:innen vermittelt – sichtbar, hörbar, fühlbar. Das wiederum versetzt die Zuschauenden in die Lage, ihre eigenen Emotionen zu spiegeln und die Ereignisse zu reflektieren. Das ist ein überzeugendes Reportagekonzept mit der Besonderheit: Die Reporterinnen und Reporter der Basis:Kirche sind gar keine Reporterinnen und Reporter. Im Hauptberuf sind es Pfarrerinnen und Pfarrer, die ihren Zweitjob als Reporterinnen und Reporter hervorragend machen. So hervorragend, dass sie mit der großen Anzahl von Aufrufen belohnt werden.

Die Basis:Kirche ist nur ein Produktbeispiel, wie der evangelischen Publizistik die digitale Transformation gelingen kann, epd video ein anderes. Der Evangelische Kirchenfunk Niedersachsen (ekn) produziert die Basis:Kirche, das Format wird finanziert von der Konföderation evangelischer Kirchen in Niedersachsen und dem GEP. Der ekn hat auch den Anstoß gegeben für eine besondere Kooperation in der evangelischen Publizistik. Im Netzwerk Evangelischer Videoproduzenten (NEVI) haben sich fünf landeskirchliche Medienfirmen, die Videos produzieren, mit dem GEP und der epd-Arbeitsgemeinschaft zusammengeschlossen. Mit dem Ziel, die von den Firmen hergestellten Bewegtbildformate unter dem Markennamen epd video zu vertreiben und so auf eine ganz andere Reichweite zu kommen, als das aus eigener Vertriebskraft möglich wäre. Unter dem Markennamen epd landen so maßgebliche Themenideen und Fernsehbeiträge auf Webseiten der epd-Kunden, wo sie von vielen Menschen wahrgenommen werden. epd video – ein digitales Kooperationsprojekt der evangelischen Publizistik.

2023 lautet eine Zukunftsfrage: Wie viele weitere Kooperationen werden die evangelischen Medienakteure bis 2030 vereinbaren? Die Voraussetzungen dafür sind gelegt, einige Schritte auf diesem Weg bereits gegangen worden. So sind zum Beispiel unter anderem alle landeskirchlichen Medienhäuser neben dem GEP Mitglieder im Evangelischen Medienverband in Deutschland (EMVD), dem 2023 insgesamt 48 Institutionen angehörten. Der EMVD bündelt und vertritt ihre Interessen, organisiert öffentliche Auftritte zum Beispiel auf den Buchmessen in Leipzig und Frankfurt am Main und trägt „Das Rote Sofa“, eine Bühnenveranstaltung, auf den Deutschen Evangelischen Kirchentagen. Im EMVD versammeln sich unter anderem wesentliche evangelische Buchverlage wie zum Beispiel die Evangelische Verlagsanstalt (EVA), die Deutsche Bibelgesellschaft, das Evangelische Literaturportal (Eliport) und weitere landeskirchliche Häuser mit ihren Buchverlagen.

Netzwerke, Kooperationen, Neuprodukte sind Trumpf in der schillernden, digitalen Welt. Einige Beispiele aus dem GEP: Das evangelische Netzwerk yeet bietet ein Netzwerkdach für viele Creatorinnen und Creatoren, die auf ganz unterschiedlichen digitalen Wegen über ihren Glauben reflektieren, diskutieren und erzählen. Das Webportal evangelisch.de bündelt viele evangelische Medienprodukte, um sie im digitalen Schaufenster zu präsentieren. Die Webseite religionenentdecken.de bietet interessierten Schulkindern Einblicke in acht Weltreligionen: Christentum, Islam, Hinduismus, Judentum, Jesidentum, Alevitentum, Buddhismus, Bahai. Nach IVW kamen die Digitalangebote des GEP 2023 auf rund 11,6 Millionen Visits und knapp 24 Millionen Page Impressions pro Jahr – Tendenz steigend. Zusammen mit den zahlreichen weiteren evangelischen Medienprodukten im Web – wie zum Beispiel jesus.de, indeon.de, evangelische-zeitung.de und den Webauftritten der evangelischen Wochenpresse ergibt sich in der Summe eine Bewegung in der Nische, die wahrzunehmen ist. Lauter und wahrnehmbarer zu werden im Netz, bleibt die Aufgabe in den Folgejahren. Vielleicht so laut wie die Ohrenweide, ein erfolgreicher Podcast, der 2023 immerhin auf fast eine halbe Million Downloads kam. Die Ohrenweide ist wiederum nur ein Beispiel für zahlreiche evangelische Podcasts.

Evangelische Publizistik hat eine lange Geschichte, die sich hoffentlich in der digitalen Zeit trotz weiterer Herausforderungen wie der Künstlichen Intelligenz fortsetzt. Für Kirche, aber auch für die Gesellschaft wäre ein Fortbestand wichtig, denn, so formulierte es der Aufsichtsratsvorsitzende des GEP, Kirchenpräsident Dr. Dr. h. c. Volker Jung, in seiner Rede zum 50-jährigen Jubiläum des Gemeinschaftswerkes am 4. Oktober in Frankfurt am Main: „Zum Verständnis des Evangeliums gehört, dass es eine gesellschaftsgestaltende Kraft hat. Die hat auch die evangelische Publizistik – für die Weltwahrnehmung, für die Gestaltung von Gesellschaften und vor allem für die Demokratie. Evangelische Publizistik ist ein kirchlicher Beitrag zur Gestaltung einer demokratischen, gerechten, nachhaltigen und friedlichen Gesellschaft."

Jörg Bollmann ist 2005–2024 Direktor des Gemeinschaftswerkes der Evangelischen Publizistik (GEP) gGmbH
und 2004–2024 Geschäftsführer der EKD Media GmbH.

EVANGELISCHE PUBLIZISTIK 2040
EINE VISION

Florian Höhne

1. Einleitung

„Entwirf eine Zukunftsvision der evangelischen Publizistik in 40 Jahren." Das mag zunächst und nüchtern betrachtet nach einer Aufforderung zum Schwarzmalen klingen. Denn in der evangelischen Publizistik kommen gleich mehrere Krisen zusammen: die Krise der verfassten Kirchen und die Krise des klassischen Journalismus; Einnahmen, Mitglieder- und Abonnent:innenzahlen gehen zurück. Gleichzeitig verändert sich im Zuge der digitalen Transformationen grundlegend, wie – und ob (!) – sich Menschen informieren, sich bilden, unterhalten, am politischen Diskurs teilnehmen und religiöse Sinnangebote wahrnehmen.

Kurzum: Gerade im gegenwärtigen (digitalen) Wandel stehen große Herausforderung an, und die finanziellen Rahmenbedingungen für evangelische Publizistik sind – gelinde gesagt – nicht ideal. Verführt vom morbiden Charme des Zynismus mag einen das die Zukunftsvision der Evangelischen Publizistik eher in Schwarz- und Grautönen zeichnen oder ein leeres Blatt abgeben lassen.

In der Auseinandersetzung mit dem Werk des Theologen Jürgen Moltmann habe ich gelernt, dass Planen zwar ein wichtiger Teil christlich motivierten Handelns und Denkens ist:[1] Wer plant, extrapoliert danach aus Bekanntem, aus Vergangenem und Gegenwärtigem in die Zukunft und versucht mit dem, was jetzt möglich erscheint, diese Zukunft zu gestalten.[2] Diese Haltung des Planens ist – auch wenn sie manch einen zum Schwarzmalen verführen mag – zunächst gut und nötig, um der Gegenwart gerecht zu werden.[3] Aber sich nur aufs Planen zurückzuziehen, ist nach Moltmann gerade nicht realistisch. Zum Realismus gehört, das hat Moltmann der Theologie eindrücklich ins Stammbuch geschrieben, die Hoffnung. Denn: „Allein die Hoffnung ist ‚realistisch' zu nennen, weil nur sie mit den Möglichkeiten, die alles Wirkliche durchziehen, ernst macht."[4] Der Blick in die Zukunft (der evangelischen Publizistik) muss ein planender sein; realistisch ist er nur, wenn die Zukunftsvision aus Hoffnung entsteht. In diesem Sinne konzentriere ich mich im Folgenden nicht auf Herausforderungen und Gefahren – das ist auch wichtig und das geschieht reichlich –, sondern auf gute Gründe für evangelische Publizistik und auf ihre Chancen.

2. Warum auch in Zukunft Publizistik?

„Die Druckerey ist summum und postremum donum durch welche Gott die Sache des Evangelij forttreibet."[5] So lobte der Reformator Martin Luther das Medium des Buchdrucks: Am Anfang der Geschichte evangelischer Publizistik steht eine große Hoffnung in die mediale Kommunikation, nämlich die, dass Medien helfen könnten, das Evangelium zu verbreiten und so dem Verkündigungsauftrag zu dienen.

Seitdem hat sich viel verändert: Evangelische Publizistik findet nicht mehr nur in Flugblättern und Flugschriften statt, sondern in Kirchengebietspresse und Gemeindebriefen, im evangelischen Pressedienst, seit dem 20. Jahrhundert auch im Rundfunk, also in Hörfunk und Fernsehen: in Morgenfeiern, Gottesdienstübertragungen und geistlichen Worten, und seit einigen Jahrzehnten im Internet, über die Influencer des yeet-Netzwerkes etwa. In dieser 500-jährigen Geschichte waren unterschiedlichste Organisationsformen prägend: Von wirtschaftlich arbeitenden Verlagen und Einzelpersonen, über freie Verbands- und Vereinsarbeit bis hin zu kirchenamtlichen Initiativen.[6]

Spätestens mit der Arbeit von August Hermann Hinderer an der Berliner Universität[7] ist zur Praxis evangelischer Publizistik deren wissenschaftliche Reflexion hinzugetreten, die mit der Abteilung für Christliche Publizistik in Erlangen 1966 einen Ort fand, an dem etwa Bernhard Klaus, Gerhard Meier-Reutti und Johanna Haberer das taten, was jetzt, über die Digitalisierung, endlich seinen Weg auf die Agenda der breiteren Praktischen Theologie findet: den Zusammenhang von Religion und Medien, von religiöser Kommunikation und ihrer Medialität, reflektieren.

Durch die bewegte Geschichte der evangelischen Publizistik zieht sich deren theologische Zuordnung zu dem, was einst „Verkündigung“ war und seit Ernst Lange oft „Kommunikation des Evangeliums“[8] heißt (hin und wieder, ohne dass sich in der Sache viel geändert hätte). Damit wurde und wird die Publizistik einem Kernauftrag und Grundvollzug der Kirche zugeordnet.

Diese Zuordnung ist ambivalent. Einerseits trägt sie zur kirchenpolitischen wie dogmatischen Aufwertung all dessen bei, was Christ:innen aus Glauben heraus mit Medien tun: Wenn sie in amtskirchlichem Auftrag TV-Gottesdienste gestalten oder ihren Alltag im Lichte ihres Glaubens auf

Instagram ausstellen, erscheint das als Antwort auf den Verkündigungsauftrag und deshalb förderungs- und finanzierungsbedürftig – insbesondere, insofern Mensch sich von neuen Medieninnovationen neue Reichweiten erhoffte. Andererseits schärft diese Zuordnung zum Verkündigungsauftrag nicht unbedingt die Wahrnehmung für die Spezifika der Medienkommunikation, für die Logiken, Verhaltenserwartungen, Selbstverständlichkeiten und Bedeutungszuschreibungen, die in den verschiedenen Medienkulturen, im Umgang mit der jeweiligen Technik, aus dem jeweiligen Berufsethos heraus entstehen, bestehen, sich verändern und vergehen. Der tagesaktuelle Journalismus erwartet tagesaktuelle Fakten und klare Meinungen, die Influencer:innen-Kommunikation auf Social Media ein gekonntes Spiel mit Persönlichem-nicht-allzu-Persönlichem, das nahbar macht, ohne exhibitionistisch zu beschämen. Dass diese sich verändernde Kommunikationskulturen ganz anderes fördern können als die kirchliche Predigtkultur – das macht die Zuordnung jener zu dieser immer wieder übersehen.

Die Zuordnung zum Verkündigungsauftrag verengt nicht nur beim Blick auf Medien, sondern auch beim Blick auf die Kirche. Deshalb ist es gut, von einem umfassenderen Bild kirchlicher Grunddimensionen auszugehen. Genau das ermöglicht die kirchentheoretische Arbeit von Hans-Richard Reuter, der drei „Sinnebenen" des Kirchenbegriffs unterscheidet:[9] Kirche meint danach im dogmatischen Sinn die von Gott gewirkte *„Gemeinschaft der Glaubenden"*; im ethischen Sinn eine menschliche Handlungsgemeinschaft und im rechtlichen Sinn eine „soziale Organisation" mit Regeln und Ämtern.[10] Was Menschen für den Gottesdienst planen, wie sie sich beim Tafelangebot der Gemeinde oder im familiären Tischgebet engagieren – all das meint der ethische Sinn.[11] Diese Handlungen mit zu ermöglichen, ist Aufgabe der Organisation Kirche im Rechtssinn.[12] So hilft dieser Kirchenbegriff sichtbar zu machen, dass Kirche nicht nur Landeskirchen – also Kirche im Rechtssinn – meint, sondern auch die (spontanen) Handlungen von Christ:innen, von denen manche – aber nicht alle – von landeskirchlichen Strukturen ermöglicht werden.[13] Zudem hat Reuter explizite und implizite Kennzeichen benannt, die erkennbar machen, wo in solchen menschlichen Handlungen Kirche erfahrbar werden könnte: Die expliziten Kennzeichen sind Wortverkündigung, Taufe und Herrenmahl; die impliziten sind daraus abgeleitet „Bildungs-, Gerechtigkeits- und Hilfehandeln".[14]

Vor diesem Hintergrund ist evangelische Publizistik nicht nur der Wortverkündigung zuzuordnen, von daher zu denken und theologisch wertzuschätzen, sondern auch den anderen Kennzeichen – historisch ist ja genau das auch geschehen: Was die evangelischen Sonntagsblätter in Print und online berichten und kommentieren, wie der evangelische Pressedienst die Tagespresse mit Themen versorgt – all das und noch mehr lässt sich dem Kennzeichen **Bildungshandeln** zuzuordnen. Es gehört zur Kirche essenziell dazu, weil diese Medienarbeit Menschen hilft, sich über kirchliches und politisches Leben, über ethische Fragen und historische Umstände zu informieren, eine Meinung zu bilden und an (kirchen-)politischen Diskussionen teilzuhaben.

Damit hat diese publizistische Arbeit auch Teil am **Gerechtigkeitshandeln**: Sie hilft mit, dass Menschen sich befähigen und politisch mündig werden. Besonders deutlich wird dies, wo evangelische Publizistik im Sinne Geisendörfer *„für andere"* handelt und zu Themen und Perspektiven berichtet, die sonst nicht thematisiert würden.[15] Damit sensibilisiert evangelische Publizistik in Print, Rundfunk und online kirchliche und gesellschaftliche Öffentlichkeiten für sonst marginalisierte Themen. Sie wirkt mit, dass politische Meinungsbildung die Themen und Perspektiven von Benachteiligten berücksichtigen kann. Damit lässt sich evangelische Publizistik auch dem **Hilfehandeln** der Kirche zuordnen.

Zusammengefasst gesagt, mit der „ökumenisch verbreitete[n]" und von Hans-Richard Reuter zurecht kritisierten Typologie der Grundvollzüge der Kirche – nämlich: „Martyria, Leiturgia, Diakonia und Koinonia":[16] Die evangelische Publizistik entspringt nicht nur aus der Martyria, sondern gerade auch aus dem diakonischen Auftrag der Kirche.

Für viele althergebrachte Institutionen und Organisationen der evangelischen Publizistik trägt man mit diesem Hinweis Eulen nach Athen: Die Orientierung am „Dienst an der Tagespresse" war ihr mit Hinderers Arbeit eingeschrieben,[17] die Orientierung am Stimme-Erheben für Stimmlose spätestens seit Robert Geisendörfer. Für die neuen, weil digitalen Formen evangelischer Publizistik, die mittlerweile unter dem Label „Digital Religion" reflektiert werden, sieht dies noch anders aus: In den viel diskutierten digitalen Praktiken geht es eher um Gottesdienst- und Andachtsformate oder um die religiösen Deutungsangebote von „Sinnfluencern" als um den diakonischen Einsatz für mehr Gerechtigkeit und Hilfe.

3. Entwicklungschancen evangelischer Publizistik: Freiheit, Anwaltschaft, Hoffnung

Lässt sich evangelische Publizistik in Print, Rundfunk und online, über ihre Teilhabe an Wortverkündigung, Gerechtigkeits-, Bildungs- und Hilfehandeln als essenzieller Teil der

Kirche verstehen, ist damit ein genuin theologischer Grund für das – auch künftige – publizistische Engagement der Kirche gegeben: Insofern Kirche und Christ:innen in ihrem Handeln grundlegend auf Öffentlichkeit verwiesen sind, werden sie um die sich wandelnden Medien, in denen Öffentlichkeiten entstehen, nicht herumkommen. Wie wird es aber mit der evangelischen Publizistik in digitalen Transformationen weitergehen?

Eine Zukunftsvision lässt sich hier schon deshalb nicht seriös entwerfen, weil diese Transformationen rasant ablaufen. Schon welche KI-Sprachmodelle, Apps und Trends bei der Veröffentlichung dieses Textes relevant und heiß diskutiert sein werden, lässt sich ja bei Abfassung kaum vorhersagen. Zudem hängen die Transformationen davon ab, was Menschen heute entscheiden und entwickeln. Deshalb scheint es mir sinnvoll, die Ressourcen und Grundorientierungen zu benennen, aus denen sich m. E. eine evangelische Publizistik künftig wird gestalten lassen – welche konkreten Medienwelten die Zukunft auch bereithalten mag. Es sind dies: Freiheit, Anwaltschaft und Hoffnung.

3.1 Freiheit

Mit den Begriffen Freiheit und Stellvertretung pointierte schon Robert Geisendörfer sein Programm einer evangelischen Publizistik.[18] Über Erstere schreibt er:

> „Freiheit, auch die Freiheit eines Christenmenschen, ist ohne Meinungsfreiheit nicht denkbar. Es ist der Kirche aufgetragen, Freiheit zu fördern, wo es nur geht. Sie soll Einsamkeit, die der Stolzen wie die der Verzweifelten, abbauen. Sie soll aus isolierten Menschen Brüder machen. Sie soll den Sprachlosen zum Sprechen verhelfen. Sie soll Sprach-

verwirrung auflösen. Was Paulus die knechtenden Zwänge nennt (Gal. 4,3.9) – sie wegzuschaffen ist Auftrag und Aufgabe der Kirche. Sie kann dies durch Zuspruch, Appell, Verkündigung: neuen Freiraum und Spielraum schaffen. Sie kann es aber auch durch den Abbau von Meinungsmonopolen, sei es, daß sie ihren eigenen Standpunkt dagegensetzt, sei es, daß sie unterdrückte Standpunkte artikuliert. Evangelische Publizistik ist, um es kurz zu sagen, ein *Mittel der Freiheit.*"[19]

Presse- und Meinungsfreiheit zu ermöglichen und zu verwirklichen, ist damit eine erste zentrale Orientierung für evangelische Publizistik, die in der Freiheit eines Christenmenschen begründet ist. Nur eine freie Publizistik entspricht dem Selbstverständnis evangelischer Kirche. Drei Konsequenzen aus dieser Orientierung:

Erstens folgt daraus, dass evangelische Publizistik auch künftig Organisationsformen benötigt, die ihr Freiheit ermöglichen. Evangelische Publizistik war und ist in wichtigen Teilen in Vereinen organisiert. Das ermöglicht die Freiheit zur unabhängigen und auch kirchenkritischen Berichterstattung. Das entspricht einem evangelischen, auf Freiheit gegründeten Kirchenverständnis besser als eine professionalisierte Pressestellenarbeit, die abhängig von der jeweiligen Kirchenorganisation funktioniert. Damit spricht die Orientierung an Freiheit dafür, eine professionell-journalistische, verbandlich organisierte evangelische Publizistik mit der Freiheit zur Kirchenkritik zu fördern, die damit Teil der Kirche im ethischen Sinne ist – mehr als eine reine Pressestellenarbeit, die im Interesse der Organisation Kirche (im Rechtssinn) agiert.

Die Freiheitsorientierung beinhaltet damit auch die Herausforderung, neue Finanzierungsmöglichkeiten evangelischer

Publizistik in Print, Rundfunk und online zu finden, um diese Freiheit materiell zu ermöglichen. Das kann neben den bisherigen Verkaufs-, Abonnement- und Subventionsmodellen auch (stärker noch) über Spenden oder Crowdfunding-Projekte geschehen. Wenn es gelingt, dass in der evangelischen Publizistik ein Freiraum für guten, unabhängigen und freien Journalismus erhalten bleibt, liegt darin auch ein wichtiger Dienst an der Gesellschaft.

Zweitens ist eine freie evangelische Publizistik für die Institution Kirche selbst und deren Reform unerlässlich; sie stellt innerverbandliche Öffentlichkeit her und ermöglicht so die Kontrolle der innerkirchlichen Machtausübung:

> „Ohne solche öffentliche Kontrolle streben die gesellschaftlichen Organisationen danach, mit den staatlichen Instanzen politische Kompromisse unter Ausschluß der Öffentlichkeit zu schließen; das öffentliche Interesse verkommt zum Kompromiß zwischen partikularen Interessen. Nur wenn es gelingt, innerverbandliche Öffentlichkeit herzustellen, kann auch eine gesamtgesellschaftliche Öffentlichkeit erreicht werden",[20]

hielt Wolfgang Huber bereits in seiner Habilitationsschrift fest und betonte: „Die Kirchen bilden in ihrem öffentlichen Handeln derartige Organisationen."[21] Nur eine freie evangelische Publizistik kann die öffentliche Kontrolle kirchenpolitischer Macht ermöglichen – und das wird bei allen anstehenden Umstrukturierungen und Kürzung nur noch wichtiger werden.

Zu einem dritten Punkt. Anders als viele Rechtspopulist:innen und Verschwörungserzähler:innen raunen, ist die Bundesrepublik Deutschland ein Rechtsstaat, der die Meinungs- und Pressefreiheit seiner Bürger:innen wahrt. Nur beinhaltet das

Recht, die eigene Meinung öffentlich zu äußern, eben nicht den Anspruch darauf, unwidersprochen zu bleiben – im Gegenteil: Besagte Freiheiten sollen ja gerade gesellschaftliche Debatten ermöglichen, in denen die eigene Meinung sich durch das Wechselspiel von Argument und Kritik zu einer sachgerechteren, informierteren und besser begründeten entwickeln kann. Dass unbegründete, auf falschen Tatsachenbehauptungen beruhende oder gar im Bonhoeffer'schen Sinne „dumme" Meinungen öffentlich kritisiert werden, ist kein Zeichen fehlender, sondern gelebter Meinungs- und Pressefreiheit.

Gleichzeitig sind Meinungs- und Pressefreiheit immer bedroht und werden dies auch künftig sein – insbesondere durch diejenigen, denen das Wechselspiel von Argument und Kritik zu anstrengend ist und die stattdessen einfach bloß Geld verdienen, durchregieren oder recht haben wollen. Die Gefährdung der Freiheit liegt in freiheitlichen Demokratien wie der Bundesrepublik Deutschland dabei weniger in staatlicher Zensur als in der ungerechten Verteilung der Verwirklichungsmöglichkeiten besagter Freiheiten.

Die Ökonomie des Internets etwa bedroht die Verwirklichung von Presse- und Meinungsfreiheit: Zunächst schien es, als ob der viel beschriebene Monopolverlust der alten journalistischen Gatekeeper im Internet mehr Menschen ermöglichen könnte, die eigenen Beiträgen in öffentlichen Diskursen zu Gehör zu bringen – und in manchen Fällen hat dies sicher genau so funktioniert. Tatsächlich aber sind neue Gatekeeper entstanden, die viel subtiler wirken als die alten. Philipp Staab hat plausibel dargelegt, dass die das Internet beherrschenden Großunternehmen keine Monopolisten im klassischen Sinne sind, sondern selbst Märkte.[22] Eine große Internet-

Suchmaschine etwa konkurriert nicht mit anderen Nachrichtenanbietern, sondern liefert als Suchmaschine die Plattform für den Wettkampf von kommerziellen und privaten, alten und neuen, großen und kleinen Inhaltsanbietern um den jeweils höchsten Platz bei den häufigsten Suchanfragen.[23] Wo sie verhindert oder einschränkt, dass journalistische Inhalte Gehör finden, und insofern diese Marktmacht die ökonomische Grundlage journalistischer Arbeit untergräbt, gefährdet sie auch die Pressefreiheit, die – bei aller Ambivalenz – bislang auch ökonomisch etwa durch Zeitungsverlage gesichert wurde.[24]

Kurz gesagt: Chance und Herausforderung evangelischer Publizistik ist es und wird es sicher, sich die eigene Freiheit und Unabhängigkeit zu erhalten. Gerade als freie und unabhängige Publizistik leistet sie Kirche und Gesellschaft einen wichtigen Dienst.

3.2 Anwaltschaft

„Das zweite Wort heißt *Stellvertretung*", so hielt Geisendörfer programmatisch fest, „Weil die Kirche so frei ist, von der Freiheit der Kinder Gottes Gebrauch zu machen, hat sie die einzigartige Möglichkeit, für andere zu handeln: für Schwache, für Isolierte, für Ohnmächtige und für die geringsten Brüder [und Schwestern, FH]. Sie kann dort etwas tun, und sie tut es seit Jahrhunderten immer wieder, wo anderen die Hände oder die Zungen gebunden sind. [...] Evangelische Publizistik könnte eine Stätte sein für Informationen und Meinungen, in der sich einfindet, was anderswo keine Chance hat."[25]

Fürsprache zu ermöglichen und zu verwirklichen, ist damit eine zweite Orientierung für evangelische Publizistik, die im diakonischen Auftrag der Kirche gründet. „Für andere" handelt evangelische Publizistik, wo sie Themen, Stimmen und Perspektiven eine Öffentlichkeit verschafft, die diese sonst nicht oder weniger hätten. Freilich ist die Orientierung an Stellvertretung in ethischer Perspektive nicht unproblematisch, gerade wenn man die postkoloniale Kritik miteinbezieht: „Für" einen anderen oder „an Stelle" eines anderen zu handeln, kann nach dieser Kritik eben auch bedeuteten, den Weg zu eigenständigem Handeln steiniger zu machen. Diese Sensibilisierung gilt es im Kopf zu behalten, während es wichtig bleibt, nach den vernachlässigten Themen und Perspektiven im Diskurs zu fragen – um gerade diesen Gehör zu verschaffen. Das erst ermöglicht Entscheidungsträger:innen in Politik und Gesellschaft, Verhältnisse zu verbessern – und zwar so, dass dies den „Stummen" auch tatsächlich und nicht nur vermeintlich zugutekommt.

Diese Orientierung an Stellvertretung und Fürsprache schreibt der evangelischen Publizistik eine kritische Grundhaltung in Berichterstattung und Kommentierung ein: Sie deckt ungerechte Verhältnisse auf, unter denen Menschen leiden; sie kritisiert diese Verhältnisse kommentierend.

3.3 Hoffnung

Digitale Medien haben nicht nur den Zugang zu einer Vielfalt an Nachrichten aus aller Welt erleichtert, sondern damit auch den Zugang zu schlechten Nachrichten: Während „Negativität" schon lange als Nachrichtenfaktor gilt und massenmediale Berichterstattung prägte, scheint im Internet die Fülle und Verfügbarkeit von schlechten Nachrichten überhandzunehmen.[26] Vor diesem Hintergrund ist es eine Chance evangelischer Publizistik, konkret zu zeigen, dass zum Realismus

Hoffnung gehört. Im Sinne von Moltmanns Theologie und von der Stellvertretungsorientierung herkommend ist dies eine Hoffnung, die gerade nicht am Leid von Menschen vorbeigeht, sondern zuerst die Hoffnung der Leidenden ist.

Dieser Hoffnungsorientierung entspricht in vielen Punkten das Konzept des „konstruktiven Journalismus", für dessen Umsetzung sich auch in der Praxis evangelischer Publizistik Beispiele finden.[27] Die Grundgedanken des Konzepts sind nicht neu; visionäre Arbeiten der jüngeren Zeit stammen von Cathrine Gyldensted und Ulrik Haagerup.[28] Ausgangspunkte der Konzeptualisierung sind meist einerseits eine demokratietheoretische Verortung des Journalismus und andererseits die Problematisierung der Negativitätstendenz im Journalismus.[29] Dagegen setzt konstruktiver Journalismus, was Hooffacker so pointiert hat:

> „Beim ‚konstruktiven Journalismus' steht der Blick in die Zukunft im Mittelpunkt: Wie geht es weiter? (What now?) Die Fakten sollen mit erklärendem Kontext präsentiert werden. Der konstruktive Journalismus will Zusammenhänge, Lösungs- und Handlungsmöglichkeiten aufzeigen. Dabei sollen die negativen Seiten eines Themas nicht ausgeblendet werden. Es geht keinesfalls darum, nur ‚gute Nachrichten' zu bringen."[30]

Eine Zukunftschance der evangelischen Publizistik besteht nicht nur darin, konstruktiven Journalismus (weiter) zu betreiben. Gerade die Kombination aus freiheitlichem, anwaltschaftlichem und konstruktivem Journalismus ist weiterführend, weil diese Ausrichtungen jeweils gegenseitig korrigieren können, was an ihnen kritisiert wurde. Die Orientierung an der Perspektive der geringsten Geschwister verhindert, dass Journalismus sich zu sehr aufs Positive oder Lösbare konzentriert; die Orientierung an Freiheit steht dem gegenüber, dass konstruktiver Journalismus in PR kippt.[31] Andererseits kann die Grundhaltung von konstruktivem Journalismus dem vorbeugen, dass anwaltschaftlicher Journalismus in eine Fundamentalkritik kippt, die den „Stummen" nicht mehr tatsächlich zugutekommt.

Eine Zukunftsvision evangelischer Publizistik in 40 Jahren ist damit freilich nicht gezeichnet. Gezeigt hat sich hoffentlich, dass es für eine freie, kritische und hoffnungsvolle evangelische Publizistik theologische Gründe gibt, die den Einsatz für die Zukunft evangelischer Publizistik in Theorie und Praxis lohnend machen – was eine nicht vorhersehbare Zukunft auch bringen mag.

Prof. Dr. Florian Höhne ist Professor am Institut für Praktische Theologie der Friedrich-Alexander-Universität Erlangen-Nürnberg, Lehrstuhl für Medienkommunikation, Medienethik und Digitale Theologie.

1 Dafür und für das folgende vgl. Jürgen Moltmann: Das Experiment Hoffnung. Einführung, München 1974, 73 f.

2 Vgl. ebd.

3 Vgl. a. a. O., 74.

4 Jürgen Moltmann: Theologie der Hoffnung. Untersuchungen zur Begründung und zu den Konsequenzen einer christlichen Eschatologie, München[6] 1966, 20.

5 Martin Luther zitiert nach: Gottfried Mehnert: Evangelische Presse. Geschichte und Erscheinungsbild von der Reformation bis zur Gegenwart, Bielefeld 1983, 14.

6 Zu Geschichte und Vielfalt der Organisationsformen vgl. beispielsweise: Mehnert: Evangelische Presse (Anm. 5); Roland Rosenstock: Evangelische Presse im 20. Jahrhundert, Stuttgart 2002, sowie das

„Publizistische[.] Gesamtkonzept 1997" (Mandat und Markt, hg. v. Kirchenamt der Evangelischen Kirche in Deutschland, Frankfurt am Main 1997) und den „Publizistische[n] Gesamtplan der Evangelischen Kirche in Deutschland" (Gütersloh 1979).

7 Vgl. Rosenstock: Evangelische Presse (Anm. 6), 76–78.

8 Ernst Lange, Kirche für die Welt. Aufsätze zur Theorie kirchlichen Handelns, München 1981, 101.

9 Vgl. Hans-Richard Reuter: Botschaft und Ordnung. Beiträge zur Kirchentheorie, Leipzig 2009, 33–55.

10 Vgl. ebd., insbes. 33, 40, 45, kursiv im Original.

11 Vgl. a. a. O., 42–44.

12 Vgl. a. a. O., 46.

13 Vgl. a. a. O., 46f.

14 Vgl. a. a. O., 42–44, Zitat auf 44.

15 Siehe dazu (auch für die Quelle des Zitats) hier 3.2 Anwaltschaft und die dort zitierten Belegstellen.

16 Vgl. a. a. O., 41f.

17 Vgl. Rosenstock: Evangelische Presse (Anm. 6), 57.

18 Vgl. Robert Geisendörfer: Für die Freiheit der Publizistik, Stuttgart 1978, 39f.

19 Ebd.

20 Wolfgang Huber: Kirche und Öffentlichkeit, Stuttgart 1973, 633f.

21 A. a. O., 634.

22 Vgl. Philipp Staab: Digitaler Kapitalismus. Markt und Herrschaft in der Ökonomie der Unknappheit, Berlin 2019, 30, etwa: „Klassische Monopolunternehmen agieren auf Märkten; die Leitunternehmen des digitalen Kapitalismus hingegen *sind* Märkte" (ebd.).

23 Vgl. a. a. O., 30–35, 170f., 222–225. Zum Folgenden vgl. auch a. a. O., 173–205.

24 Vgl. zu den zugrunde liegenden Gedanken hier: Staab: Digitaler Kapitalismus (Anm. 22), insbes. 224.

25 Geisendörfer, Freiheit (Anm. 18), 40, kursiv im Original. Für den Begriff der Anwaltschaft in diesem Kontext vgl. Otmar Schulz: Freiheit und Anwaltschaft. Der evangelische Publizist Geisendörfer. Leben, Werk und Wirkungen, Erlangen 2002, insbes. S. 172.

26 Zur Negativitätstendenz als Hintergrund für Gegenkonzepte vgl. Jelle Mast, Roel Coesemans, Martina Temmerman: Constructive journalism: Concepts, practices, and discourses, in: Journalism 20 (2019), 492–503, 494.

27 Für chrismon vgl. Klaus Meier: Wie wirkt Konstruktiver Journalismus? Ein neues Berichterstattungsmuster auf dem Prüfstand, in: JZfJ 1 (2018), 4–25, 6.

28 Vgl. ebd. und Mast et al.: Constructive journalism (Anm. 26), 493f.

29 Vgl. a.a.O., 494.

30 Gabriele Hooffacker: Journalistische Praxis: Konstruktiver Journalismus. Wie Medien das Thema Migration für Jugendliche umsetzen können, Wiesbaden 2020, 2.

31 Zu diesen möglichen Problemen vgl. Meier: Konstruktiver Journalismus (Anm. 27), 8, Mast et al.: Constructive journalism (Anm. 26), 494.

DIE EVANGELISCHE KIRCHE BRAUCHT PUBLIZISTIK
EIN MEDIENPOLITISCHER ZWISCHENRUF

Udo Hahn

Was die (evangelische) Kirche braucht? Darüber muss immer wieder neu Einverständnis hergestellt werden. Zuallererst geht es um den Auftrag: Wofür steht Kirche? Und im zweiten Schritt um Ermöglichung: Was kann sich Kirche (noch) leisten?

Schon die frühe Kirche hat ihren Auftrag zu bestimmen versucht und drei Begriffe gewählt:

- Martyria: Verkündigung des Evangeliums, die auch die Bereitschaft zum Leiden einschließt.
- Liturgia: Feier des Gottesdienstes mit Bibellesung, Gebet und Abendmahl.
- Diakonia: Dienst am Menschen, tätige Nächstenliebe.

Das Zweite Vatikanische Konzil hat noch einen vierten Begriff hinzugefügt, der konfessionsübergreifend Konsens ist:

- Koinonia: Glaube braucht Gemeinschaft, einen Rahmen, der die o.g. Funktionen umschließt.

Als fünfter Auftrag wurde definiert:

- Paideia: Bildung, Persönlichkeitsentwicklung, reflektiertes Christsein, Diskurs.

Obwohl dieser Aspekt unmittelbar in der Bibel wurzelt – „Verstehst du auch, was du liest?“ (Apostelgeschichte 8,30) – und obwohl die Reformation Martin Luthers ganz wesentlich darauf gründet, dass erst eine Bildung für alle ein selbstbestimmtes Christsein intendiert und im Weiteren die Mündigkeit (Beteiligung) der Bürgerinnen und Bürger möglich macht, so haben Theologie und Kirche diese Auftragsbestimmung längst noch nicht verinnerlicht.

Und eigentlich gehört zur Auftragsbestimmung von Kirche ein sechster Aspekt dazu:

- Publizistik: öffentliche Kommunikation.

Vor allem mit den beiden zuletzt genannten Aspekten verbindet sich – zusammen mit der Diakonie – die Verantwortung für das Gemeinweisen.

Die Entwicklung und der Aufbau kircheneigener publizistischer Aktivitäten zählen zu den bedeutendsten Innovationen, die die evangelische Kirche nach dem Zweiten Weltkrieg hervorgebracht hat. Neben der Publizistik sind dies der Deutsche Evangelische Kirchentag sowie die Gründung Evangelischer Akademien.

Die Entwicklung dieser drei Handlungsfelder ist kein Zufall. Die evangelische Kirche zieht damit die Konsequenz aus den Erfahrungen der Diktatur des Nationalsozialismus: dass die Kirche in der Gesellschaft präsent sein muss, vernetzt mit anderen zivilgesellschaftlichen Akteuren; dass sie Räume des

Vertrauens schaffen muss, die allen Menschen guten Willens (unabhängig von kirchlicher Bindung, religiöser Orientierung, parteipolitischer Verortung) offenstehen, die Klärungen und Lösungen ermöglichen.

Es handelt sich dabei um die neben der Diakonie reichweitenstärksten Arbeitsfelder der Kirche. Über keine anderen Handlungsfelder erreicht die Kirche so viele Menschen wie über Bildung und Publizistik. Verfolgt man die Debatten um die finanzielle Ausstattung dieser Bereiche, so scheint sich die Kirche dieses Werts der Reichweite nicht bewusst zu sein. Oder diesen für das kirchliche Wirken in der Gesellschaft nicht für wichtig zu halten. Beides wäre fatal.

Zugleich ist diese Bestandsaufnahme nicht überraschend. Es ist – so muss man nüchtern bilanzieren – nicht gelungen, dass Bildung und Publizistik die Anerkennung finden, die die o.g. klassischen Merkmale – Martyria, Liturgia, Diakonia und Koinonia – seit den Anfängen genießen. Vom diakonischen Auftrag abgesehen, gelingt es der evangelischen Kirche bis heute nicht, die gesellschaftlichen und politischen Veränderungen seit dem 19. Jahrhundert so zu verarbeiten, dass erst im Dreiklang von Diakonie, Bildung und Publizistik gesellschaftliche Wirksamkeit sich entfaltet. Denn: Der Auftrag der Kirche bezieht sich immer auf die ganze Gesellschaft. Deshalb muss sie, um ihrem Auftrag gerecht zu werden, immer die größtmögliche Reichweite erzielen wollen.

Gibt Kirche diesen Anspruch auf und schränkt sie sich in den genannten Bereichen ein, geht der Zivilgesellschaft Kraft verloren. Und in letzter Konsequenz schwächt die Kirche die Demokratie.

Warum sich die Kirche publizistisch engagiert, liegt auf der Hand: Vielfaltsicherung ist ein zentraler Auftrag, dem sich gerade die Kirchen (in ökumenischer Verbundenheit) verpflichtet sehen. Dass die Evangelische Kirche in Deutschland (EKD) die älteste Nachrichtenagentur betreibt, den 1910 gegründeten Evangelischen Pressedienst, hat mit Vielfaltsicherung im Bereich der Medien zu tun. Ganz zu schweigen von ihrem kulturellen Engagement.

Wenn nicht alles täuscht, sind die Kirchen in den medienpolitischen Debatten – von Einzelstimmen abgesehen – kaum mehr vertreten. Dabei war Medienpolitik einst eine Domäne der Kirchen. Die EKD hat 1996 ihr letztes publizistisches Gesamtkonzept vorgelegt. Ihre Medienaktivitäten – unter anderem von der Nachrichtenagentur epd über die Magazine chrismon und zeitzeichen bis hin zur Filmgesellschaft EIKON – stehen für Qualität. Anerkannt ist diese, so scheint es, aber weniger in der Kirche selbst, dafür umso mehr in der nichtkirchlichen Öffentlichkeit.

Die eingangs gestellte Frage, warum die evangelische Kirche Publizistik braucht, ist um folgenden Aspekt zu erweitern: Die evangelische Kirche braucht eine wirkungsvolle(re) Medienpolitik. Ein solches Engagement fördert die Zivilgesellschaft und stärkt die Demokratie.

Am Beispiel der Debatte um die Zukunft des öffentlich-rechtlichen Rundfunks (ÖRR) lässt sich dies zeigen. Der ÖRR ist unter Druck und war es schon immer. Das ist für sich genommen nicht verwunderlich. Denn es geht um viel Geld, genauer: um den Rundfunkbeitrag. Finanziert wird damit ein Auftrag, der für die Demokratie von essenzieller Bedeutung ist: Information, Meinungsbildung und kulturelle Vielfalt.

Befeuert wird die Reformdebatte seit Jahren durch die legitime Frage, ob Aufwand und Nutzen in einem angemessenen Verhältnis stehen. Und durch Affären, wie etwa beim Rundfunk Berlin-Brandenburg (RBB), der nach Vorwürfen von Vetternwirtschaft und Verschwendung in eine massive Krise geraten war, die weiter schwelt.

Die Bundesländer wollen den ÖRR reformieren. So nötig dies einerseits ist, so sehr kommt es auf die Kriterien an, die hier angelegt werden. In der Debatte sind auch besorgniserregende Töne wahrnehmbar. Es fällt auf, dass seit geraumer Zeit Qualitätsmedien im Allgemeinen und der Öffentlich-rechtliche Rundfunk im Besonderen Ziel von Angriffen sind, die – anderslautenden Bekundungen zum Trotz – eine Schwächung einer tragenden Säule unserer Demokratie zum Ziel haben, die mindestens unbewusst in Kauf genommen wird. Weniger Geld bedeutet schließlich weniger Möglichkeiten, den gesellschaftlichen Zusammenhalt zu fördern.

In der Debatte um zweifellos notwendige Reformen – die unter anderem mit einem sich ändernden Mediennutzungsverhalten zu tun haben – wird die grundlegende Bedeutung des ÖRR nicht ausreichend berücksichtigt. An seiner Wichtigkeit ändern übrigens auch die Skandale nichts, die gerade aufgeklärt werden.

Das Bundesverfassungsgericht hat in einem am 20. Juli 2021 gefassten Beschluss einige Punkte festgehalten, die, so scheint es, schlicht ignoriert werden, wenn man sich etwa die Forderungen mancher politischer Parteien genauer anschaut: In seinem Beschluss hat das Bundesverfassungsgericht die besondere Aufgabe des beitragsfinanzierten öffentlich-rechtlichen Rundfunks für authentische und sorgfältig recherchierte Informationen hervorgehoben. Er soll, insbesondere in Zeiten von Filterblasen und Fake News ein vielfaltsicherndes und Orientierungshilfe bietendes Gegengewicht bilden. Und er muss eine Plattform für alle Lebensbereiche bieten. Der Hinweis des Gerichts auf die Aufgabe des öffentlich-rechtlichen Rundfunks resultiert aus dem im Medienstaatsvertrag definierten Programmauftrag: Die öffentlich-rechtlichen Sender sollen Information, Kultur, Bildung und Unterhaltung bieten. Die Definition des Rundfunkauftrags ist und bleibt damit Sache der Länder – und nicht etwa des Deutschen Bundestags. Die Länderparlamente können selbstverständlich den Auftrag verändern. Darüber muss jedoch Einvernehmen bestehen. Die Länder dürfen nicht in die Programme eingreifen, etwa, weil ihnen Sendungen oder die Berichterstattung nicht gefallen. Sie dürfen auch nicht die Finanzierung mit der Auftragsdebatte verknüpfen. Das ist verfassungswidrig, weil dann die Sender nicht mehr vor staatlicher Einflussnahme geschützt wären.

Die Stabilität unserer Demokratie verdankt sich auch einem ökonomisch und politisch unabhängigen Qualitätsjournalismus und einem dualen Rundfunksystem, dem Nebeneinander von öffentlich-rechtlichem und privatem Rundfunk. Alles dient der Sicherung freier und umfassender Meinungsbildung. Wo öffentlich-rechtliche Systeme angegriffen oder marginalisiert werden, lässt sich klar zeigen, dass Demokratie und gesellschaftlicher Zusammenhalt gefährdet sind: etwa in den USA, in Ungarn und in Polen.

Der ÖRR in Deutschland ist kein Staatsfunk. Das war er auch nie. Überdies hat 2014 das Bundesverfassungsgericht festgelegt, dass der Anteil staatsnaher Mitglieder in den Kontrollgremien, wie etwa dem Rundfunkrat eines jeden Senders, ein Drittel nicht übersteigen dürfen. In seiner Breite ist er vielmehr ein Abbild unserer Gesellschaft, indem Wirtschaftsverbänden, Gewerkschaften, die Kirchen und eine Vielzahl weiterer zivilgesellschaftlicher Akteure vertreten sind – ohne dass ein Anspruch auf vollständige Repräsentanz möglich wäre. Wichtig zu wissen: Dabei handelt es sich nicht um Vertreterinnen und Vertreter der Interessen der jeweils entsendenden Institution. Vielmehr haben diese die Interessen der Allgemeinheit zu vertreten.

Im Lichte der nicht zuletzt durch die Digitalisierung geprägten Medienentwicklung zeigt sich, dass diese Gremien ihrem Auftrag – Beratung, Aufsicht und Kontrolle – nicht (mehr) in der Weise nachkommen, wie es erforderlich wäre. „Wir Rundfunkräte sind keine Experten", hatte die Vorsitzende des rbb-Rundfunkrats und stellvertretende Vorsitzende der ARD-Gremienvorsitzendenkonferenz (GVK) Friederike von Kirchbach gesagt, ehe sie von ihren Ämtern zurücktrat. Die Theologin hat ehrlich ausgesprochen, was für die meisten Mitglieder der Rundfunkräte gilt: Sie sind keine Experten. Das genau ist ein zentrales Problem. Wie kann Beratung und Kontrolle angemessen wahrgenommen werden angesichts der immer komplexeren inhaltlichen, technischen und juristischen Herausforderungen, die bei der Weiterentwicklung des ÖRR zu bestehen sind? Indem Medienkompetenz zum Kriterium der Berufung gemacht wird und Abgesandte der Institutionen Mandate nicht (länger) als Auszeichnung für angeblich verdienstvolle Arbeit erhalten (Beispiele gibt es leider auch aus den Kirchen) – zum Teil bis weit über die Ruhestandsgrenze hinaus.

Kein Wunder, dass die aktuelle Debatte um die Zukunft des ÖRR zum weit überwiegenden Teil von den politischen Parteien geprägt ist. Unter den zivilgesellschaftlichen Akteuren ragt weithin vor allem der Deutsche Journalisten-Verband (DJV) mit qualitätvollen Beiträgen heraus.

Weiter fällt auf: In der Debatte um die Zukunft des ÖRR treten die in den Rundfunkräten repräsentierten gesellschaftlichen Institutionen – bis hin zu den Kirchen – praktisch nicht in Erscheinung. Sie müssten sich als Institution in den Diskurs um den Auftrag und die künftige Ausgestaltung des Modells öffentlich-rechtlicher Rundfunk deutlich vernehmbar einbringen. Dies ist unerlässlich, denn die Zivilgesellschaft steht für Vielfalt. Sie muss zur Vielfaltsicherung beitragen. Diese kann nicht durch Reduktion von Vielfalt gelingen, worauf zahlreiche Reformvorschläge in letzter Konsequenz hinauslaufen.

Dass die evangelische Kirche hier hinter den Erwartungen zurückbleibt, hat seine Ursache in Versäumnissen der Vergangenheit. Medienpolitik war nicht mehr als Aufgabe der Institution wahrgenommen worden. Das dürfte für die Kirchen nicht ohne Folgen bleiben. So hat etwa die Debatte an Fahrt aufgenommen, ob die Kirchen, die in den Rundfunkräten noch drittstärkste Kraft sind, dauerhaft diese Position behalten können. Argumentiert wird mit einer gewachsenen religiösen Vielfalt und einer säkularisierten Gesellschaft. Warum das zu Lasten der Kirchen soll, ist jedoch nicht schlüssig. Gegen den vermeintlichen Einfluss der Kirchen wird weiter ins Feld geführt, dass die Zahl ihrer Mitglieder bald nur noch knapp die Hälfte der Gesamtbevölkerung ausmacht. Nur noch? Welche andere zivilgesellschaftliche Kraft kann für sich in Anspruch nehmen, dass die Hälfte der Bevölkerung ihre Mitglieder sind? Dass die Kirchen in manchem gesellschaftlichen Diskurs wie der Medienpolitik zu wenig präsent sind, hat sicher damit zu tun, dass die Missbrauchsskandale, schwindende Ressourcen und interne Strukturdebatten viele Kräfte binden.

Es ist an der Zeit, dass sich die Kirchen in die Debatte wirkungsvoll einbringen – und mit ihnen alle anderen Gruppen, die in den Rundfunkräten vertreten sind. Es gehört zu den dringenden Aufgaben der Kirchen, sich medienpolitisch durch ihre Gremien zu positionieren. Das ist ein überfälliger, notwendiger Beitrag, der die Bedürfnisse der Gesellschaft herausstellt und die Weichenstellungen nicht allein der Politik überlässt.

Udo Hahn ist Pfarrer und Publizist, er leitet seit 2011 die Evangelische Akademie Tutzing am Starnberger See. Davor war er unter anderem Redakteur der Wochenzeitung „Rheinischer Merkur“ sowie Medien- und Publizistikreferent der Evangelischen Kirche in Deutschland (EKD).

EVANGELISCHE PUBLIZISTIK – **CHANCEN UND PERSPEKTIVEN IN EINER SÄKULAREN MEDIENGESELLSCHAFT**

GEMEINNÜTZIGER JOURNALISMUS

ÜBER DAS ONLINE-MAGAZIN SONNTAGSBLATT.DE UND DIE DIGITALISIERUNG DES MEDIENHAUSES EPV

Rieke C. Harmsen

„sonntagsblatt.de wird 360 Grad evangelisch“: Mit dieser Überschrift kündigte die Nachrichtenagentur epd im Juni 2017 das neue evangelische Onlinemagazin *sonntagsblatt.de* an. Unter der Leitung von Chefredakteurin Rieke C. Harmsen bekam die Online-Plattform ein multimediales Profil – mit Videos und Audios, Podcasts und Newslettern, Social Media und einem Shop.

Das Profil von *sonntagsblatt.de* ist klar umrissen: Die Onlineredaktion berichtet über Glaube, Kirche, Religion, Gesellschaft, Kultur, Umwelt und Medien. Interviews und Reportagen aus evangelischer Perspektive fördern neue Einsichten, Kommentare und Hintergrundberichte ermöglichen Orientierung und Meinungsbildung. In der Berichterstattung setzt das Magazin auf journalistische Professionalität und Qualität, Exklusivität und Hintergrundinformationen. Die Redaktion produziert Blogs und Artikel, Videos und Podcasts und veröffentlicht zahlreiche Gastbeiträge. Das Magazin erreicht monatlich rund 300.000 Nutzer:innen und ist damit eine der wichtigsten evangelischen News-Seiten in Deutschland.

Wie kam es dazu und wohin zielt das Magazin in den kommenden Jahren? Der folgende Beitrag schildert die crossmediale Arbeit der Onlineredaktion unter dem Dach des Evangelischen Presseverbands für Bayern e. V. (EPV). Er gibt Einblick in den Change-Prozess zur Digitalisierung und die Herausforderungen der Redaktion.

Mit einem Sprint zum Onlinemagazin

Im Jahr 1991 programmierte der britische Physiker Tim Berners-Lee für das europäische Kernforschungszentrum CERN die erste Onlineseite und schuf damit das World Wide Web. Er zielte mit seiner Erfindung auf Vernetzung, Vielfalt, Zusammenarbeit und Freiheit – Werte, die auch die Sonntagsblatt-Redaktion für wichtig erachtet.

Die Entstehung des Onlinemagazins ist eng verwoben mit den ersten Webaktivitäten der evangelischen Publizistik. Denn die bundesweit erste Website der evangelischen Kirchen entstand in Bayern. In Lila und Weiß strahlte die Startseite von *bayern-evangelisch.de,* die 1995 im Evangelischen Presseverband für Bayern e. V. ins Leben gerufen wurde.[1] Der Clou: Über die Website konnten die Nutzer:innen die bundesweit erste Online-Pfarrerin erreichen. Das war sogar der Bild-Zeitung eine Schlagzeile wert. Das kleine Redaktionsteam programmierte die Seite selbst und sammelte erste Erfahrungen als Onlineredaktion. Unter anderem wurde über Kirchenvorstandswahlen oder Taufe, Kunst, Kirche oder Kirchensteuer berichtet. 1998 wurde die Webseite an den Bereich „Presse- und Öffentlichkeitsarbeit" der bayerischen Landeskirche übergeben.[2] Nun folgte ein eigener Webauftritt der Wochenzeitung unter der Domain *sonntagsblatt-bayern.de,* für den Evangelischen Presseverband für Bayern wurde die Seite *epv.de* erstellt.

Gab es 1993 weltweit nur 130 Webseiten, so waren es fünf Jahre später bereits mehr als eine Million.[3] Um gefunden zu werden, mussten Webseiten-Betreiber ihr Angebot händisch in Suchmaschinen wie Lycos, Yahoo oder Altavista eintragen, und die Kirchen starteten ein eigenes Verzeichnis mit dem Titel „Christweb".[4] Später übernahmen automatisierte Prozesse diese Aufgabe. 2023 landeten rund 80 Prozent aller Suchanfragen aus Deutschland auf der Plattform von Google.[5]

2004 sorgte Facebook für den nächsten Boom: Die Social-Media-Kanäle entstanden.[6] Seit 2011 ist die Sonntagsblatt-Redaktion auch auf den Social-Media-Plattformen präsent. „Kommunikation im Social Web braucht Pflege und Zeit und somit auch ausreichend Kapazitäten", konstatierte die Redaktion in einer internen Analyse der Social-Media-Aktivitäten von 2014. Zug um Zug wurde die Onlineredaktion erweitert und neue Plattformen hinzugefügt. 2023 war *sonntagsblatt.de* neben Facebook auch auf Instagram, Twitter bzw. X, LinkedIn und Pinterest aktiv; für 2024 ist eine Präsenz bei Mastodon und TikTok geplant.

Die meisten Onlinemagazine waren zunächst ein Zusatzprodukt zu den Zeitungen. In den vergangenen Jahren erlebten die klassischen Medien weltweit einen rasanten Bedeutungsverlust. Zeitungen, Radiosender und TV-Anstalten, Verlage und Medienhäuser – darunter auch viele Einrichtungen der kirchlichen Publizistik – kämpfen um ihr Überleben. Gab es 1954 in Deutschland noch 225 Tageszeitungen, schrumpfte diese Zahl bis 2018 auf 114.[7]

CHANCEN UND PERSPEKTIVEN IN EINER SÄKULAREN MEDIENGESELLSCHAFT

Die konfessionellen Medien befinden sich in einer „existenzielle(n) Krise", konstatierte 2022 eine Studie des Medienverbands der freien Presse (MVFP). „Wenn die aktuelle Entwicklung weiter anhält, werden bis 2024 insgesamt 30 Prozent der Fachmedien, bis zu 80 Prozent der konfessionellen Medien und 20 Prozent der Publikumszeitschriften in ihrer Existenz stark gefährdet sein", erklärte der Vizepräsident des Medienverbandes, Philipp Welte.[8]

Der Abwärtstrend lässt sich auch bei der evangelischen Kirchengebietspresse beobachten. Erlebten die Gemeindeblätter und Kirchenzeitungen Ende des 19. Jahrhunderts einen riesigen Aufschwung, der um 1908 zu einer Auflage der Kirchengebietszeitungen von mehr als 1,7 Millionen Exemplaren führte, verzeichnen die Zeitungen seit den 1980er-Jahren einen steten Auflagen-Rückgang bzw. wurden eingestellt. Zuletzt gab es 2023 zwei einschneidende Veränderungen.[9] Der Evangelische Kirchenbote aus Speyer und die Evangelische Sonntags-Zeitung der hessen-nassauischen Kirche wurden 2023 in der jetzigen Form eingestellt.

Der Evangelische Presseverband für Bayern e. V. reagierte auf die sinkenden Einnahmen im Printbereich wie viele andere Medienhäuser mit einer Diversifikation der Produkte und Geschäftsfelder. So wurden Corporate Publishing, Schulungen, Podcasts, Apps sowie die Ausstellungsplattform *www.ausstellung-leihen.de* ins Leben gerufen.[10]

Digitale Geschäftsmodelle etablieren sich nur langsam. 2023 startete das Medienhaus auf *sonntagsblatt.de* eine Mitgliederplattform. Mit dem multimedialen Projekt *glaubstdu* wurden knapp 200 zahlende Mitglieder gewonnen. 2024 initiierten wir mit Unterstützung des MediaLab Bayern ein Projekt zum Thema Mitgliederbereich. Anhand von Interviews und Recherchen sowie Design-Thinking-Methoden sollen bestehende Zielgruppen analysiert und Bedürfnisse der Leser:innen ermittelt werden. Anschließend sollen daraus neue Formate und Produkte entstehen. Zudem soll untersucht werden, wie Lösungen aussehen könnten, die personalisierte News an Leserinnen und Leser ausliefern.[11]

Digitalisierung des Medienhauses

Die Digitalisierung der Arbeitsbereiche und die Einführung agiler Arbeitsmethoden im Evangelischen Presseverband für Bayern wurden ab 2014 unter der Leitung des EPV-Direktors Roland Gertz vorangetrieben. „Um die fundierte, aktuelle und unabhängige Berichterstattung auch in Zukunft umfassend, professionell, regional verankert und mit festangestellten Redakteur/innen gewährleisten zu können, ist eine stabile Finanzierung unverzichtbar", hieß es in einem Positionspapier, mit dem zahlreich Maßnahmen angestoßen wurden; unter anderem sollten alle Beschäftigten mindestens zehn Prozent ihrer Arbeitszeit in die Entwicklung neuer Produkte stecken. Mit Unterstützung der „Netzstrategen" wurde 2015 gemeinsam mit den Mitarbeitenden eine Digitalisierungsstrategie erarbeitet.

Daraus entstand auch das Konzept für das Onlinemagazin: „Wir machen keinen Relaunch, sondern entwickeln eine neue Seite, die sich an unseren Zielgruppen definiert", hieß es in der Projektbeschreibung. 20 Redakteurinnen und Redakteure aus allen Bereichen des Medienhauses, ungezählte Stehkonferenzen und ein agiler Workflow waren das Setting für einen achtwöchigen Sprint. Am 1. Dezember 2016 wurden das Onlinemagazin und der Sonntagsblatt-Onlineshop freigeschaltet und am 22. Dezember einer breiten Öffentlichkeit bekannt gemacht.

Corona-Pandemie und New Work

Einen erheblichen Schub bekam die Digitalisierung im evangelischen Medienhaus aufgrund der Corona-Pandemie: Innerhalb von einer Woche wurde die Redaktionsarbeit komplett umgestellt, sämtliche Mitarbeitenden wurden ins Homeoffice geschickt. Die Themen und Strukturen von New Work wurden in die Arbeit der Onlineredaktion integriert.[12] Ein paar Beispiele:

1. Agile Arbeit: Die Onlineredaktion hat ihre Beweglichkeit enorm erhöht. Design Thinking und agile Prozesse, neue Technologien und Tools sorgen dafür, dass neue Produkte und Formate nach vier bis sechs Wochen Entwicklungszeit an den Start gehen können – so etwa der Podcast „Ethik Digital“[13], eine Webinar-Reihe zu Social Media, die Online-Arbeit für Gemeinden und kirchliche Einrichtungen[14] oder eine digitale interaktive Veranstaltungsreihe über Zoom.[15] All unsere Dienstleistungen stehen im Wettbewerb mit anderen Trägern und Anbietern. Umso wichtiger ist es, die Ressourcen zeitnah und flexibel einzusetzen.
2. Unternehmerisches Handeln: Der Abbau starrer Strukturen ermöglicht eine flexible Arbeitsweise. Neue Produkte und Projekte werden abteilungsübergreifend realisiert. Ideen können so schnell in der Praxis erprobt und auch auf ihre Wirtschaftlichkeit hin überprüft werden. Natürlich sollte Kirche mehr als ein rein gewinnorientierter Betrieb sein, verantwortungsvolles und innovatives unternehmerisches Handeln schließt das aber nicht aus. Als Beispiel für ein neues Geschäftsfeld sei hier die Plattform *ausstellung-leihen.de* genannt, auf der mittlerweile mehr als 15 verschiedene Ausstellungen erfolgreich zum Verleih angeboten werden.[16]

3. Professionalität: Die Mitarbeiter:innen des Medienhauses verfügen über eine hohe fachliche und technische Expertise. Es gibt Nachrichten- und Videojournalist:innen, Moderator:innen und Reporter:innen, Redakteur:innen und noch einige andere professionelle Medienschaffende. Deren anerkanntes Know-how sorgte dafür, dass unsere als Webinare angebotenen Schulungen während der Zeiten des Corona-Lockdowns regelmäßig innerhalb kürzester Zeit ausgebucht waren.
4. Weiterbildung: Im EPV gibt es ein vielschichtiges System von Aus- und Fortbildungen. Einmal jährlich treffen sich alle Mitarbeitenden, um sich mit einem aktuellen Thema zu beschäftigen; es gibt Schulungen für Teams und Einzelschulungen, Inhouse-Workshops und externe Fortbildungen. Jede Abteilung verfügt über ein Team-Budget, darüber hinaus gibt es abteilungsübergreifende Mittel für die Fort- und Weiterbildung – etwa zu den Themen Bildrechte oder Künstliche Intelligenz.
5. Ethik-Kodex: Für die Arbeit in den verschiedenen Redaktionen wurde ein gemeinsamer Ethik-Kodex erarbeitet. Er beschreibt die grundlegenden Prämissen der Arbeit und zeigt unter anderem auf, wie mit Diversität, unterschiedlichen Meinungen oder auch Fehlern umgegangen werden soll. Es gibt Arbeitshilfen und Richtlinien, 2023 etwa einen Kodex zum Umgang mit KI und LLMs (Large Language Models).[17]
6. Kooperationen: Die Onlineredaktion arbeitet in Deutschland vor allem mit Medienhäusern zusammen, die sich im Nonprofit-Journalismus etabliert haben. Die Redaktion setzt sich dafür ein, dass die Vielfalt der gemeinnützigen Medien in Deutschland erhalten bleibt.[18]

7. Vernetzung: Das Onlinemagazin ist gut vernetzt und etabliert in der Medienbranche. Davon zeugen zahlreiche Gütesiegel und Mitgliedschaften. Die Auflagen werden geprüft von der Prüfinstitution IVW. Der Evangelische Presseverband für Bayern e.V. ist unter anderem Mitglied im „Evangelischen Medienverband in Deutschland" (EMVD)[19] und im „Medienverband der freien Presse" (MVFP).[20] Die Aus- und Fortbildung wird gefördert über die Mitgliedschaft in der „Media School Bayern".[21] Der EPV ist Gesellschafter der „Corint Media GmbH"[22] und von „Konpress-Medien".[23] Zudem ist das Sonntagsblatt als Publisher aktiv beim Videomarktplatz „Glomex".[24]
8. Öffentlichkeitsarbeit: Das Medienhaus beteiligt sich unter anderem an der Ausschreibung von Wettbewerben. Dazu gehören der Audio-Spezialpreis Kultur, Medien und Kirchen der Bayerischen Landeszentrale für neue Medien (BLM), gemeinsam gestiftet vom Evangelischen Presseverband für Bayern e. V. (EPV) und vom katholischen Medienhaus Sankt Michaelsbund (SMB).[25] Seit 2008 verantwortet der EPV den internationalen Lagois-Fotowettbewerb, der mit 5.000 Euro Preisgeld dotiert ist.[26] Und der EPV richtet den jährlichen Medienpreis der bayerischen evangelischen Landeskirche aus.

Die Digitalisierung der Medienbranche schreitet rasch voran. Evangelische Medienhäuser in Deutschland kämpfen mit einer Vielzahl von Problemen: Print- und Onlineprodukte sind einer harten Konkurrenz ausgesetzt. Insbesondere die Situation der lokalen Presse ist schwierig, ergab eine Studie im Auftrag der Bundesregierung: Anzeigenerlöse und Auflagen erodieren, die Kosten steigen. Die meisten Verlage in Deutschland können ihre digitalen Inhalte in der Regel nur ungenügend monetarisieren. Zwar etablieren sich E-Paper und Paywall-Modelle nach und nach. Aber auch hier findet ein harter Verdrängungswettbewerb statt, bei dem vor allem die kleinen Medienhäuser kaum mithalten können. Oft fehlt es ihnen auch an technologischer Kompetenz und Mut zur Innovation.

So hat die evangelische Publizistik im Lauf der vergangenen zwei Jahrzehnte eine bedeutende Transformation erlebt: von gedruckten Zeitungen zu digitalen Plattformen. Die kirchlichen Organisationen und Medienhäuser haben dabei eine erstaunliche Anpassungsfähigkeit bewiesen. Zweifellos aber wird die Zukunft der evangelischen Publizistik wie in der Medienbranche allgemein von einem hohen Innovations- und Anpassungsdruck geprägt sein.

Plädoyer für einen gemeinnützigen Journalismus

Der amerikanische Journalist Evan Osnos hat in seinem Buch „Mein wütendes Land“ analysiert, was geschieht, wenn Lokalzeitungen und gemeinnützige Medien verschwinden. In den USA gibt es ganze Regionen ohne ein einziges ernsthaftes Informationsmedium. Das hat dramatische Folgen für die Demokratie und den gesellschaftlichen Zusammenhalt: Die Menschen tauchen in ihre „Informationsblase“ ab und gelangen immer schneller und häufiger in radikale Kreise. Die Bereitschaft, sich andere Standpunkte anzuhören oder sich gar mit ihnen auseinanderzusetzen, schwindet, so Osnos.[27]

Die Beobachtung von Osnos wurde inzwischen wissenschaftlicher Untersuchungen bestätigt: Der Verlust von Lokaljournalismus sorgt für eine erhöhte Verbreitung von Fehlinformationen und Desinformationen, eine politische Polarisierung sowie ein schwindendes Vertrauen in Medien. Zudem sorgt der Mangel an Informationen für eine geringere Wahlbeteiligung und mehr Korruption in Politik und Wirtschaft.[28]

Als Gegenbewegung entstanden in den vergangenen Jahren in den USA verschiedene Onlinemagazine, die sich dem Lokaljournalismus widmen und sich dafür einsetzen, moderierte Communitys aufzubauen. Sie finanzieren sich über Mitgliedsbeiträge und werden oft von Mäzenen oder Stiftungen unterstützt.[29]

Wie wichtig eine unabhängige evangelische Publizistik ist, hat schon der Medienpfarrer Robert Geisendörfer erkannt. Er gründete nach dem Zweiten Weltkrieg den Evangelischen Presseverband für Bayern e. V. und rief 1973 das GEP ins Leben. Sein Ausspruch „Fürsprache üben, Barmherzigkeit vermitteln und Stimme leihen für die Sprachlosen" gehört bis heute zu den Leitlinien der EPV-Redaktionen..

Angesichts der Krise in der Medienbranche erklärte Stephan Scherzer, Bundesgeschäftsführer des Medienverbandes der freien Presse (MVFP) 2022: „Das Risiko irreparabler Schäden für die Pressefreiheit und die Pressevielfalt in diesem Land ist hoch." Er sehe die Stabilität der Demokratie in Deutschland und Europa bedroht, denn: „Eine gesunde Demokratie braucht gesunde Verlage, denn die freie Presse ist unverzichtbar für die Stabilität und die Vielfalt unserer pluralistischen Gesellschaft."

Die Evangelisch-Lutherische Kirche in Bayern hat im Juli 2023 in der Folge eines umfangreichen Beratungsprozesses durch die Agentur Aserto die Einrichtung eines „Campus Kommunikation" beschlossen. Diese Organisation soll die kommunikative Arbeit der Kirchen bündeln.[30] Insbesondere gilt dies für die Abteilung „Presse- und Öffentlichkeitsarbeit" der Landeskirche, Teile des „Amtes für Gemeindedienst“ (AfG) und den Evangelischen Presseverband für Bayern e. V. Inwieweit damit Öffentlichkeitsarbeit und Publizistik getrennt bleiben, ist derzeit nicht abzusehen.

Kirchliche Publizistik lebt von der Qualität und Professionalität der Mitarbeitenden. Gut ausgebildete Journalistinnen und Journalisten, bezahlt nach dem Tarifwerk für ihre Berufsgruppen, garantieren die Expertise und Qualität. Den Gründern des Gemeinschaftswerkes der Evangelischen Publizistik e. V. (GEP) war dies bewusst. So wurde die Publizistik als „Funktion der Kirche“ in der Satzung verankert.[31] GEP-Direktor Robert Geisendörfer machte den kirchlichen Vertretern in einer Bilanz 1975 deutlich, dass die Herstellung publizistischer Produkte nicht nach den „Regeln einer Verwaltungsbehörde“ erfolgen dürfe. Sie sei vielmehr auf ein „Mindestmaß an autonomen Arbeitsabläufen angewiesen, die spontanes, aktuelles und sachgemäßes Handeln möglich machen. Publizistische Produkte gedeihen nie in reglementierten Räumen. Sie brauchen Freiheit, die nicht mit Schlamperei verwechselt werden sollte“, erklärte Geisendörfer.[32]

In ihren publizistischen Grundlinien aus dem Jahr 2004 und deren Fortschreibung 2008 beruft sich die bayerische Landeskirche explizit auf die Werte, die bereits von Geisendörfer formuliert wurden: „Die ELKB erfüllt ihren publizistischen Auftrag mittels vielfältiger Medien in Wort, Bild, Ton und Text durch eine wahrhaftige, unabhängige, aktuelle, zeitgemäße, verständliche und ästhetisch ansprechende Information und Verkündigung.“[33] Es wird darin deutlich unterschieden zwischen Öffentlichkeitsarbeit und Kirchengebietspresse. So heißt es dort: „Die ELKB ist der Freiheit der Publizistik verpflichtet, bietet Orientierung und (kritische) Begleitung in den öffentlich-rechtlichen und privaten Medien und leiht ihre Stimme den Sprachlosen."[34]

Die Prognosen des Bundesverbands Digitalpublisher und Zeitungsverleger (BDZV) für die Medienbranche sind düster. 2025 sollen rund 4.400 Kommunen von keiner Lokalzeitung mehr beliefert werden können. Damit würden 40 Prozent aller deutschen Gemeinden zur Nachrichtenwüste werden.[35]

Angesichts der Krise der Medienbranche *und* der schwindenden Sichtbarkeit von Kirche in der Öffentlichkeit erfüllt ein Onlinemagazin wie *sonntagsblatt.de* eine wichtige Aufgabe. Die journalistisch professionelle und unabhängige Plattform liefert einer breiten Leserschaft aktuelle Nachrichten aus Kirche, Religion und Gesellschaft. Das kostenlose und werbefreie Onlinemagazin informiert die Menschen, bietet ihnen Orientierung und unterstützt sie dabei, fundierte Entscheidungen treffen zu können – und leistet damit einen wichtigen Beitrag für Demokratie, Frieden und Zusammenhalt in der Gesellschaft.

Dr. Rieke C. Harmsen ist Chefredakteurin von sonntagsblatt.de und Leiterin der Abteilung Online & Crossmedia im Evangelischen Presseverband für Bayern e. V. Die Medienexpertin ist spezialisiert auf Strategie, Innovation und Change Management. Als Social-Entrepreneurin hat sie den internationalen Lagois-Fotowettbewerb sowie die Plattform ausstellung-leihen.de begründet.

1 Strategien kirchlicher Internetarbeit, in: CyberChurch? Kirche im Internet, Wolfgang Nethöfel und Matthias Schnell (Hg.), Frankfurt 1998, 163–173. In: https://www.ekd.de/schnell_schlussbetrachtung_perspektiven.html

2 Im Webarchiv wird die Seite erst ab 1999 gelistet. Ab diesem Zeitpunkt wurde die Webseite von der Theologin Susanne Breit-Keßler und Pressesprecher Dieter Breit vom Bereich „Presse- und Öffentlichkeitsarbeit" der bayerischen Landeskirche. https://web.archive.org/web/19991220061330/http://www.bayern-evangelisch.de/ (Oktober 2023).

3 Webseiten – Anzahl weltweit 2023 | Statista (Statistik Mai 2023).

4 https://web.archive.org/web/20221129035606/https://www.christweb.de/.

5 Suchmaschinen: Google dominiert den weltweiten Markt | Statista (Statistik Mai 2023).

6 Facebook: Seit wann gibt es die Social-Media-Plattform? – Computer-Bild (Mai 2023).

7 Tages- und Sonntagszeitungen – Auflage 2022 | Statista (Mai 2023).

8 Die rund 100 konfessionellen Einzeltitel sind der Studie zufolge stark regional aufgeteilt und hätten 2021 eine Jahresauflage von mehr als 50 Millionen Exemplaren aufgewiesen. Jedoch verzeichneten viele Titel einen starken Rückgang der Auflagen. Mit 38 Wochentiteln habe der genossenschaftlich organisierte, überkonfessionelle Anzeigenvermarkter Konpress-Medien 2021 eine wöchentliche Auflage von 435.000 Stück vermarktet, im Jahr 2008 habe diese noch bei 1,6 Millionen Exemplaren gelegen. In: Medienverband sieht Zeitschriftenverlage in Gefahr, epd, 28. April 2022.

9 Im Jahr 1975 betrug die Auflage der Sonntagsblätter in Deutschland noch rund 700.000 Exemplare wöchentlich laut Statistiken der IVW. In: Evangelische Presse. Geschichte und Erscheinungsbild von der Reformation bis zur Gegenwart, Bielefeld 1983, 250f.

10 Informationen der EPV-Newsletter, https://www.epv.de/newsletter.

11 Das „Mitgliederprojekt" soll bis Mitte 2024 abgeschlossen sein. Sonntagsblatt bekommt Förderung: Media Lab Fellowship (02.10.2023).

12 Rieke C. Harmsen: Kirche auf Youtube & Co. In: Johanna Haberer, Christian Gürtler (Hg): Kirche im digitalen Raum. Mediale Performanzen religiöser Akte, Erlangen 2022, 163–187.

13 https://www.sonntagsblatt.de/ethikdigital.

14 https://www.sonntagsblatt.de/evangelisch-kirche-erste-webseite-deutschland-sonntagsblatt-geschichte.

15 https://www.sonntagsblatt.de/thema/kirche-der-zukunft.

16 Ausstellungen buchen und ausleihen | Ausstellungen leihen (ausstellung-leihen.de).

17 Ethik-Codex der Onlineredaktion, https://www.sonntagsblatt.de/ueber-uns.

18 http://forum-gemeinnuetziger-journalismus.de.

19 https://www.emvd.de.

20 https://www.mvfp.de/.
21 https://www.mediaschool.bayern/gesellschafter/kurzportraets.
22 https://www.corint-media.com/unternehmen/gesellschafter/.
23 https://konpress.de/medien/kirchenzeitungen.
24 https://www.glomex.com/de/.
25 https://www.presseportal.de/pm/62483/5549657.
26 https://www.martin-lagois.de/.
27 Osnos, Evan: Mein wütendes Land: Eine Reise durch die gespaltenen Staaten von Amerika, 2022.
28 https://www.semanticscholar.org/paper/The-Decline-of-Local-News-and-Its-Effects%3A-New-from-Hayes-Lawless/710e172c5d8e97817900e5a1785820091358 3a34b?p2df.
https://academic.oup.com/joc/article-abstract/68/6/1007/5160090?redirectedFrom=fulltext.
29 https://nonprofitquarterly.org/two-philanthropic-strategies-aim-to-boost-faltering-local-news/.
30 Restrukturierung der Kommunikationsarbeit in der Evangelisch-Lutherischen Kirche in Bayern, Projektbeschreibung Aserto, Juli 2023.
31 Publizistik als Funktion von Kirche, in: Hans Hafenbrack: Geschichte des Evangelischen Pressedienstes, Evangelische Pressearbeit von 1848 bis 1981, Bielefeld 2004, 569.
32 Bericht der Geschäftsleitung für die GEP-Vorstandssitzung 1975, In: Hafenbrack (2004), 577.
33 Publizistische Grundlinien 2004 der Evangelisch-Lutherischen Kirche in Bayern, 4.
34 Publizistische Grundlinien 2004 der Evangelisch-Lutherischen Kirche in Bayern, 4.
35 https://www.l-iz.de/bildung/medien/2023/04/prognose-nachrichten-wusten-bis-2025-sind-rund-40-prozent-ohne-lokalzeitung-524584.

#ABENDSEGEN
ENTSTEHUNG UND BISHERIGE ENTWICKLUNG EINER NEUEN SEGENSFORM

Cornelia Egg-Möwes

Wenn du in dritter Generation das protestantische Pfarrhaus dein Daheim nennst und kirchliche Rituale mit der Muttermilch aufgesogen hast; wenn du bereits früh mit Verlusten naher Angehöriger konfrontiert wurdest und trotzdem am Vertrauen auf einen menschenfreundlichen und liebenden Gott festhältst, dann ist dein Glaube schlicht zu einer festen Gewohnheit geworden. Oder du findest eines Tages eine Form, ihn zu leben, die dich immer wieder herausfordert.

Der #Abendsegen ist das Ergebnis einer solchen Herausforderung. Nach über 20 Jahren als Gemeindepfarrerin stand ich im März 2020 wie viele Kolleginnen und Kollegen vor der Frage: „Und jetzt?“ Die Freude über geschenkte Zeit fühlte sich unwirklich an. Darf ich mich als Seelsorgerin überhaupt darüber freuen, wo doch keiner weiß, wie es weitergehen soll?

Und dann die Erfahrung: Gerade junge Menschen entwickelten ein Gespür dafür, was jetzt dran sein könnte. Am ersten Tag, als die Schulen geschlossen waren, sagte mein damals 16-jähriger Sohn: „Hey, lass uns kurze Videos aufnehmen und ins Internet stellen!“

I.

Jahre zuvor saß ich abends am Bett meiner Zwillinge und segnete sie mit einem kleinen Kreuz auf der Stirn. Da streckte mir die dreijährige Tochter ihre kleine Hand entgegen: „Du auch!", und zeichnete mir mit ihren Fingerchen ein Kreuz auf die Stirn. Im Nachhinein wurde mir klar: Es war ein Schlüsselerlebnis für die Pfarrerin auf Social Media und ihren #Abendsegen.

Segen erfahre ich seither als solches Geben und Nehmen, er ist uns unabhängig von Amt und Alter geschenkt, er wirkt im wahrsten Sinne des Wortes berührend und stärkt. Ein Segen am Abend beschließt auch einen Tag, der sich so gar nicht gesegnet angefühlt haben mag. Segen zeigt, dass unser Wert nicht an Leistung und Gelingen hängt, sondern allein an der Gnade und Liebe von Gott, weitergegeben durch Menschen.

Als Seelsorgerin traute ich mich, diese Erfahrung in die Praxis umzusetzen: Menschen zu segnen, wurde ein Teil der Begleitung in Lebenskrisen, mit einfachen Gesten und wenigen Worten. Aber jedes Mal ein Moment, der über das hinausweist, was mich geprägt und was ich in der Ausbildung gelernt hatte.

II.

Das Internet-Format forderte mich während des ersten Lockdowns heraus: Wie passen Stimme und Stimmung zusammen? Welche Symbolik veranschaulicht die Worte? Mir tat die Entschlossenheit meines jugendlichen Sohnes gut („Komm, du hast was zu sagen!"), und ich entschied, die allgemeine Unsicherheit im Frühjahr 2020 zu nutzen und das „Projekt Abendsegen" anzugehen.

Von Anfang an war mir klar, dass ich in den Videos inhaltlich mit Segen arbeiten will. Ich hatte bereits in sehr kurzen Texten, die ich aber nur gelegentlich auf der Plattform Twitter unter dem #Abendsegen schrieb, erlebt, dass Menschen aus meiner Timeline positiv auf diese Form eines guten Wortes reagierten. Jetzt also deutlich länger und mit Videoaufnahmen. Und für ein breiteres Publikum.

Der Social-Media-Beauftragte der ELKB gab uns nach einem anfänglichen Versuchsvideo alle zwei Tage ein Abendsegen-Video in Auftrag, das er auf den landeskirchlichen Seiten von Facebook und YouTube veröffentlichte[1].

Schnell entwickelte sich eine abendliche Netzgemeinde, für die es zum Ritual wurde, sich den Abendsegen zusprechen zu lassen. Obwohl niemand Erfahrung darin hatte, gelang mit dieser digitalen Arbeit ein neues Miteinander-Verbundensein: Es stellte sich ja nicht mehr die Frage nach der klassischen Komm-Geh-Struktur.

Sondern jetzt ging es darum, Menschen über die zur Verfügung stehenden Internet-Kanäle zu erreichen. Auch ältere Gemeindeglieder berichteten, wie sich bei ihnen dadurch eine neue Dynamik entwickelte. Ein Ehepaar, beide über 90 Jahre, ließ sich extra einen Internetanschluss legen, um seine Pfarrerin während des Stillstands zu hören und zu sehen.

In der Nach-Pandemie-Zeit wirkt es überaus skurril, dass wir lediglich mit zwei Mobiltelefonen, einem für die Bildaufnahme und einem für die Tonspur, begonnen hatten. Die zahlreichen positiven Rückmeldungen motivierten mich dranzubleiben, auch nachdem mein Sohn wieder zur Schule ging und ich die Videos allein erstellte. Bis in den Herbst 2020 hinein wurden die Frequenzen zwischen den Videos aber länger, und irgendwann überstieg der Aufwand meine

Zeit und Energie neben der wieder beginnenden Gemeindearbeit und dem Schuldienst vor Ort.

So reduzierte ich das digitale Segnen auf meine Lieblingsplattform und schrieb wieder gelegentlich einen Tweet zum #Abendsegen auf Twitter (@connylisa). Als auch hier viele Follower:innen positiv darauf reagierten und neue – eben wegen der kurzen Segenstexte – dazukamen, beschloss ich im Winter 2020, es zu einem täglichen Abendritual auszubauen: Ziel ist es heute noch, jeden Tag wenigstens eine gute Nachricht digital zu veröffentlichen. Ab und an fragten Follower:innen bald nach, wann eine Sammlung der Abendsegen als Buch erscheinen würde.

III.

Knapp drei Jahre später schaue ich staunend auf diese Anfangszeit zurück: Ein Vertrag mit dem Neukirchener Verlag und verschiedene Beiträge in Zeitungen, im Vortrag, bei einem NDR-Podcast und weitere Anfragen spiegeln die unerwartet große Resonanz im gesamten deutschsprachigen Raum wider.

Dem #Abendsegen folgen heute mehrere Tausend Accounts, darunter sowohl „Fans" des Internet-Segens als auch Suchende nach alltagstauglichen Texten für eine kurze Besinnung zur Nacht. Nach den Rückmeldungen reichen die von der Studentin am neuen Wohnort bis zur Trauernden, die nachts nicht schlafen kann, vom Engagierten in der eigenen Gemeinde bis hin zur kirchlich nicht Sozialisierten, die aber dankbar schreibt, weil sie auf etwas Wohltuendes gestoßen ist. Auch im direkten Umfeld meiner eigenen Kirchengemeinde bzw. Stadt und Umland melden mir Menschen zurück, dass sie den #Abendsegen lesen, obwohl der nur wenige Male über den Gemeindebrief und die örtliche Presse beworben wurde.

Auf Tagungen begrüßen mich bis dahin Fremde mit „Frau Abendsegen“ und bedanken sich für den Zuspruch im Netz. In privaten Nachrichten berichten Nutzer:innnen, dass sie den #Abendsegen an andere weiterschicken und dadurch ein eigenes „Segens-Netzwerk“ für die Nacht entstanden ist.

Der Überfall auf die Ukraine im Februar 2022 hat bei den Menschen die Sehnsucht nach einem guten Wort im Internet zusätzlich verstärkt. Die allgemeine Krisen-Depression der letzten Jahre ließ Nutzer:innen auf Social Media nach Halt und Zuspruch suchen. Auch diejenigen, die von sich schreiben, sie könnten mit Glauben nichts anfangen, melden zurück, wie dankbar sie für ein Segenswort sind, weil es sich von der Nachrichtenflut abhebt und einen Raum für andere Erfahrungen wie Trost und Zuversicht eröffnet.

Eine besondere Gruppe der Follower:innen bildete sich zum Thema Long Covid heraus. Im Herbst 2022 begegnete ich auf Twitter bzw. X vermehrt Menschen, die verzweifelt um Anerkennung ihrer Erkrankung rangen. Ich machte meine eigene Long-Covid-Betroffenheit öffentlich und nahm das Thema im #Abendsegen auf. Es war das Wenige, das ich seelsorgerlich für die anderen tun konnte: Beistand, Solidarität und ein Segenswort, obwohl wir uns im analogen Leben nie gesehen hatten. Und der Segen zeigte sich auch im Digitalen als ein wertvolles Geben und Nehmen. Mir tat das Miteinander ebenfalls gut. Der öffentliche Abendsegen vermittelte ein gemeinsames Behütetsein, gerade in einer Phase der eigenen Schwäche.

IV.

Den #Abendsegen zu erstellen ist für mich persönlich zu einem wohltuenden Ritual geworden. Es bietet mir einen Moment der inneren Einkehr und Ruhe, manchmal noch vor oder nach einer abendlichen Sitzung. Die Herausforderung fühlt sich mittlerweile gewohnt an, ohne jedoch das tägliche Weltgeschehen zu ignorieren. So lasse ich den eigenen Tag Revue passieren, die Nachrichten und Tweets der anderen ebenso, in denen sie Sorgen und Freuden mitteilen. Manchmal brauche ich mehrere Anläufe, um alles in die maximal 280 Zeichen zu fassen. Nicht immer bin ich sicher, ob der kurze Text die Situation trifft. Aber es vergeht kaum ein Abend, an dem nicht jemand in den Kommentaren schreibt, dass die Worte für sie gerade heute passen.

Dann bleibt mir letztlich diese eine Herausforderung: staunend annehmen, dass hier ein Größerer segnet und ich auf Entfernung mitarbeiten darf.

V.

Manchmal kommst du als herausgeforderte Pfarrerin an deine Grenzen und zweifelst an deinem Glauben. Und dann gibt es diese Momente, in denen du erlebst, mit deinem Tun genau zur richtigen Zeit am richtigen Ort zu sein. Seit Corona ist dieser Ort regelmäßig im Digitalen. Im Laufe der Zeit verschob sich für mich die Herausforderung hin zu der Frage, wie ich Menschen, die seelsorgerlichen Kontakt über das Internet erbitten, begleiten kann. Der Bedarf nimmt zu, auch wenn die meisten nur kurzfristig „Segensbegleitung“ benötigen.

Im vergangenen Jahr erreichten mich zudem vermehrt Anfragen von Print-, Rundfunk- und Fernsehjournalist:innen, die die Resonanz des #Abendsegens auf Twitter bzw. X wahrgenommen hatten und darüber analog oder digital berichten wollten. Zur Freude kam das Nachdenken, wie es mit meinen persönlichen Ressourcen als Gemeindepfarrerin weitergehen soll. Denn letztlich ist für die digitale Öffentlichkeits- und Seelsorge-Arbeit kein anderer Bereich weggefallen oder weniger geworden.

Die Landeskirchen der EKD gehen nach meiner Beobachtung unterschiedlich mit der Unterstützung der Social-Media-Tätigkeit ihrer Pfarrer:innen um. Und nicht jedem Vorgesetzten ist der Umfang dieser Arbeit im Gemeindedienst bewusst. Die ELKB-Synode hatte zwar Stellenanteile für Social-Media-Arbeit beschlossen; dennoch sehe ich hier in der eigenen Landeskirche Nachholbedarf, damit die Möglichkeiten, die uns als Kirche das Digitale bietet – selbst auf einer umstrittenen Plattform wie Twitter bzw. heute X –, weiter genutzt und ausgebaut werden können. Die Segensworte zeigen, wie viele jeden Abend dankbar für Kirche auf X sind und wie viele diesen Zugang zu einem kirchlichen Angebot täglich nutzen.

Für mich persönlich steht derweil eine neue Herausforderung an: Zum neuen Schuljahr werde ich den Gemeindedienst beenden und als Schulpfarrerin an Gymnasien unterrichten. Der #Abendsegen-Gemeinde bleibe ich aber treu. Denn Gottes Segen trägt auch die Segnende durch diese Herausforderung.

Cornelia Egg-Möwes ist Religionslehrerin im niederbayerischen Straubing. Zuvor war sie mehr als 20 Jahre Pfarrerin im Gemeindedienst.

1 Zum Beispiel: https://youtu.be/C3uoWaLnSyQ.

BRAUCHEN WIR KIRCHLICHEN JOURNALISMUS ODER KANN DAS WEG?

EINE AUSEINANDERSETZUNG MIT ANSPRÜCHEN UND REALITÄTEN DES KIRCHLICHEN JOURNALISMUS

Jan Lemke

I.

„Wer hat denn das verzapft?! So kann man das doch nicht schreiben!" Die Kirchenzeitung liegt auf dem Schreibtisch, Zornesfalten zeichnen sich auf kirchenleitender Stirn ab, die Äderchen an den Schläfen treten hervor. Das Projekt war so gut vorbereitet, ohne Beanstandung durch alle Gremien gebracht. Das Konzept war stimmig, der Bedarf lag auf der Hand. Drei Probleme konnten auf einmal gelöst werden. Nicht mal besonders teuer. Alle, die querschießen könnten, waren angehört worden, drei Gesprächsrunden hatten drei schöne Sommerabende versenkt. Ein paar von den Hinweisen – und sogar die sinnvollen – waren aufgenommen und eingearbeitet worden. Es fehlte nur noch der Startschuss. Und nun das: Angeblich halbherzig und zu kurz gedacht, angeblich wäre das Geld in der Jugendarbeit besser angelegt, angeblich drei Probleme nur aufgeschoben und drei neue geschaffen, angeblich schlecht kommuniziert, unklar präsentiert und ganz offenbar mit dem Hintergedanken, eine wirkliche Diskussion gar nicht erst zuzulassen. Was soll man dazu sagen? „Keine Ahnung von nichts!“ Ach ja, und richtig dargestellt war das Projekt auch nicht. Zum Recherchieren wahrscheinlich nur in den Kühlschrank geguckt ... „Und das nennt sich nun kirchlicher Journalismus!“

Und jetzt? Wenn ich der Chef wäre, würde ich die aber antreten lassen.

Bin ich aber nicht. Also anrufen und mit der Redaktion mal richtig Tacheles reden? Der erste Impuls sagt mit geballten Fäusten „ja“. Aber dann gibt es ja auch die Befürchtung: In der nächsten Ausgabe steht dann bestimmt, dass sich bestätigt habe, wie unerwünscht eine wirkliche Diskussion des Projekts sei. Die Kirchenleitung habe der Kirchenzeitung einen Maulkorb verpassen wollen und ganz sicher etwas zu verbergen. Also lieber doch nicht.

Eine Gegendarstellung verlangen oder einen Leserbrief zur Richtigstellung schreiben? Der Abdruck einer Gegendarstellung ist zwar rechtlich verpflichtend, aber nur unter bestimmten Bedingungen; und wenn die sich weigern und erst ein Gericht entscheiden muss, dann erscheint sie in einem Jahr, wenn kein Hahn mehr danach kräht. Kontraproduktiv. Und ein Leserbrief? Auch nicht gut! Wenn man in amtlicher Verantwortung namentlich selbst (alles andere wäre ja wohl unter der Würde!) unterzeichnet, wirkt das wie das Wehklagen einer beleidigten – und ertappten – Leberwurst.

Oder der Brief wird so stark gekürzt, bis die Richtigstellung wie eine Bestätigung aller Vorwürfe aussieht. Oder darunter wird vermerkt, dass die Redaktion besonders sorgfältig recherchiert hat und bei ihrer Darstellung bleibt. Das sieht dann dumm aus ...

„Aber es kann doch nicht sein, dass das so stehen bleibt."

II.

Wie kann man da helfen? Erst mal eine schöne Tasse Tee, klar! Schon besser.

Und nun? So etwas kann doch immer wieder passieren. Alle im Kollegium haben sich schon mal so richtig über diese Kirchenzeitung geärgert. Und Unterstützung braucht sie auch noch, weil sie sonst keine schwarzen Zahlen schreiben würde. Also lästig und teuer. Vielleicht sogar überflüssig? Kann kirchlicher Journalismus überhaupt weg?

Das Ergebnis vorweg: Nein! Kann nicht weg, brauchen wir!

Auch wenn der Begriff „kirchlicher Journalismus" nicht gleich zuerst die spektakulärsten Assoziationen weckt (das ist in der Öffentlichkeit leider oft so, wenn irgendwo „Kirche" oder „kirchlich" draufsteht), lohnt sich der genauere und kritische Blick auf die Frage: Was ist eigentlich (alles) kirchlicher Journalismus, was leistet er? Wozu brauchen wir ihn auch in Zukunft noch?

Kirchlicher Journalismus ist zunächst zielgruppenbezogener Spartenjournalismus für ein kircheninteressiertes Publikum, ähnlich zielgruppenorientiert wie Sportjournalismus oder Musikjournalismus. Auch bei sinkenden Mitgliederzahlen der Großkirchen verringert sich die Zahl der kircheninteressierten Leser, Hörer und Zuschauer nicht notwendig. Die Zielgruppe bleibt groß. Denn auch wenn jemand nicht „in" der Kirche ist – d.h. mangels Taufe oder durch Austritt ohne den offiziellen Status eines Kirchenmitglieds –, heißt das nicht, dass kein Interesse an Fragen der Religiosität, Spiritualität, Ethik oder des sozialen Miteinanders besteht oder dass Kultur, Kunst und Musik im kirchlichen Raum ohne Belang sind. Zumal kirchlicher Journalismus sich um gesellschaftsrelevante Themen kümmert, die eine breite Öffentlichkeit betreffen und eben nicht nur den kirchenbegeisterten oder zumindest vorrangig innerkirchlich interessierten Leser, Hörer oder Zuschauer.

Auch viele Menschen, die der Kirche oder allgemein Institutionen gegenüber grundsätzlich kritisch sind, werden von kirchlichem Journalismus erreicht, vielleicht sogar ganz im Sinne des Satzes: „Man muss den Gegner ja kennen."

Da im Übrigen innerkirchliche Themen von anderen Medien, wenn schon nicht mit pseudo-rationaler Attitüde als aus der Zeit gefallene Kuriositäten präsentiert, ansonsten allenfalls gestreift werden, ist die journalistisch-kompetente kritische Begleitung kirchlicher und kirchenpolitischer Themen die bedeutendste Aufgabe der Kirchenpresse. Das leistet die säkulare Presse auch, bietet aber weniger Insiderkenntnisse, ist weniger gemeindeorientiert, vermittelt kaum Glaubenszeugnisse, und Spiritualität kommt so gut wie nicht vor.

Was die Anforderungen an die Qualität betrifft, kann ich in ökumenischer Verbundenheit den Wiener Erzbischof Christoph Kardinal Schönborn, den katholischen österreichischen Medienbischof, zitieren, der sich kirchlichen Journalismus so wünscht: „Er soll gut sein. Das heißt, es soll gute Arbeit gemacht werden. Gut recherchierte, gut geschriebene, gut gesprochene Beiträge. Die Glaubwürdigkeit kirchlicher Medien liegt halt daran, dass ehrlich berichtet wird. Nicht Hofberichterstattung, sondern guter, ehrlicher Journalismus. Und da soll die Kirche natürlich auch ein Vorbild sein. Kirchliche Medien sind keine Parteiblätter."

Dem ist wenig hinzuzufügen, außer einem spezifisch evangelischen Akzent: Kirchlicher Journalismus und seine Medien sind auch keine kirchlichen Verlautbarungsorgane.

Natürlich wäre es für den kirchenleitenden Kopf einfacher, wenn die Kirche, insbesondere die Kirchenleitung, ihre Einschätzungen, ihre Sicht der Dinge, ihre Bewertungen und Pläne den Kirchenmitgliedern und der weiteren Öffentlichkeit direkt mitteilen und auch auf erfolgreiche Maßnahmen hinweisen und ihr Handeln zutreffend darstellen und auch verteidigen kann. Das ist zweifellos notwendig und beschreibt wesentliche Aufgaben der kirchlichen Presse- und Öffentlichkeitsarbeit.

Aber deren Blickrichtung ist grundsätzlich von innen nach außen angelegt, vermittelnd, erklärend und auch meinungsbildend, beeinflussend und steuernd. Das sind etwa Pressemeldungen, Informationsschriften, Broschüren, „offizielle" Texte, Videos, „O-Töne", Podcasts, Internet- und Social-Media-Auftritte, die von der Kirche als Körperschaft verantwortet werden.

Dies ist aber nur ein Teil unseres kirchlichen Auftrags. Denn alle Getauften – nicht nur die Kirchenleitung oder die hauptamtlich Tätigen – sind in gleicher Weise Glieder der Kirche Jesu Christi und zum allgemeinen Priestertum berufen. Alle Gemeindeglieder sind im Rahmen der kirchlichen Ordnung gleichberechtigt. Sie leben im Hören auf Gottes Wort, im Gebet und in der Verantwortung vor Gott. Sie bezeugen Jesus Christus als ihren Herrn. Sie sind eingeladen, die Gemeinschaft in der Kirche zu suchen, am Gemeindeleben teilzunehmen und einander im Glauben zur Seite zu stehen. Insbesondere sind sie am Leben der Gemeinde und der Kirche beteiligt. Und auch nicht Getaufte sind eingeladen, am Leben der Gemeinde und der Kirche im Rahmen der kirchlichen Ordnung teilzunehmen. Das klingt nicht nur hehr und getragen, sondern das ist voller Ernst. Denn sonst hätte ich diese programmatischen Sätze nicht direkt aus unserer EKM-Kirchenverfassung abschreiben können. Zur „Teilhabe und Beteiligung Getaufter“ und zur „Teilnahme nicht Getaufter“ steht dort nämlich genau dies in den Artikeln 10 und 11.

Wir brauchen also mehr als Presse- und Öffentlichkeitsarbeit, damit unsere Kirche „funktioniert“. Wir brauchen auf allen Ebenen unserer Kirche, in allen thematischen Zusammenhängen und in allen Regionen das Mitdenken und die Beteiligung, die Entwicklung von Ideen und den Austausch, die Diskussion und auch die Auseinandersetzung über unsere Kirche, ihren Zustand und ihre Zukunft. Dazu sind Foren nötig, auf denen Ideen, Einschätzungen und Visionen für unsere Kirche vorgetragen und gesammelt, zur Kenntnis genommen, unterstützt oder verworfen werden können. Unsere ganze von unten nach oben aufgebaute und nach demokratischen Prinzipien verfasste kirchliche Struktur mit all ihrer Gremienarbeit und ihrer synodalen Entscheidungsfindung lebt vom Austausch und dem Bemühen um Akzeptanz.

Und hier setzt der kirchliche Journalismus ein. Denn die Entwicklungen in unserer Landeskirche müssen beobachtet werden, Themen müssen ausgemacht werden, Gemeindeglieder müssen einbezogen werden, abweichende Meinungen müssen aufgezeigt, Gelungenes gewürdigt, aber auch Fehlentwicklungen markiert werden. Auch ist es wichtig zu wissen, wie sich kirchenleitende Vorhaben oder Entscheidungen auf die Gemeinden und ihr Leben auswirken, wie sie ankommen, was die zur Mitgestaltung berufenen Gemeindeglieder davon halten. Dabei darf auch „der Finger in die Wunde gelegt" werden.

Und dieses Beobachten, Aufspüren, Notieren, Sortieren, Analysieren, Berichten und Kommentieren ist nicht einfach. Hierzu ist tatsächlich Professionalität erforderlich! Unsere Landeskirche erstreckt sich über große und kleinere Teile von vier Bundesländern, von den Hansestädten der Altmark bis zur bayerischen Grenze, von den Braunkohletagebaugebieten der Lausitz bis zur Rhön und zum Harz und ist – gelinde gesagt – vielseitig, wenn nicht unübersichtlich. Entsprechend reich sind die geistlichen Traditionen: die Spiritualität romanischer Klosteranlagen, die Orte, die Martin Luther prägten und sein Wirken wiedergeben, die Frömmigkeit des Pietismus, die Orte der Musik von Schütz, Bach, Händel, Telemann und so vielen anderen, die wissenschaftliche Theologie in Halle, Wittenberg und Jena. Die aktuellen Problemlagen reichen vom Mitgliederrückgang bis zu friedensethischen Fragen. Hier den Überblick zu behalten und ein ausgewogenes Bild zu zeichnen, ist schon anspruchsvoll.

Kirchlicher Journalismus ist ja nicht nur (aber zum Glück auch) die Kirchenzeitung oder – seit der Verknüpfung durch das Gemeindebriefportal – der Gemeindebrief vor Ort, sondern er bedient nahezu alle Bereiche der Medienlandschaft, von der Printpublizistik über Nachrichtenagenturen, Onlinemedien bis zu Hörfunk, Fernsehen, Film. Auch Medienethik, Medienpädagogik, Medienpolitik und generell Öffentlichkeitsarbeit werden von kirchlichem Journalismus wahrgenommen und ihrerseits beeinflusst.

Neben der Professionalität, hier als solide Sachkunde und souveräne Methodenbeherrschung verstanden, und der Unabhängigkeit ist ein weiteres Merkmal hervorzuheben: Auch der kirchliche Journalismus hat seine Grundlage im Evangelium nach Jesus Christus! Nimmt man das Motto des Theologen und Publizisten Robert Geisendörfer ernst, welches lautete: „Was evangelische Publizistik kann: Fürsprache üben, Barmherzigkeit vermitteln und Stimme leihen für die Sprachlosen", dann trägt kirchlicher Journalismus durchaus dazu bei, gesamtgesellschaftliche Aufgaben und Verantwortung wahr- und ernst zu nehmen und die Medienlandschaft bunter, vielfältiger, menschlicher und auch sozialer zu gestalten. Und vor allem, eine christliche Perspektive einzutragen und herauszuarbeiten, die Meinungen im Lichte des Evangeliums zu bewerten und sie an ihm zu messen. Und auch: das Handeln der Kirche, besonders der Kirchenleitung, auf seine Wirksamkeit bei der Umsetzung des kirchlichen Auftrags in christlicher Verantwortung kritisch zu begleiten.

Dass ein sehr vielfältiges Meinungsspektrum Platz findet, das darf gern so bleiben. Kirchlicher Journalismus trägt so zur Toleranz bei, die uns in der evangelischen Kirche auszeichnet. Bei manchen Ansichten fasse ich mir zwar an den Kopf, aber dann weiß ich immerhin, dass er noch da ist.

III.

Und mit dieser Erkenntnis kommt dann doch eine Idee, um die Zornesfalten von der kirchenleitenden Stirn zu entfernen: Wenn der Kopf noch da ist, kann er auch benutzt werden!

Das ist zwar wesentlich aufwendiger, als mal kräftig auf den Tisch zu hauen und ein Machtwort zu sprechen, damit in der nächsten Ausgabe der Kirchenzeitung dann doch alle Kritik entfällt und die „offizielle" Linie verfolgt wird. Was also tun? Autorität hilft nicht weiter. Wegen der Unabhängigkeit.

„Da muss ich wohl doch das Gespräch auf der Sachebene suchen und argumentieren. Ich könnte die notwendigen Informationen zusammenstellen und anbieten, mich zum Interview zur Verfügung zu stellen. Vielleicht kann ich sie überzeugen, dass das Projekt doch nicht so schlecht ist." Das ist anstrengend, weil Journalistinnen und Journalisten üblicherweise gut informiert sind, ihren Job verstehen und recherchieren können. Damit allerdings sind sie guten Argumenten gegenüber zugänglich. Das macht die Professionalität.

„Aber wollen die denn überhaupt mit mir über das Projekt sprechen?" Bestimmt nicht, wenn die nur gegen das Projekt stänkern, damit es nicht erfolgreich ist. Um einfach die Macht der Presse mal zu demonstrieren. „Um mich zu ärgern!" Rein destruktiv.

Wirklich? Das wäre kein kirchlicher Journalismus. Denn als solcher hat er die Absicht, die Kirche samt ihrer Leitung und ihrer Mitglieder zu begleiten, zusammenzubringen, konstruktiv zu kritisieren und zu verbessern. Nicht sie zu schädigen. Nicht jemanden fertigzumachen. Wegen seiner kirchlichen Grundlage und seines christlichen Menschen- und Kirchenbildes.

„Na gut, ich werde es versuchen. Was sie noch nicht begriffen haben, muss ich erklären. Das gehört in der Kirchenleitung wohl zum Job."

IV.

Das ist noch kein Happy End. Wir wissen nicht, ob die erdachte kirchenleitende Persönlichkeit ihr Projekt tatsächlich erfolgreich verteidigen kann. Ihre Auseinandersetzung mit dem kirchlichen Journalismus lässt aber darauf schließen, dass sie ihr Kommunikationsverhalten nicht – wie es dem Leitungsamt gelegentlich anhaftet – nach hierarchischen Prinzipien gestaltet, sondern vorrangig sachbezogen und tendenziell „auf Augenhöhe". Tendenziell. Aber doch anders als in der kirchlichen Öffentlichkeitsarbeit.

Damit sorgt kirchlicher Journalismus nicht nur für ein Mehr an Transparenz, sondern bewirkt auch, dass kirchliche Vorhaben – tendenziell? – besser konzipiert und durchdacht werden, schon um der öffentlichen Diskussion standzuhalten.

Kirchlicher Journalismus ist notwendig und kann nicht „weg". Die Frage ist aber: Wie können wir ihn als unabhängigen Journalismus mit kritischer Berichterstattung erhalten?

Dr. Jan Lemke ist Präsident des Landeskirchenamtes der Evangelischen Kirche in Mitteldeutschland (EKM). Neben beruflichen Stationen in Magdeburg und Braunschweig war er Mitglied der Landessynode der Kirchenprovinz Sachsen, später der Landessynode der EKM und der Synode der Evangelischen Kirche in Deutschland (EKD). Er ist Vorsitzender des Evangelischen Presseverbandes in Mitteldeutschland.

AUCH DAHIN GEHEN, WO ES WEHTUT

EVANGELISCHE PUBLIZISTIK MUSS UNBEQUEM UND UNABHÄNGIG BLEIBEN

Arnd Henze

Die gute Nachricht vorweg: Früher war nicht alles besser! Die große Zeit der evangelischen Publizistik ist ein Mythos, der seine Entmythologisierung noch vor sich hat.

Richtig ist: Nach dem Ende der nationalsozialistischen Schreckensherrschaft gelang es der EKD und ihren westdeutschen Gliedkirchen, aus der Erbmasse der Weimarer Republik und der Verlage des sogenannten „Kirchenkampfes" ein beeindruckendes Medienimperium zu schaffen – mit freundlicher Unterstützung der westlichen Siegermächte, die den Kirchen bei der Vergabe von Drucklizenzen einen besonderen Vertrauensvorschuss entgegenbrachten.

Hier lag aber schon in der Gründungsgeschichte der Nachkriegskirchen eine strategische Unwahrheit: Die Überhöhung des innerkirchlichen Konflikts zwischen Deutschen Christen, intakten Landeskirchen und Bekennender Kirche zum „Widerstand" gegen das NS-Regime diente nicht nur der Selbstrechtfertigung, sondern auch dem Zugriff auf Fleischtöpfe.

Ganz konkret manifestierte sich das bereits in der Entstehungsgeschichte der „Stuttgarter Schulderklärung“ vom 19. Oktober 1945[1]: Die gerade gegründete EKD brauchte die harten Dollar der Weltkirche, um Pfarrgehälter und den Wiederaufbau zerstörter Kirchen zu finanzieren. „Helft uns, euch zu helfen“, war die brüderlich formulierte Erwartung der ökumenischen Delegation an die deutschen Kirchenführer. In den internen Vermerken stand es etwas profaner: Man brauche „irgendeine Äußerung der Kirche in Deutschland“, um die Geldkoffer öffnen zu können.

Am Ende wurde dem mühsam im Komparativ verbrämten Schuldbekenntnis eine Heldenerzählung vorangestellt: „Wohl haben wir lange Jahre im Namen Jesu Christi gegen den Geist gekämpft, der im nationalsozialistischen Gewaltregiment seinen furchtbaren Ausdruck fand.“ Und schon in der Stuttgarter Erklärung wurde raunend vor einem „Geist der Vergeltung“ gewarnt.

Damit war das Schuldthema aus der Sicht vieler Kirchenführer abgeräumt und der Dreiklang aus Selbstviktimisierung, Schlussstrich-Propaganda und Heldenverklärung für die evangelische Publizistik der ersten Nachkriegsjahrzehnte gesetzt.

Als „Geist der Vergeltung“ wurde schon unmittelbar nach 1945 vor allem die Entnazifizierung-Politik identifiziert. Mit der geballten Macht aus Predigt und Publizistik denunzierten die protestantischen Kirchenführer diesen Versuch, den Einfluss von NS-Tätern auf die entstehende Demokratie zu reduzieren, als Rache und Siegerjustiz. Selbst Martin Niemöller verstieg sich dabei zu dem Vorwurf, mit dem Befreiungsgesetz von 1946 werde „nunmehr eine Verfolgung einer bestimmten Gesinnungshaltung in einem Umfang legalisiert und betrieben, wie sie selbst unter dem Naziregime niemals betrieben wurde".[2]

Damit verbunden war die Forderung nach einem Schlussstrich. So erklärte der hannoversche Landesbischof Hanns Lilje an Ostern 1949 in einer Rundfunkansprache: „Der Augenblick ist gekommen, mit der Liquidation unserer Vergangenheit zu einem wirklichen Abschluss zu kommen ... Wir haben von Gott eine Frist bekommen für die Klärung unserer Vergangenheit. Nach menschlichem Urteil ist diese Frist vorbei."[3] Und schon in der Erstausgabe des „Deutschen Allgemeinen Sonntagsblatts" vom 1. Februar 1948 bekommt der bischöfliche Lobbyismus gegen die Entnazifizierungsverfahren die halbe Seite zwei freigeräumt.

Als Chefredakteur des „DAS" hatte sich Bischof Lilje übrigens mit Hans Zehrer einen Vordenker der „Konservativen Revolution" geholt.[4] Zehrer hatte in der „Weimarer Republik" mit der Zeitschrift „Die Tat" einen zutiefst demokratiefeindlichen Gegenpol zur linken „Weltwoche" geschaffen. Zehrer wiederum holte auch seinen früheren Kollegen Ferdinand Fried zum „DAS", der es in der NS-Zeit zum SS-Sturmbannführer gebracht und zum Beispiel im Verlag „Blut und Boden" das antisemitische Pamphlet „Der Aufstieg der Juden" publiziert hatte. Dass im Rückblick vor allem liberale Publizisten wie Heinz Zahrnt in Erinnerung blieben, zeigt einerseits den herausragenden Beitrag dieser neuen Generation, andererseits aber auch die Verdrängungsleistung sowie die Janusköpfigkeit der evangelischen Publizistik.

Auch der frühere Herausgeber der „Tat", Giselher Wirsing, fand im Übrigen als Mitgründer und späterer Chefredakteur von „Christ und Welt" eine kirchliche Heimat – für den früheren SS-Hauptsturmführer im Reichssicherheitshauptamt und Mitarbeiter in Alfred Rosenbergs „Institut zur Erforschung der Judenfrage“ eine erstaunliche Nachkriegskarriere.

Komplementär zur Propagierung der Schlussstrich-Ideologie bildete die Ausarbeitung des Helden-Narrativs ein Herzstück evangelischer Publizistik nach 1945. Das gilt nicht nur für Beiträge in den Zeitungen und Zeitschriften, sondern auch für zahlreiche (Auto-)Biografien und Monografien, die mit erheblicher kirchlicher Unterstützung an Personal und Geld auf den Buchmarkt gebracht wurden. Mehr noch: Über Jahrzehnte konnten diese Arbeiten der Zeitzeugen eine Monopolstellung und die Deutungshoheit in der kirchlichen Zeitgeschichte beanspruchen.

Das gilt zum Beispiel für das 1964 erschienene Buch „Die evangelische Landeskirche Hannovers und ihr Bischof 1933–1945“.[5] Eberhard Klügel, einst einer der engsten Mitarbeiter des früheren Bischofs August Marahrens, hatte als Oberkirchenrat im Landeskirchenamt Hannover einen exklusiven Zugriff auf die Dokumente und Archivbestände und war für die Arbeit an dem Buch über Jahre praktisch freigestellt. Es erschien mit erheblichen finanziellen Mitteln der Landeskirche in der Lutherischen Verlagsanstalt.

Das Ergebnis wäre mit „apologetisch“ noch sehr freundlich beschrieben. August Marahrens wurde zum fürsorglichen „Pastor Pastorum“ verklärt, dem es mit großer Weisheit gelang, die hannoversche Landeskirche sicher durch den Kirchenkampf zu führen. Seine tiefe Verstrickung mit dem NS-Regime wurde relativiert, verschwiegen oder als Ausdruck seelsorgerlicher Klugheit gerechtfertigt.

Klügels Buch blieb für die gesamte evangelische Publizistik der Bezugsrahmen für die Beschäftigung mit der Landeskirche und ihrem Bischof. Das galt bis Mitte der 1980er-Jahre. Da erschienen in den „Lutherischen Monatsheften“ (LM) in kurzer Folge wieder zwei Artikel über Bischof Marahrens – wobei man dem einem anmerkte, wie sich der damalige Chefredakteur der LM, Hans-Volker Herntrich, fast quälte, zwischen den Zeilen eine kritische Distanz durchschimmern zu lassen.

Wie wirkmächtig das Tabu einer kritischen Beschäftigung mit dem NS-Erbe aber tatsächlich war, erfuhr ich persönlich erst, als ich dem Chefredakteur vorschlug, einen kritischen Text zu den blinden Flecken in der Marahrens-Rezeption zu verfassen. Ich war damals Theologiestudent in Berkeley, CA und bereits journalistisch für die Redaktion „Religion und Gesellschaft“ beim NDR tätig. Dort war man auf die publizistische Unabhängigkeit gegenüber kirchlicher Einflussnahme sehr stolz.

Der einfache Weg wäre also gewesen, dem NDR ein Radiofeature anzubieten. Mich hatte aber der Ehrgeiz gepackt, den Text in den „Monatsheften“, dem damaligen Flaggschiff lutherischer Publizistik, zu veröffentlichen. Um eine lange Geschichte kurz zu machen: Es dauerte viele Monate, bis mein Aufsatz unter der verkrampften Überschrift „Zustimmung zu erwiesenem Unrecht? Bischof Marahrens und die nationalsozialistische Obrigkeit“ erschien.

Ich habe mir die Briefe aufbewahrt, in denen mich Herntrich an seiner Sorge vor dem innerkirchlichen Shitstorm Anteil nehmen ließ: „Wir haben uns sorgfältig zu fragen, ob der Schaden am Ende nicht größer ist als der Nutzen, indem wir nur noch den Trichter Ihrer Bombe ausmessen und die Verschütteten ausgraben. Und sollte ich selber zu den ‚Bombenopfern‘ gehören, kann das nicht in Ihrem Sinne sein.“ Dabei räumte Herntrich offen ein, dass das bleibend hohe Ansehen des früheren Bischofs im Luthertum nur möglich sei, weil

„sein politisches Verhalten verdrängt und beschönigt wird".[6] Drei Monate später hatte Herntrich eine Lösung gefunden. Der Text werde nun „eingebettet in zwei positive Beiträge von Marahrens-Verehrern. (...) So ist nun also die Bombe brav einbetoniert."[7]

Im Rückblick lässt sich das Explosive des Artikels kaum noch erkennen. Die Thesen und Belege sind längst unstrittig, die Tonalität fast betulich zurückhaltend. Trotzdem drückt sich im Brief des Chefredakteurs der Lutherischen Monatshefte keine persönliche Feigheit, sondern ein realistischer Blick auf die informelle Macht der „Zeitzeugen" und des kirchlichen Institutionenschutzes bei diesem Schlüsselthema aus. Und ohne den breiten Rücken des Direktors des „Verbandes Evangelischer Publizistik", Gerhard Isermann, wäre es vielleicht anders ausgegangen.

Das alles im Dezember 1987, 42 Jahre nach dem Ende des NS-Regimes und 15 Jahre, nachdem Geisendörfer die journalistische Unabhängigkeit zum Wesenskern evangelischer Publizistik erklärt hat. Für die Entwicklung einer kritischen Erinnerungskultur bleibt der Befund allerdings ernüchternd: Die kritischen Anstöße kamen fast immer von kritischen Journalisten und selbstbewussten Redaktionen außerhalb der organisierten evangelischen Publizistik. Die großen Namen wie Hans Prolingheuer, Ernst Klee und Meinhard Schmidt-Degenhardt galten im kirchlichen Raum weithin als Nestbeschmutzer.

Als zum Beispiel am Karfreitag 1991 eine große ARD-Dokumentation ausgestrahlt wurde, wurde von den Kirchenleitungen anschließend die Störung der Feiertagsruhe und nicht die Komplizenschaft früherer Kirchenführer mit NS-Verbrechern skandalisiert.[8]

Inzwischen ist der heroisierende Blick auf den sogenannten Kirchenkampf einer nüchternen und ernüchterten Darstellung gewichen. Welche Rolle die evangelische Publizistik im Dreiklang aus Selbstviktimisierung, Schlussstrich-Propaganda und Heldenverklärung gespielt hat, harrt aber immer noch einer gründlichen Aufarbeitung. Sich diesem blinden Fleck zu stellen, würde die große Leistung evangelischer Publizistik vor allem in der zweiten Hälfte des vorigen Jahrhunderts nicht schmälern. Da Letztere aber im Jubiläumsjahr des GEP 2023 ausführlich gewürdigt wurde, braucht das hier nicht detailliert ausgeführt werden. Für die Zukunft der evangelischen Publizistik wäre es aber viel produktiver, auf der Erfolgsgeschichte eines hart erkämpften, aber am Ende erfolgreichen Lernprozesses aufzubauen – als auf dem verklärten Mythos vergangener Herrlichkeit.[9]

War der Umgang mit dem NS-Erbe der Elefant im Raum der ersten 50 Nachkriegsjahre, so ist es heute der Umgang mit sexualisierter Gewalt in Kirche und Diakonie. Der scheidende GEP-Direktor Jörg Bollmann hat das Thema deshalb von sich aus als Lackmus-Test gelebter journalistischer Unabhängigkeit im Raum der evangelischen Publizistik benannt:[10] „Darüber muss gerade auch evangelische Publizistik in aller Freiheit und aller kritischen Distanz berichten können, ohne sich mit Kirche zu entsolidarisieren. (...) In der Institution Kirche arbeiten eben Menschen, und die machen Fehler und können sich, wie wir in den Fällen sexualisierter Gewalt leider erkennen müssen, auch in Schuld verstricken. Das muss evangelische Publizistik in aller Deutlichkeit benennen."

Es wäre unfair, aus den bruchstückhaften Beobachtungen eines aufmerksamen Lesers ein Urteil zu versuchen, ob die evangelische Publizistik diesem Anspruch über die gesamte

Strecke der zurückliegenden Jahre gerecht geworden ist. Auch das wäre ein lohnendes Thema für eine gründliche empirische und qualitative Untersuchung.

Wie in einem Brennglas lassen sich aber einige Erkenntnisse aus dem Umgang mit dem Verdachtsfall in Siegen gewinnen, der zum Rücktritt der westfälischen Präses und EKD-Ratsvorsitzenden Annette Kurschus geführt hat. Denn die dramatischen Tage am Rand der EKD-Synode in Ulm und die weitere Entwicklung bis zum Rücktritt von Annette Kurschus waren auch ein Stresstest für die Unabhängigkeit und Leistungsfähigkeit der evangelischen Publizistik.

Mein Eindruck: Erst in der Einordnung und Kommentierung des Rücktritts fanden die Flaggschiffe des GEP und der Landeskirchen wieder zu einer klaren, zupackenden Sprache. In den Tagen der Unsicherheit fielen sie als Primärquelle für eine interessierte Öffentlichkeit dagegen weitgehend aus.

Im Evangelischen Pressedienst wurde die Nachrichtenlage solide und verlässlich abgebildet. Die journalistische Extrameile an Recherche, Exklusivität und einordnendem Hintergrund war allerdings nur in Ansätzen erkennbar. Hätte das nicht der Moment sein müssen, in der eine Taskforce mit allen verfügbaren Kräften in Ulm, Bielefeld, Siegen und Hannover den Mehrwert evangelischer Publizistik hätte beweisen können und müssen? Allein ein Faktencheck zu all den Gerüchten, die fünf Tage über die Flure der Synode waberten, hätte ein oder zwei erfahrene Journalist:innen (und gerne auch Volontär:innen) voll ausgelastet und zur Versachlichung der Debatte einen wertvollen Beitrag leisten können.

Warum musste man zum Beispiel vom Zerwürfnis in der westfälischen Kirchenleitung in der FAZ und nicht im epd lesen? Dabei ging es in diesem Konflikt schon im Frühjahr 2023 um die entscheidende Frage einer transparenten Krisenkommunikation. Der juristische Vizepräsident Arne Kupke stand für eine rigorose Nachrichtensperre – ein Kurs, den der theologische Vizepräsident Ulf Schlüter und weitere Mitglieder der Kirchenleitung nicht mehr mittragen konnten[11]. Erst nach dem Rücktritt der Präses schrieb Gerd-Matthias Hoeffchen, der Chefredakteur der westfälischen Kirchenzeitung „Unsere Kirche“: „Vielleicht, ja vielleicht, hätte man sich das alles ersparen können, wenn Kurschus und die, die sie berieten, nicht allein die sachlich-juristische Ebene im Blick gehabt hätten.“

Hoeffchen beteuert, seine Redaktion habe erst aus der „Siegener Zeitung“ von dem Missbrauchsverdacht in Siegen erfahren. Mit seinem kleinen Team betreut er die schon lange dahinsiechende Print-Ausgabe der UK. Für gut recherchierte Geschichten fehlen die Mittel. So wurde die Wochenzeitung nicht nur von der Causa Kurschus auf dem falschen Fuß erwischt, sondern auch von anderen Themen wie dem Millionenloch im Etat der Landeskirche, das zumindest in Teilen durch hausgemachte Misswirtschaft verursacht wurde.

Hier steht die UK exemplarisch für das Elend der zersplitterten landeskirchlichen Printlandschaft. Schrumpfende Auflagen und Ausstattungen führen zu permanenter Mangelverwaltung: zu wenig zum Leben, (noch) zu viel zum Sterben. Wobei der zweite Teil auch nicht mehr uneingeschränkt gilt. Immer mehr regionale Kirchenblätter verschwinden sang- und klanglos vom Markt.

Es wäre deshalb unfair, die Journalistinnen und Journalisten der Kirchenpresse für die Defizite der Berichterstattung im Umfeld des Rücktritts von Annette Kurschus verantwortlich zu machen. Wer eine leistungsfähige und unabhängige evangelische Publizistik will, muss sie personell, finanziell und strukturell dazu befähigen. Angesichts begrenzter Ressourcen wird das nur über die Bündelung von Kräften gelingen. Wer sein Geld in einen nicht mehr zukunftsfähigen Flickenteppich von Parallelangeboten investiert, verspielt die Chance, Kräfte zu bündeln und publizistische Akzente zu setzen. Der EKD und ihren Gliedkirchen bleibt ein kleines Zeitfenster, den epd und die Kirchenpresse auch in Zeiten knapperer Kassen so zu stärken, dass sie als unverwechselbare und unverzichtbare Stimme in der medialen Pluralität unserer Gesellschaft wahrgenommen werden.

Ein konkretes Signal wäre die Bildung einer Recherche- und Hintergrundredaktion unter dem Dach des epd. Diese Unit müsste in garantierter journalistischer Freiheit recherchieren und crossmedial publizieren können. An Themen gäbe es keinen Mangel: Millionenlöcher in Etats (wie gerade in Westfalen), Umsetzung der Klima-Roadmap, Rechtsextremismus, Antisemitismus und natürlich immer wieder die Missbrauchsaufarbeitung – also all die Themen, bei denen statt epd sonst die „Siegener Zeitung“, die FAZ oder das großartige Online-Portal „Die Eule“ des mutigen Einzelkämpfers Philipp Greifenstein zitiert würden. Keine Frage: Beliebtheit bei Bischöfen und Oberkirchenräten würde nicht zur Jobbeschreibung der Rechercheunit gehören.

Dafür würde aber das Bekenntnis zu publizistischer Freiheit auch jenseits von Festreden erneuert und glaubwürdig gemacht werden. Das ist leider dringend nötig. Die Causa Kurschus hat bis weit in die Kirchenleitungen hinein ein verstörendes Verhältnis zu kritischer Berichterstattung offengelegt. Belege für den Vorwurf einer falschen oder unfairen Medienberichterstattung habe ich bis heute keine gesehen. Die „Siegener Zeitung“ hat (Stand Januar 2024) alle Standards der Verdachtsberichterstattung sorgfältig beachtet. Und die immer noch zahlreichen, der Kirche kritisch verbundenen, Fachjournalisten haben in der Summe kundig, faktenbasiert und fair berichtet. In den Kommentierungen bildet sich eine breite Pluralität ab. Die Qualitätspresse hat ihren Job gemacht – und sie hat ihn gut erledigt.

Zugleich wurde sehr irritiert wahrgenommen, wie ressentimentgeladen viele in kirchlichen Ämtern auf die Berichterstattung reagiert haben. Hier offenbarte sich ein zumindest unsouveräner Umgang mit einer freien und kritischen Presse, mitunter aber auch eine gefährliche Anschlussfähigkeit zu Kräften, die seit Langem gegen eine freie, unabhängige und kritische Presse hetzen.

Zu einer kritischen Aufarbeitung der Causa Kurschus gehört deshalb auch eine Klärung der Frage, wie ernst es die evangelische Kirche mit der Pressefreiheit meint – auch und gerade dann, wenn sich das abstrakte Bekenntnis im Stresstest bewähren muss. Hartnäckige, kritische, mitunter provozierende Berichterstattung ist kein „polarisierender Medienzirkus“[12], sondern das Lebenselixier einer Demokratie!

Mit diesem Bewusstsein hat Robert Geisendörfer die evangelische Publizistik vor 50 Jahren in der demokratischen Medienlandschaft verankert. Nur in dieser Unabhängigkeit und Freiheit wird sie auch in Zukunft eine relevante und unverzichtbare Stimme im säkularen öffentlichen Raum bleiben. Als solche aber wird sie mehr denn je gebraucht!

Arnd Henze ist Publizist und Journalist, unter anderem für den WDR, und war 2012–2019 Fernsehkorrespondent des ARD-Hauptstadtstudios. Seit 2019 ist er als Redakteur/Reporter Innenpolitik tätig. Er ist berufenes Mitglied der 13. EKD-Synode.

1 Ausführlich hierzu: Arnd Henze: „Eine Entschuldungserklärung", Zeitzeichen 10/2020
2 Zitiert nach Arnd Henze: „Kann Kirche Demokratie? Wir Protestanten im Stresstest", 107, Herder Freiburg 2019.
3 Zitiert nach Ralph Ludwig: „Hanns Lilje – Ein frommer Weltbürger", Wichern-Verlag Berlin 2016.
4 Zum Folgenden: Schildt, Axel: Nach der Katastrophe: Neuorientierung in Kirche und Gesellschaft, in: Wolfgang Vögele (Hg.), Kann man eine Demokratie christlich betreiben?, Loccumer Protokolle 68/1998, Loccum 1999, 11–23.
5 Eberhard Klügel: „Die evangelische Landeskirche Hannovers und ihr Bischof 1933–1945". 2 Bände, Lutherisches Verlagshaus 1964/65.
6 Brief von Hans-Volker Herntrich an den Autor vom 14.07.1987, persönliches Archiv.
7 Brief von Hans-Volker Herntrich an den Autor vom 22.10.1987, persönliches Archiv.
8 Ausführlich dargestellt in: Ernst Klee: „Persilscheine und falsche Pässe – Wie die Kirchen den Nazis halfen", Fischer Taschenbuch 1991.
9 Gerd-Matthias Hoeffchen: „Rücktritt von Kurschus – Der Druck wurde zu groß", Unsere Kirche 12.11.2023, online, abgerufen am 19.12.2023, https://www.evangelische-zeitung.de/ruecktritt-von-kurschus-der-druck-wurde-zu-gross.
10 „Mit Nächstenliebe, Empathie und Hoffnung". Interview mit Ursula Ott und Karsten Frerichs „Chrismon" zitiert nach https://chrismon.de/artikel/2023/54216/das-gemeinschaftswerk-der-evangelischen-publizistik-wird-50, Aufruf 11.12.2023.
11 Über das Zerwürfnis in der westfälischen Kirchenleitung, das im Umfeld des Bielefelder Landeskirchenamtes ein offenes Geheimnis war, berichtete als erster Reinhard Bingener in der FAZ vom 19.11.2023. Abruf online am 19.12.2023 https://www.faz.net/aktuell/politik/inland/ekd-warum-die-ratsvorsitzende-kurschus-vor-dem-ruecktritt-steht-19325444.html. Der juristische Vizepräsident Arne Kupke bestätigte die Darstellung am 24.11.2023 vor der Synode der westfälischen Kirche. Link abgerufen am 19.12.2023, https://www.evangelisch-in-westfalen.de/aktuelles/detailansicht/news/dr-arne-kupke-bleibt-juristischer-vizepraesident/.
12 In einem Spiegel-Interview vom 22. November 2023 warf der Erlanger Theologie-Professor Peter Dabrock der Kirche vor, sie habe „sich auf den polarisierenden Medienzirkus eingelassen und nachgegeben, wo der öffentliche Druck zu einer Art Subjekt und zur Legitimierungsstrategie aufgebauscht wurde, um sich zu distanzieren. Aufruf 19.12.2023 https://www.spiegel.de/panorama/gesellschaft/annette-kurschus-ruecktritt-der-ekd-chefin-wegen-vertuschungsvorwuerfen-interview-a-2d908d84-19ac-4e92-8979-977b12ec4ab2.

EVANGELISCHE PUBLIZISTIK KONKRET – **DIE KIRCHENZEITUNG „GLAUBE+HEIMAT“**

MEHR ALS WARTBURG UND WALD
EINLEITUNG ZUM 100. JUBILÄUM VON „GLAUBE+HEIMAT“

Sebastian Kranich

Wartburg und Wald. Mehr Thüringen geht nicht auf dem Titelkopf der Erstausgabe von „Glaube+Heimat“ vom 15. April 1924, genauer: mehr evangelisches Thüringen. Denn wohin erhebt der junge Mann mit Rucksack und in kurzen Wanderhosen, der da zwischen Bäumen mit einem alten langbärtigen und einer in sich versunkenen Frau rastet, seinen Blick? Zum Turmkreuz! Von allen Generationen, „in jeder kirchlichen Familie“ sollte das neue Blatt gelesen werden, kommentierte Landesoberpfarrer Wilhelm Reichardt zum Geleit.

Im ersten Jahrgang des „christlichen Familienblatts“[1] fällt die Suche nach geschichtlicher, kultureller und religiöser Vergewisserung nach Verlust des „protestantischen Kaiserreichs“ auf: Kleine Reformationsjubiläen, Bonifatius, Luther, Kant, die deutsche Sprache sind Thema. So konservativ das meiste daherkam, war die neue Monatszeitschrift zugleich Teil eines kirchlichen Aufbruchs mit volkskirchlichem Anspruch: Bald nach Gründung der Landeskirche (1920) war der Volksdienst der Thüringer evangelischen Kirche gegründet worden (1921), ab 1924 Herausgeber von G+H. Es folgten – Aufzählung unvollständig – der Jugend-, Presse- und Sozialpfarrer (1925), der Landeskirchenbauwart und der Landeskirchenmusikdirektor sowie die Kirchenkreisebene (1926), das Thüringer Gesangbuch (1927), die Frauenordination (1928), die Gesellschaft für Thüringische Kirchengeschichte sowie der Staatskirchenvertrag (1929).

Im heutigen Titel ist der Glaube blau, die Heimat grün, mittig verbunden durch ein kleines Plus/Kreuz. Doch wie viel Kontinuität kann über 100 Jahre in einer Zeitung stecken? Die folgenden Beiträge lassen längere Linien erkennen. Erreicht werden sollten von Beginn an viele: lange Zeit das Thüringer Volk, später dann die Gemeinden, noch heute die Gemeindebasis. G+H fand ihren Weg auf die Küchen- und Wohnzimmertische, auch wenn Papier mitunter knapp war oder Papierknappheit politisch vorgeschoben wurde, um die Auflage zu drosseln. Zwei Diktaturen setzten den politischen Rahmen. Frei war die Zeitung von 1933 bis 1989 nicht. Vieles ist so erklärlich, manches bleibt dennoch beschämend: Antisemitismus, Stasimitarbeit, DDR-Opportunismus.

Volkskirche kann demokratisch, frei und parlamentarisch sein. Aber sie wurde zunehmend völkisch – für uns Heutige ein Warnsignal. G+H spiegelte diesen Prozess und trug selbst dazu bei. 1933 wurden Liberalismus und Moderne für die Entkirchlichung verantwortlich gemacht, nach 1945 sollten sie dann Ursache für den Siegeszug des Nationalsozialismus sein. In beiden Diktaturen erwies es sich als Illusion, der „Obrigkeit“ den Staat zu überlassen, wie das Schicksal Wilhelm Reichardts und später der „Thüringer Weg“ zeigen. In antichristlichen Diktaturen funktioniert die Zwei-Regimenten-Lehre nicht, und christliche Gemeinden sind mit ihrem Glauben nicht gefragt. Der Kandidat bei der Thüringer Bischofswahl 1992 und spätere Chefredakteur der Evangelischen Kommentare, Götz Planer-Friedrich, bemerkte zur „Kirche im Sozialismus" bereits 1985: „Wo eine staatlich organisierte Gesellschaft ihr eigenes Lehrgebäude systematisch in soziale Lebensformen (sozialistische Lebensweise) institutionalisiert, kann die Kirche nicht mehr voraussetzen, daß die Christengemeinde in der ‚Bürgergemeinde' problemlos ihren sozialen Handlungsraum findet."[2] Später nannte er die Äußerung des 86-jährigen Altbischofs Ingo Braecklein, „ihn habe der Gedanke an die Demokratie sein ganzes bisheriges Leben nicht weiter bewegt"[3], typisch für die obrigkeitsstaatliche Orientierung der älteren Generation.

Zugleich sind Diskontinuitäten unübersehbar. „Gegründet 1924. Neugegründet 1946" steht auf dem Titel nach dem Zweiten Weltkrieg. Das traf schon formal zu. Doch auch inhaltlich war es ein Neustart: Theologische Neubesinnung, Ursachensuche für den Nationalsozialismus, erste Erinnerungen an Paul Schneider, Dietrich Bonhoeffer, Werner Sylten, selten auch die Shoa und das eigene Versagen fanden Eingang ins Blatt. Bloß waren die völkisch-antisemitischen Akteure noch da und gewannen wieder an Einfluss – in der Landeskirche wie in G+H. Erfreulicheres lässt sich über die 1980er-Jahre lesen. War 1953 die Rubrik „Junge Gemeinde" gezwungenermaßen in „Kinder, hört zu" geändert worden, so wurden Kinder jetzt strategisch zur Zielgruppe – bis hin zur Gründung der evangelischen Kinderzeitschrift „Benjamin" 1990. Zudem wurden der jüdisch-christliche Dialog aufgegriffen sowie der mündige Christ postuliert und adressiert. Nur zu mündig durfte er auch nicht sein. Ein Beispiel: Nach der Stasi-Razzia in der Berliner Umweltbibliothek 1987 erinnerte Chefredakteur Gottfried Müller an die kirchlichen „Erziehungspflichten" gegenüber jungen Leuten. Der Weg zur Demokratie war gebremst von der „Schere im Kopf“ und aus Sorge um die Lizenz. Und er wurde gebremst, wie die heftige Zensur von G+H und anderen Kirchenzeitungen im Jahr 1988 zeigt. Dennoch erscheinen die Jahre bis zur Wiedervereinigung in der Erinnerung vieler als lichter Moment, der die Jahrzehnte zuvor überstrahlt und hinausstrahlt bis in die Gegenwart.

Der in Erfurt geborene, sich „religiös unmusikalisch“ nennende Kulturprotestant Max Weber hat Zeitung soziologisch einst als „Ragout“ der „Gebiete des Kulturlebens, von der Politik angefangen bis zum Theater“[4] beschrieben. Diese Metapher lässt sich auf die Kirchenzeitung übertragen, hatte Weber doch selbst bereits die Spezifika sozialistischer und katholischer Presse im Blick. Die Kirchenzeitung hat Kirche zum Gegenstand – in geistlicher wie institutioneller Hinsicht. Damit sind bestimmte Grundzutaten bestimmt. Ohne Kirchenjahr etwa geht gar nichts. Doch nicht nur der Heilige Geist, sondern auch der Geist der Zeiten kocht kräftig mit an einem Gericht, das anregend-schmackhaft, langweilig-fade oder auch ungenießbar sein kann – zumindest beim Nachschmecken. Als Thüringer Kirchenzeitung hatte G+H eine regionale Note, mitunter etwas provinziell, doch seit den 1960er-Jahren weltoffen gewürzt. Die Bestandteile des Ragouts bestimmten Kirchenleitende, Redaktionen, Autorinnen und Autoren sowie die Leserschaft – lange limitiert vom Möglichkeitsraum zweier Diktaturen. Auch davon handeln die folgenden Beiträge.

In einer Fußnote findet sich ein bedenkenswertes Wort von Wolfgang Schanze zum fünfjährigen Jubiläum der Neugründung 1946. Von dort sei es einleitend-gekürzt heraufgeholt:

„Eine Kirchenzeitung unterscheidet sich von einem Blatt, das sich auf den sogenannten erbaulichen [...] Typ beschränkt, dadurch, daß sie zugleich ein Fenster der Kirche zur Öffentlichkeit hin ist. Sie muß versuchen, die geistigen und kulturellen Strömungen abzutasten und in Beziehung zu setzen zum kirchlichen Leben. Wissenschaft, bildende Kunst, Literatur, Theater und Film treten bei einer Kirchenzeitung stärker in das Blickfeld [...]. Allerdings [kann, SK] eine Kirchenzeitung niemals ihr eigenes Gebiet verlassen [...].“[5]

Dr. Sebastian Kranich ist zunächst in der Wissenschaft, später als Gemeindepfarrer tätig, ist seit 2018 Direktor der Evangelischen Akademie Thüringen. Darüber hinaus ist er unter anderem Vorsitzender der Gesellschaft für Thüringische Kirchengeschichte.

1 Geleitwort von Landesoberpfarrer Wilhelm Reichhardt, „Glaube+Heimat“ 1 (15.04.1924), 1.

2 Götz Planer-Friedrich: Luthererinnerung und Gemeindeerneuerung. Sozialethische Aspekte und Wirkungen des Lutherjubiläums in der DDR, in: ZEE 4 (1985), 371–409, 397.

3 Ders.: Trojanische Pferde. Wie sich die Stasi in die evangelischen Kirchen der DDR einschlich, in: Thomas A. Seidel (Hg.): Gottlose Jahre? Rückblicke auf die Kirche im Sozialismus der DDR [Herbergen der Christenheit, Sonderband 7], Leipzig 2002, 47–56, 55.

4 John Dreijmanis (Hg.): Max Webers vollständige Schriften zu wissenschaftlichen und politischen Berufen, 2. Aufl., New York 2017, 108.

5 Wolfgang Schanze: Fünf Jahre „Glaube+Heimat“, „Glaube+Heimat“ 12 (25.03.1951), 1f.

DAS JAHR 1924
DIE GRÜNDUNG DER THÜRINGER EVANGELISCHEN KIRCHENZEITUNG „GLAUBE+HEIMAT“

Christine Lieberknecht

In der Geschichte meiner Familie ist das Jahr 1924 für mich aus zwei Gründen gegenwärtig: Zum einen war es das Hochzeitsjahr meiner Großeltern mütterlicherseits, dem Pfarrer Wilhelm Meißner und seiner Frau Anna, geb. Schönheid. Sie heirateten am 24. April 1924 in Sankt Jakob, einem alten, kleinen Wallfahrtsort auf der Höhe über Leutenberg am Rande des Thüringer Schiefergebirges. Runde und halbrunde Ehejubiläen meiner Großeltern in den 1960er- und 70er-Jahren gaben uns Enkeln willkommene Gelegenheit zu unvergesslichen Familientreffen. Die Erzählungen meiner Großeltern über die ersten Pfarramtsjahre in Sankt Jakob, den tiefen Brunnen zum täglichen Wasserholen, die Geheimnisse des großen Gartens und die Kindheitsgeschichten der Großmutter, die bereits im Alter von fünf Jahren zu einem Vorgänger meines Großvaters ins Pfarrhaus als Pflegekind gekommen war, beschäftigten mich mit all meiner kindlichen Fantasie und Neugier sehr.

Zum anderen prägten mich die vielen Besuche bei meiner Großmutter väterlicherseits in Weimar. Gemeinsam mit meinen Geschwistern besuchte ich unsere Großmutter Käthie Determann, so oft es nur ging. Sie lebte dort nach dem Tod ihres Mannes Walter Determann in der alten Villa, die das Ehepaar zu Beginn der 1920er-Jahre in der Tiefurter Allee 1 erworben hatte. Neben unvollendeten Ölgemälden, Mappen voller Skizzen und Zeichnungen, alten Kisten und schweren Decken im großelterlichen Atelier haben sich die Erzählungen meiner Großmutter von den großen Idealen und deren tragischem Niedergang in der Weimarer Republik tief in mein Gedächtnis eingebrannt. Regelmäßig legte sie noch Jahrzehnte nach dem Hyperinflationsjahr 1923 Geldscheine in Milliarden- und Billionenhöhe auf den Tisch mit dem eindringlichen Hinweis, dass so eine Inflation etwas ganz Schlimmes sei und nie wieder passieren dürfe. Gleichzeitig überstrahlte ihr Optimismus, mit dem sie einst fest an die „neue Zeit" geglaubt und dafür an der Seite ihres Mannes gearbeitet hatte, für uns Enkel noch immer alle Tiefpunkte ihres Lebens. Eine ihrer Schriftübungen, die sie ganz im neuen Geist der jungen Weimarer Republik und des Bauhauses fertigte, war dem Vers Friedrich Schillers aus Wilhelm Tell gewidmet: „Das Alte stürzt, es ändert sich die Zeit. Und neues Leben blüht aus den Ruinen."[1]

Dieser doppelten familiengeschichtlichen Perspektive folgend, soll das Jahr 1924 als Gründungsjahr der Thüringer evangelischen Kirchenzeitung „Glaube+Heimat" nun in drei Schritten etwas näher beleuchtet werden. Meine erste Betrachtung gilt dem Start von „Glaube+Heimat" im Jahr 1924. Der zweite Punkt ist der Förderung von Glaubensstärke und Heimattreue aus der historischen Vergewisserung gewidmet. Schließlich interessiert mich das Politische im nur scheinbar „Unpolitische(n) Monatsrundfunk", so der Titel einer stets wiederkehrenden Rubrik in der Kirchenzeitung.

1. Die erste Ausgabe von „Glaube+Heimat" am 15. April 1924

Von Beginn an war die im Jahr 1920 aus sieben kleinen Landeskirchen der ehemaligen thüringischen Herzog- und Fürstentümer gebildete Thüringer evangelische Kirche heftigen Anfeindungen und Widrigkeiten ausgesetzt. Als ob die allgemeine Not nach dem verlorenen Krieg und die erdrückenden Reparationslasten des Versailler Vertrags noch nicht genug gewesen wären, brachten die Folgen der Novemberrevolution von 1919 mit den Fürstenenteignungen und der Durchsetzung der Trennung von Staat und Kirche die junge Landeskirche in zusätzlich schwerste Fahrwasser. Insbesondere die linkssozialistische Thüringer Landesregierung unter August Fröhlich (SPD) vollzog die in der Weimarer Reichsverfassung verankerte Trennung von Staat und Kirche in einer beispiellos kirchenfeindlichen Art und Weise. Die Auswirkungen der von der Thüringer Regierung praktizierten kirchenfeindlichen Politik wurden in den „Heimatglocken" zum Beginn des Jahres 1924 in einem Sonderbericht über die Eröffnung des Thüringer Landeskirchentages in Eisenach am 9. Januar durch Landesoberpfarrer Wilhelm Reichardt ausführlich beschrieben. Darin heißt es: „Im Ganzen schweben jetzt 10 Prozesse zwischen Staat und Kirche [...]. Seit Oktober wurde die Auszahlung der vom Reich gewährten Darlehen durch den Staat Thüringen oft so verzögert, dass das Geld völlig entwertet in die Hände der Kirche kam [...]. Unsere Akten enthalten erschütternde Bilder schwersten leiblichen, wirtschaftlichen und seelischen Elendes. Die hilfsbereite Liebe der evangelischen Glaubensgenossen in Schweden, Amerika, Holland, Finnland, in der Schweiz und Tschechoslowakei hat den völligen wirtschaftlichen Zusammenbruch abgewehrt."[2]

Mein Großvater Wilhelm Meißner, der vor seiner Entsendung ins Pfarramt nach Sankt Jakob sein Vikariat in Leutenberg absolvierte, vermerkte dazu in seinen Erinnerungen an jene Zeit: „Die Geldentwertung ging rasend schnell vorwärts, jeden Mittag wurde der neue Kurs bekannt gegeben [...]. Die Gehaltszahlung litt auch sehr darunter; schließlich erfolgte sie in wöchentlichen Teilzahlungen: Donnerstag kam der Geldbrief mit dem Abendzug an, der Chef[3] holte ihn sogleich ab, er enthielt das Wochengeld für die Pfarrer des Kirchenkreises und die Verteilung an sie; der Chef sortierte mit mir die einzelnen Beträge, oft mußte ich noch bei einem Kaufmann einige Scheine zerkleinern lassen; es gab allerhand Geld: Deutsches Geld, amerikanische Dollars, Holl. Gulden usw. auch örtliches Notgeld; am nächsten Morgen wanderte ich mit drei bis vier ‚Geldbriefen' zu einem Teil der Pfarrer, damit sie noch vormittags – vor dem neuen Kurse! – einkaufen konnten. Die anderen besorgte der Chef mit dem Rad [...]. Bei ihrem Höhepunkte[4] konnte ich mittags nicht einmal mehr zum Essen gehen, aber die Lammwirtin war eine gute Frau: ich solle nur abends gegen 6 Uhr kommen, da gebe es Suppe (die ich noch bezahlen konnte)."[5]

Vor dem Hintergrund der überaus prekären wirtschaftlichen, finanziellen und politischen Probleme des Jahres 1923, die nicht nur die Thüringer Landeskirche, sondern die gesamte Weimarer Republik an den Rand ihrer Existenz gebracht hatten, war das Aufatmen über die Normalisierung der finanzpolitischen Lage und den beginnenden wirtschaftlichen Wiederaufschwung Ende des Jahres 1923 groß.

Für Thüringen brachten die durch den vom Reich verhängten Ausnahmezustand am 6. November 1923 erforderlich gewordenen Neuwahlen zum Thüringer Landtag vom 10. Februar 1924 einen politischen Wechsel von der bisherigen linkssozialistischen Regierung hin zur Regierungsbildung durch den Thüringer Ordnungsbund (TOB). In ihm hatten sich die bisherigen bürgerlichen und rechtsgerichteten Oppositionsparteien sowie eine Reihe weiterer Verbände und Splittergruppen mit dem Ziel einer „Abrechnung mit der Vaterlands- und Religionslosigkeit" der Linkssozialisten zusammengeschlossen.[6]

Auch wenn trotz der deutlich erkennbaren Frontstellung der neuen Ordnungsbundregierung unter Richard Leutheußer (DVP) gegen die Vorgängerregierung unter August Fröhlich (SPD) nicht alle Entscheidungen der vergangenen Jahre rückgängig gemacht werden konnten, so trat doch im Verhältnis von Staat und Kirche eine merkliche Entspannung ein.

Neben der konservativ-restaurativen Ausrichtung des neuen Kabinetts gewannen unter der Regierung Leutheußer auch völkisch-nationale und antisemitische Auffassungen an Einfluss, zumal diese als Minderheitenregierung auf die Tolerierung durch die Vereinigte Völkische Liste (VVL) angewiesen war. Die Verdrängung des Weimarer Bauhauses gehört dabei ebenso zu den praktischen Auswirkungen dieser Politik wie „bewusst inszenierte Repressalien gegen linksdemokratische und jüdische Repräsentanten" in Verwaltung und Justiz. Beispiele dafür sind die Absetzung des jüdischen Staatsbankpräsidenten Walter Loeb und des Generalstaatsanwalts Kurt Frieders.[7] Nach Auseinandersetzungen des Generalintendanten des Weimarer Deutschen Nationaltheaters Ernst Hardt mit der neuen „Thüringer Ordnungsbund"-Regierung verließ im Sommer 1924 auch Hardt Weimar. Dem Bauhaus-Direktor Gropius teilte Leutheußer, der gleichzeitig als Volksbildungsminister agierte, mit, dass die Personalverträge nicht verlängert würden. Am 18. September wurden die Verträge mit den Meistern zum 31. März 1925 gekündigt.

Bereits im März 1924 wurde in Thüringen als erstem Land das infolge des Hitler-Ludendorff-Putsches verhängte NSDAP-Verbot wieder aufgehoben. Damit kam Thüringen deutschlandweit eine entscheidende Bedeutung beim Neuaufbau der NSDAP zu. Die am 4. Mai 1924 durchgeführten Reichstagswahlen mit Stimmenzuwächsen für die extreme Rechte und Linke führten zu einer vorübergehenden Schwächung der gemäßigten bürgerlichen Kräfte und der SPD auch auf nationaler Ebene, wogegen die Reichstagswahlen vom 7. Dezember 1924 wieder für eine gewisse Stabilisierung der regierungstragenden Parteien sorgten.

Zwei politische Großereignisse des Jahres 1924 mögen das politische und mentalitätsgeschichtliche Spannungsfeld verdeutlichen, in dem sich die Gründung des neuen evangelischen Monatsblattes bewähren musste. Da war zum einen die Veranstaltung zum fünften Jahrestag der Unterzeichnung der Weimarer Reichsverfassung durch Friedrich Ebert am 11. August 1924, ausgerichtet durch das am 22. Februar 1924 gegründete „SPD-Reichsbanner Schwarz-Rot-Gold“ mit 8.000 Teilnehmern im Weimarer Deutschen Nationaltheater.

Zum anderen lud nur wenige Tage später die „Erste Reichstagung der Deutschvölkischen Freiheitspartei“ ihre Mitglieder und Sympathisanten für den 16. und 17. August 1924 zu einem „Großen deutschen Kulturbekenntnis“ im völkisch-nationalen Sinne ebenfalls ins Weimarer Deutsche Nationaltheater ein. Hauptredner war Erich Ludendorff, zu diesem Zeitpunkt Reichstagsabgeordneter der Deutsch-Völkischen bzw. Nationalsozialistischen Freiheitspartei.

Der Volksdienst der Thüringer evangelischen Kirche machte es sich nach Überwindung der schlimmsten Bedrängnisse aus den zurückliegenden Jahren zur Aufgabe, nun seinerseits kräftig Hand anzulegen, um „die das Leben unseres Volkes neugestaltende Kraft des Evangeliums wieder zur Geltung zu bringen".[8]

Diesem Anspruch des Volksdienstes sollte das neue evangelische Monatsblatt „Glaube+Heimat" dienen. Doch bis zum Erscheinen der ersten Ausgabe musste erst einmal kräftig innerhalb der eigenen Reihen gekämpft werden. Von risikobehafteten, aber dennoch dringend erforderlichen finanziellen Mitteln über Konkurrenzbedenken aufgrund der regional eingespielten und vorhandenen Sonntagsblätter über praktische Fragen eines Bestell- und Verteilsystems bis zu Debatten über die inhaltliche Ausrichtung und fehlende Einbindung geistlicher Gruppen, wie beispielsweise Vertreter des Entschiedenen Christentums (EC), schlugen den neuen Publikationsplänen sowohl von kirchenleitender Seite als auch von vielen Pfarrern im Lande jede Menge ernsthafte Bedenken und Ablehnung entgegen. In unendlich mühsamer und akribisch ausgeführter Kleinarbeit, verbunden mit generalstabsmäßiger Durchsetzungsfähigkeit und bewundernswerter Leidenschaft, gelang es der Gründungsgruppe um Kirchenrat Otto Senffleben, dem Jenaer Pfarrer August Ludwig, dem Erfurter Schriftsteller Gustav Schröer und dem Themaer Kirchenrat Seidel, unterstützt von Maria Begas, schließlich, die gemeinsame Kirchenzeitung für das ganze Gebiet der Thüringer evangelischen Kirche in der Karwoche 1924 an den Start zu bringen. Bewusst hatten sich die Gründer bei der Wahl des Titels „Glaube+Heimat" an dem gleichnamigen Theaterstück des österreichischen Schriftstellers Karl Schönherr aus dem Jahr 1910, in dem die Vertreibung von 30.000 evangelischen Christen aus dem katholischen Zillertal im 19. Jahrhundert beschrieben wird, orientiert.

Die Erstauflage in Höhe von 100.000 Exemplaren, die ab 15. April 1924 rechtzeitig vorm bevorstehenden Osterfest im ganzen Thüringer Land ausgeliefert wurde, war der verdiente Erfolg für alle Mühen, den Kampf und die Auseinandersetzungen um das neue Blatt. Neben unzähligen Briefwechseln zu kleineren und größeren Themen rund um die neue Publikation gehören zu den aus dieser Zeit aufbewahrten Dokumenten unter anderem lange Listen von Postbankeinzahlungen der Pfarrämter für die erhaltenen Exemplare. Dort ist unter der Eingangsnummer 49 ein Zahlungseingang des Pfarramtes Sankt Jakob, Postamt Leutenberg, vom 3. Mai in Höhe von neun Mark eingetragen.

Die mündliche Familienüberlieferung, der zufolge in meiner Familie dank der Großeltern Meißner, der Eltern Determann und meiner eigenen Familie „Glaube+Heimat" von der ersten Nummer an stets auf den Amts- und Küchentischen unserer Pfarrhäuser gelegen habe, hat mit der lückenlosen Dokumentation aller Vorgänge um die Gründung vor 100 Jahren nun auch „schwarz auf weiß" in den Akten aus den Anfängen von „Glaube+Heimat" Bestätigung gefunden. So ist es tatsächlich wahr, dass die „Glaube+Heimat" Nummer 1 vom 15. April 1924 im Pfarramt meiner Großeltern Wilhelm und Anna Meißner dazugehörte, als meine Großeltern wenige Tage später am 24. April 1924 in Sankt Jakob den Bund fürs Leben schlossen. In den Mitteilungen „aus den Kirchenkreisen" vom Juni 1924 wird dann die nur zwei Tage nach der Trauung am 26. April erfolgte „Bestellung des Hilfspfarrers Meißner in Leutenberg zum Pfarrer in St. Jakob bestätigt".[9]

2. Glaubensstärke und Heimattreue durch historische Vergewisserung

Der Volksdienst der Thüringer evangelischen Kirche als treibende Kraft zur Gründung von „Glaube+Heimat“ ließ am missionarischen Auftrag der neuen Publikation zur Stärkung des evangelischen Glaubens und der Verbundenheit mit der thüringischen Heimat keinen Zweifel. So sehr von kirchlicher Seite im Volk eine Trias von „Gebetslosigkeit, Bibellosigkeit und Kirchenlosigkeit“[10] gegeißelt wurde, so sehr setzten die Macher der neuen Kirchenzeitung alles daran, für eine „neue Volksgemeinschaft auf dem Boden innerer Erneuerung [...] die Wurzeln in die Vergangenheit zu senken“ und „die Schätze der vergangenen Tage (zu) heben“.[11] „So werden diese Blätter aus der Geschichte unseres deutschen und vor allem unseres Thüringer Volkes immer wieder das Beste hervorholen. Gerade wenn die Zeiten so trübe und hoffnungsarm geworden sind, geht der Geist hinaus in die Tage der Vergangenheit.“[12]

Diesem Bestreben zu folgen, bot das Jahr 1924 den Redakteuren von „Glaube+Heimat“ wahrlich genügend Anlässe. Bereits die Feierlichkeiten anlässlich des 400. Jubiläums des evangelischen Kirchengesangbuches am Sonntag Kantate 1924 lieferten reichlich Stoff, um den historischen Rückblick auf die großen und in dieser Dichte einmaligen kirchenmusikalischen Traditionen Thüringens über die Jahrhunderte als zentrales Thema der „Glaube+Heimat“ Nummer 2 im Mai 1924 zu setzen. Darüber hinaus wurde in der Rubrik „Aus den Kirchenkreisen“ von einer eindrucksvollen „kirchlichen Jubiläumswoche“ anlässlich der 400. Wiederkehr der Anstellung des ersten evangelischen Pfarrers[13] in Weimar berichtet. „Landeskirche, Jenaer theologische Fakultät, Staatsregierung und Stadtverwaltung beglückwünschten sie[14] in bedeutungsvollen Kundgebungen."[15] Berichtet wird unter anderem vom illuminierten Herderplatz, einem Festumzug mit lebendigen Bildern aus der Weimarer kirchlichen Vergangenheit und der Verleihung des Theologischen Ehrendoktors an den Weimarer Oberpfarrer Friedrich Schmidt aus Anlass des schönen Jubiläums.

Eingang in die Kirchenzeitung finden ebenfalls die Jenaer Feierlichkeiten anlässlich der 400. Wiederkehr der Übernahme des dortigen Predigtamtes durch Luthers Weggefährten Antonius Musa.[16]

Höhepunkt der historischen Vergewisserung für Christen aller Konfessionen aber waren die Jubelfeiern anlässlich der 1.200. Wiederkehr der Einführung des Christentums in Thüringen durch Bonifatius im Jahr 724. Dieses herausragende Ereignis wurde zum dominierenden Thema der fünften Ausgabe des Kirchenblattes. Neben dem Lob auf Bonifatius, der „seine Aufgabe glänzend gelöst" habe, wurde der Freude darüber Ausdruck verliehen, dass der Missionar vor 1.200 Jahren mit der Christianisierung Mitteldeutschlands die Grundlage geschaffen habe, „die es – als die Zeit dazu reif war – einem Größeren ermöglichte, gerade von hier aus den größten Teil der germanischen Länder von der römischen Vormundschaft zu befreien und Thüringen zur Wiege des Protestantismus zu machen".[17] Angekündigt wurde ein großes evangelisches Kirchenfest „an sagenumwobener und geschichtlich denkwürdiger Stätte bei Altenbergen, dort, wo vor 100 Jahren zur Erinnerung an die Erbauung der ersten Kirche in Thüringen der weit ins Land leuchtende Kandelaber errichtet wurde".[18] Alle evangelischen Thüringer waren dorthin zur Jubelfeier unter freiem Himmel für den 7. September um elf Uhr eingeladen.

Der Berichterstattung über das Großereignis widmete „Glaube+Heimat“ eine eigene Sondernummer. Die vorangestellten Verse „Zum 7. September 1924“ setzten den Ton:

„Stark war die Hand jenes britischen Mönchs, der das Kreuz uns errichtet,
Das er zum Schutze mit Roms eiserner Kette umschloss,
Stärker die Hand noch des Thüringer Mönchs, der die Kette zerrissen,
Als er das schwankende Kreuz trieb in das deutsche Gestein.“[19]

Neben diesen alles andere überstrahlenden Jubiläumsfeierlichkeiten widmeten sich Betrachtungen immer wieder auch den Jubiläen bedeutender Gelehrter der deutschen und europäischen Geschichte. Im Jahr 1924 stachen die Würdigungen anlässlich des 200. Geburtstags des großen Philosophen Immanuel Kant besonders heraus. Ganz im Sinne des volkspädagogischen Anspruchs einer „evangelischen Kirchenzeitung für alle“ wurden ausgehend von der Kant'schen Philosophie die „unauflösliche Verbindung wahrer Frömmigkeit mit der Sittlichkeit“ beschrieben und das „Grundgesetz sozialen Denkens, Empfindens und Handelns“ erläutert. Aber auch die „Ehrfurcht“ wurde unter Berufung auf den großen Denker als „Grundvoraussetzung für jede echte Religion“ nicht vergessen.[20]

Schließlich gab die Schriftleitung mit dem Gedenken an den zehnten Jahrestag des Beginns des Ersten Weltkriegs der Erinnerung an das gravierendste Ereignis der jüngsten deutschen Geschichte Raum. Unter der Überschrift „Deutscher, sprich deutsch!“ wurde die Klage, heute „machtlos, rechtlos, bettelarm [...] inmitten einer feindlichen oder gleichgültigen Welt“ dazustehen, zum Auftakt für einen eindringlichen

Appell zum Schutz des „Besitztum(s), das uns niemand rauben kann, [...]: unsere deutsche Sprache" als dem „einzigen Band, welches alle Deutsche auf dem weiten Erdenrund zu einem großen Volke zusammenschließt". Dabei wurde „die furchtbare Gefahr", dass es ohne deutsche Sprache „schließlich kein deutsches Volk" mehr geben werde, ebenso beschworen wie der Appell an die Lehrer der Volkshochschulen, „besonderen Wert auf gutes, fremdwortreines Deutsch" zu legen, „ja womöglich die Fremdwortfrage selber zum Unterrichtsgegenstande" zu machen.[21]

Die beispielhaft genannten und zugleich einschlägigen Beiträge stehen für eine Erinnerungskultur, von der sich die Verantwortlichen der Kirchenleitung und die Redaktion der Kirchenzeitung eine Stärkung des Zusammengehörigkeitsgefühls unter den evangelischen Christen ebenso erhofften wie eine Besinnung auf frühere Glaubensstärke und Stolz auf die Thüringer Heimat als „Wiege des Protestantismus".

3. Politisches Wetterleuchten im nur scheinbar „Unpolitische(n) Monatsrundfunk"

Nach dem Willen des Volksdienstes der Thüringer evangelischen Kirche beabsichtigte die Leitung von „Glaube+Heimat", „ein unpolitisches und überparteiliches kirchliches Blatt zu schaffen, das möglichst in jede Thür. Familie kommen und ihr dienen soll, und das [...] imstande ist, einen weitreichenden Einfluß auf die Gestaltung des christlich-religiösen und evangelisch-kirchlichen Lebens, auf Volkserneuerung, Volksgesundung und Volksgemeinschaft im Thür. Lande auszuüben".[22]

Unter diesem Ziel stand unter anderem auch die Rubrik „Unpolitischer Monatsrundfunk". Verwundert reibt sich der heutige Leser die Augen. Innerhalb nur weniger Sätze gelingt es dem Autor dieser Rubrik, von der Klage über allerlei Importe, die dem deutschen Volk nur schadeten, über Preisvergleiche verschiedener Früchte von Obst und Gemüse nebst kritischer Betrachtung deutscher Kinderaufenthalte in Italien beim uneingeschränkten Lob auf den italienischen Diktator Mussolini anzukommen. „Italien, das früher beinahe verrufene, hat sich in den letzten Jahren entschieden mächtig herausgemacht. Es hat einen Diktator. Er heißt Mussolini und soll früher Lehrer gewesen sein. Alle Achtung vor solch einem Schulmeister.“[23] Gelobt werden Ordnung, Gerechtigkeit und das Aufblühen der italienischen Industrie. „Der Mann scheint also etwas vom Sozialismus zu verstehen, ohne Sozialdemokrat zu sein.“[24] Für das deutsche Heimatland hingegen werden die Belastung „zugunsten der Fremdmächte“ aufgrund des Dawes-Abkommens und die Macht „der großen fünf, der Weltbankiers“ beklagt. Hart ins Gericht geht der Rundfunker mit einer „fünfjährige(n) ziel- und planlose(n) Weltpolitik, die zwar alle Zeichen der Verranntheit, aber keines der Vernunft aufwies“.[25]

Der Hader mit dem Schicksal des deutschen Volkes durchzog auch den darauffolgenden „Unpolitische(n) Monatsrundfunk“ vom Oktober 1924. Anlässlich der fünften Tagung des im Jahr 1920 gegründeten Völkerbundes in Genf schrieb der Rundfunker von der „Gewalt“, die er sich antun müsse, „um nicht bitter zu werden, gallbitter; denn ein grimmiger Hohn auf alles, was ehrlich ist, war seit Anbeginn der Welt noch nicht da“.[26] Während Amerika, Frankreich und England militärisch ihren jeweiligen Interessen entsprechend längst zur Tagesordnung übergegangen seien, ist Deutschland „etwas ganz anderes“. Nach Beschluss des Völkerbundes sollte „eine ständige Militärkommission [...] zur Prüfung der deutschen Rüstungen“ eingesetzt werden; „denn Deutschland soll und muss wehrlos bleiben, weil es ja nun endlich der Arbeitssklave der Welt ist. Es ist ja nun endlich so weit, wie man es vergeblich seit 50 Jahren angestrebt hat“, so der Rundfunker im „Unpolitischen Monatsrundfunk“.[27]

Umso lebhafter fiel dann im darauffolgenden Monatsrundfunk der Beifall des Berichterstatters zum „jüngsten Erfolge deutscher Kraft und Leistungsfähigkeit“ aus. „Das stolze Zeppelin-Luftschiff“ wird zur Projektion der endlich wiederhergestellten Sichtbarkeit von deutschen Werken, „die in der Welt nicht ihresgleichen haben“, einzig geschmälert durch die bittere Einschränkung, diese Werke nicht für das eigene deutsche Land vollbringen zu dürfen, sondern als Reparationsleistung „für die Sieger“, in diesem Fall nach Amerika, geben zu müssen. Gefühle von Stolz und deutscher Überlegenheit mischen sich mit der Verurteilung von „Völkerbetrug“ und „Lüge“, so der Rundfunker, „auf Kosten Deutschlands“.[28]

Die unheilvolle Verbindung von wiedererstandener nationaler Überheblichkeit und dem Gefühl tiefsitzender Demütigung Deutschlands durch die anhaltenden Lasten des Versailler Vertrages führte zu einem politisch hochexplosiven Gemisch, das nicht zuletzt einer völkisch-nationalen Ausrichtung auch von Teilen der Thüringer evangelischen Kirche schon in den 1920er-Jahren Vorschub leistete. Staatspolitisch waren ab 1924 mit der Minderheitenregierung Leutheußer und ihrer Tolerierung durch die Vereinigte Völkische Liste (VVL) die Weichen für eine gesellschaftliche Restauration und das Wiedererstarken des deutschen Nationalismus gestellt. Symptomatisch für den eingeschlagenen politischen

Weg stehen die Vertreibung des Bauhauses zum 1. April 1925 aus Weimar und die Berufung des führenden Landtagsabgeordneten der VVL, Arthur Dinter, am 1. März 1925 zum ersten Gauleiter der wiederzugelassenen NSDAP in Thüringen.

Der Volksdienst richtete sein Bemühen vor allem darauf, das „Gemeinsame“ im Bekenntnis der zur Thüringer evangelischen Kirche zusammengeschlossenen sieben ehemaligen Landeskirchen zu stärken. Die gemeinsame Losung „Christus für Thüringen“ ließ den früheren Einzelkirchen hinreichend Raum für ihr jeweiliges Eigenleben. Gleichzeitig galt der gemeinsame Anspruch: „Alles Volk muss wieder sein Leben in Gott finden und leben und muss wissen, dass es dahin nur einen Führer und nur einen Weg gibt: Jesus Christus.“[29]

Die neu gegründete Kirchenzeitung „Glaube+Heimat“ war zum sichtbaren Zeichen dieses festen Willens geworden. Der flächendeckende Start für alle Gebiete der Landeskirche mit einer Auflage von 100.000 Exemplaren am 15. April 1924 bleibt eine in jeder Hinsicht außergewöhnlich erfolgreiche Leistung der Initiatoren und Verantwortlichen des Volksdienstes. Binnen Jahresfrist gelang es dem neuen Medium, zum entscheidenden Kommunikationsmittel sowohl zwischen Volk und Kirchenleitung als auch zwischen den Thüringer Gemeinden und Kirchenkreisen untereinander zu werden.

Christine Lieberknecht ist bis 1990 als Pastorin tätig, war von 1991 bis 2019 Abgeordnete im Thüringer Landtag. Von Oktober 2009 bis Dezember 2014 war sie Ministerpräsidentin des Freistaates Thüringen und Landesvorsitzende der CDU Thüringen.

1 Zu besichtigen als Exponat der Dauerausstellung im Neuen Bauhausmuseum in Weimar.
2 Sonderbericht in Heimatglocken 1/1924.
3 Oberpfarrer und Kirchenrat Hermann Anemüller von Leutenberg.
4 Gemeint ist die Hyperinflation.
5 Persönliche Aufzeichnungen, Wilhelm Meißner.
6 Der Thüringer Landbund v. 19.01.1924.
7 Siehe Guido Dressel, Der Thüringer Landbund – Agrarischer Berufsverband als politische Partei in Thüringen 1919–1933, in: Schriften zur Geschichte des Parlamentarismus in Thüringen, Heft 12, 40.
8 Unser Volksdienst, „Glaube+Heimat“, Nr. 1/1924.
9 „Glaube+Heimat“, Nr. 3/1924.
10 „Glaube+Heimat“, Nr. 8/1924.
11 Geleitwort von Landesoberpfarrer Wilhelm Reichardt, „Glaube+Heimat“, Nr. 1/1924.
12 Ebd.
13 Johann Grau, Caesius.
14 Die evangelische Gemeinde Weimar.
15 „Glaube+Heimat“, Nr. 2/1924.
16 „Glaube+Heimat“, Nr. 8/1924.
17 „Glaube+Heimat“, Nr. 5/1924.
18 Ebd.
19 Th. Helant, in: „Glaube+Heimat“, Sondernummer Eisenach, September 1924.
20 „Glaube+Heimat“, Nr. 2/1924.
21 „Glaube+Heimat“, Nr. 4/1924.
22 Schreiben von KR Senffleben zur Werbung von Mitarbeitern für „Glaube+Heimat“ vom 15. April 1924, Landeskirchenarchiv Eisenach.
23 „Glaube+Heimat“, Nr. 5/1924.
24 Ebd.
25 Ebd.
26 „Glaube+Heimat“, Nr. 6/1924.
27 Ebd.
28 „Glaube+Heimat“, Nr. 7/1924.
29 „Glaube+Heimat“, Nr. 1/1924.

„HERR, SEGNE UNSEREN GELIEBTEN FÜHRER!"
DIE KIRCHENZEITUNG „GLAUBE+HEIMAT" IN DER ZEIT DES NATIONALSOZIALISMUS

Jochen Birkenmeier

Zum Auftakt des Jahres 1933 wandte sich der Landesoberpfarrer (später: Landesbischof) der Thüringer Evangelischen Kirche (ThEK), Wilhelm Reichardt, mit einem ‚Neujahrswunsch' an die Leserschaft der Kirchenzeitung „Glaube+Heimat" (G+H). Er verlieh darin seiner Hoffnung Ausdruck, dass „wir doch alle die alten Gottesordnungen wieder sehen und achten mögen", denn er sah die deutsche Gesellschaft „weit hinabgesunken" und die Zukunft Deutschlands „in ein ganz besonderes Dunkel gehüllt".[1] Die Schuld an diesem düsteren Zustand gab er der Weimarer Republik, deren Verfassung die Trennung von Staat und Kirche vorsah, einen Grundsatz, den er für eine der „schlimmsten Zeitlügen" hielt. Dass der Staat sich religiös neutral verhielt, war für ihn die Ursache aller Übel, die zur Auflösung der göttlichen Ordnung und letztlich zum „Untergang des Abendlandes" führen würde.[2] Reichardt war mit dieser Meinung nicht allein. Unter der Überschrift „Schicksalswende?" und illustriert mit einer Darstellung des heiligen Georg, sekundierte Chefredakteur

(„Schriftleiter") Lothar Thomas in ähnlichem Tonfall und machte zugleich deutlich, dass er die Aufgabe von G+H im neuen Jahr nicht nur darin sah, als „Wegweiser zum Ort der Erlösung" zu dienen, sondern vor allem auch als „Warner vor den Irrwegen".[3]

Ernst Otto, der seit 1929 den *Volksdienst* der thüringischen Kirche leitete, in dieser Funktion die Kirchenzeitung G+H herausgab und von 1927 bis 1932 ihr Chefredakteur gewesen war, sah die Kirche im Frühjahr 1933 mitten „in einem Umbruch der Zeiten von unabsehbarem Ausmaße". Denn die „Periode, die mit der Französischen Revolution eingeleitet worden" sei und Deutschland „geistig, völkisch und kirchlich entwurzelt" habe, sei nun an ihr Ende gelangt – und mit ihr alle Erscheinungsformen der Moderne wie „Vereinzelung", „Vermassung", „Mechanisierung", „Individualisierung" und „Liberalisierung", die Otto als gesellschaftliche „Verfallserscheinungen" und Bedrohungen des Glaubens wahrnahm. Die Weimarer Republik als weltanschaulich neutraler Staat war für ihn – wie für Reichardt – nur der „Anfang des Weges zu russischen Verhältnissen" und Verursacherin einer schleichenden Entchristlichung. An die Stelle des demokratischen Staats solle deshalb ein straff organisiertes Gemeinwesen treten, das „seine Aufgaben in christlicher Schau" angehe und „mit der Macht, die Gott dem Staat als Staat geben hat, sein Gefüge in Ordnung" halte. In einem solchen christlich-autoritären Staat wiederum müsse eine evangelische Kirche etabliert werden, „in der eine autoritäre Führung, verbunden mit dem Lehramt der Kirche, vorhanden" sei.[4]

Vor dem Hintergrund dieser Stellungnahmen überrascht es wenig, dass G+H sich vorbehaltlos hinter die Zerstörung der Weimarer Republik stellte und die „nationale Erhebung" des Frühjahrs 1933 als Aufbruch in ein neues Zeitalter für Kirche und Nation begrüßte. Die Kirchenzeitung nahm damit keine Sonderstellung ein, sondern verlieh einer im Kirchenvolk weit verbreiteten Einstellung Ausdruck, die sich auch in den Wahlen zum Landeskirchentag, dem demokratisch gewählten Parlament der ThEK, vom 22. Januar 1933 äußerte: Dort errangen die erstmals angetretenen *Deutschen Christen* (DC), die sich als christliche Vertreter der nationalsozialistischen Bewegung verstanden, aus dem Stand die Mehrheit. Das sichtbare politische Bekenntnis der Kirchenzeitung war gleichwohl von besonderer Bedeutung, da G+H innerhalb der damals noch bestehenden Vielfalt christlicher und kirchlicher Zeitungen „offiziell als das Blatt der Thür[inger] Kirche“ galt.[5] Dieser Ruf verdankte sich dem Umstand, dass G+H nicht von einer der Kirchenparteien herausgegeben wurde, sondern vom Volksdienst der ThEK, der mit der inneren Bildungsarbeit der Landeskirche betraut war und daher vor allem die amtliche Haltung der Landeskirche vertrat. Die publizistische Unterstützung der Kirchenzeitung versah Hitlers ‚Machtergreifung‘ augenscheinlich mit dem Siegel kirchenobrigkeitlicher Zustimmung und – mehr noch – mit dem Anschein theologischer Notwendigkeit: Denn die evangelische Kirche widerstehe, wie G+H erläuterte, mit ihrer Ablehnung der Weimarer Republik jener „Irrlehre, die von dem Ideal eines Internationalismus, dem widernatürlichen Ideal eines mechanisierten Massemenschentums im Bolschewismus“ und „der Verwechslung des Volkes mit einer wirtschaftlich-politischen Genossenschaft“ gekennzeichnet sei, und bejahe stattdessen „das Neuerwachen unseres Volkes zum Deutschtum als eine Rückbesinnung auf den Willen Gottes mit uns“.[6]

G+H war, als diese Worte veröffentlicht wurden, noch keineswegs im nationalsozialistischen Sinne „gleichgeschaltet" worden. Auch die Zusammensetzung der Redaktion und die inhaltlichen Verantwortlichkeiten waren zu diesem Zeitpunkt noch dieselben wie vor 1933: Als Leiter des Volksdiensts und damit in der Rolle des Herausgebers, verfasste Pfarrer Ernst Otto die Leitartikel von G+H in Form kurzer Lesepredigten, während ihr Chefredakteur, Pfarrer Lothar Thomas, den Inhalt der Gesamtausgabe verantwortete und regelmäßig Beiträge verfasste, die das Zeitgeschehen für die Leserschaft geistlich einordneten. Landesoberpfarrer Reichardt übernahm zu besonderen Gelegenheiten den Leitartikel, steuerte aber auch Ankündigungen und Rückblicke zu kirchlichen Ereignissen bei. Zum weiteren Inhalt gehörten Erzählungen und Kurzgeschichten, die häufig in Fortsetzungen über mehrere Ausgaben abgedruckt wurden, Bibelsprüche und geistliche Zitate, Gedichte und kirchliche Nachrichten sowie feste Rubriken wie „Aus der Volksdienstarbeit" und die „Wochenschau", in der die politischen Neuigkeiten der vergangenen Woche zusammengefasst wurden. Kurze Beiträge, Nachrichten und Rubriken waren im Regelfall nicht namentlich gekennzeichnet und stammten hauptsächlich aus der Feder von Marie Begas, die auch für die Auswertung der in- und ausländischen Presse zuständig war. Da sie „immer die Hauptlast am Blatt getragen hat, ohne deswegen mit ihrem Namen in den Vordergrund zu treten",[7] erschien sie im Impressum lediglich als Verantwortliche für die Bildbeilage, die für G+H-Abonnenten gegen Aufpreis erhältlich war und das wachsende Bedürfnis der Leserschaft nach illustrierten Zeitschriften befriedigen sollte.

Der Ton der Zeitung war grundsätzlich erbaulich und kam damit dem Anspruch nach, „Sonntagsblatt für das evangelische Haus“ zu sein und geistliche Orientierung zu bieten. Von der Parteipolitik hielt sich die Zeitung fern, war in ihrer Ausrichtung aber offen nationalkonservativ und wetterte nicht nur gegen den „Bolschewismus“, sondern gegen jede Form des „Marxismus“, wozu man auch die grundsätzlich antikommunistische Sozialdemokratie zählte. Im Laufe des Frühjahrs 1933 bekannte sich G+H deutlich zum Nationalsozialismus und seinem „Führer“ Adolf Hitler. Diese ideologische Nähe hielt über die nächsten Jahre selbst bei jenen an, die in den heftigen innerkirchlichen Auseinandersetzungen zur Bekennenden Kirche (bzw. der Lutherischen Bekenntnisgemeinschaft in Thüringen) hielten und sich vehement gegen die Kirchenpolitik der ThEK und der DC stellen sollten: So schwelgten etwa Ernst Otto und Marie Begas Ende 1938 in Erinnerungen über ihre gemeinsame Zeit bei G+H und waren sich darin einig, dass sie 1933 „das richtige Gefühl für die Bedeut[un]g des Nat[ional]sozialismus gehabt“ hätten und „für den Bolschewismus auch“. Aus Ottos Sicht bestätigten die Erfolge des Deutschen Reiches im Rückblick auch die klare politische Überlegenheit der NS-Diktatur gegenüber den westlichen Demokratien: „Wenn die Westmächte nicht zu autoritärer Führung übergehen, sind sie verloren.“[8]

Für die Redaktion von G+H verliefen die wesentlichen Trennlinien daher nicht zwischen Zustimmung oder Ablehnung des neuen Regimes, sondern zwischen den verschiedenen Strömungen, die unter dem Dach der NSDAP Platz gefunden hatten und nun auf die Umsetzung ihrer Vorstellungen im neuen Staat drängten. Formale Grundlage der nationalsozialistischen Religions- und Kirchenpolitik war Artikel 24 des Parteiprogramms, das einerseits die „Freiheit aller religiösen Bekenntnisse im Staat“ forderte, „soweit sie nicht dessen Bestand gefährden oder gegen das Sittlichkeits- und Moralgefühl der germanischen Rasse" verstießen, anderseits aber auch den „Standpunkt eines positiven Christentums" zu vertreten vorgab, verbunden mit einem Kampf gegen den angeblich vorherrschenden „jüdisch-materialistischen Geist in und außer uns".[9] Diese Formulierungen waren vage genug, um unterschiedliche, selbst gegensätzliche Erwartungen zu wecken. Tatsächlich zeichneten sich innerhalb der NS-Bewegung drei Hauptströmungen ab: eine nichtchristliche, die entweder atheistisch oder neuheidnisch ausgerichtet war, eine deutschchristliche, die auf eine enge Verbindung bis hin zur Verschmelzung mit der nationalsozialistischen Ideologie abzielte, und eine traditionell-christliche, die eine eigenständig agierende Kirche in einem nationalistischen, christlich-autoritären Staat anstrebte. Die G+H-Redaktion unter Ernst Otto und Lothar Thomas verfolgte – unterstützt durch Wilhelm Reichardt – die letztgenannte Richtung, die sich auch in den Artikeln der Kirchenzeitung widerspiegelte. Hatte G+H sich bereits gegen antichristliche Stimmen aus dem völkischen Lager gewandt, die das Christentum als „verkapptes Judentum" verstanden und ihm die Zerstörung des „Deutschtums" vorwarfen,[10] so betonte man zunehmend auch, dass es Christen bei aller legitimen nationalen Begeisterung und „stärkstem völkischen Bewußtsein nicht um völkische Selbstverherrlichung" gehen dürfe und ein „sich selbst vergötzendes Volkstum" letztlich Gottes Gericht verfallen werde. Deshalb sei es zwar „Christenpflicht [...], im dritten Reich mit ganzem Einsatz zu dienen", gleichwohl sei der NS-Staat „in seinem Ziel nicht das Reich Gottes, nicht das Reich des ‚erlösten' deutschen Volkes", sondern lediglich „ein politisches Reich".[11]

Diese Haltung entsprach auch der offiziellen Linie der ThEK in dieser Zeit. Nach der Reichstagswahl vom 5. März 1933, die Hitlers ‚Machtergreifung‘ formal besiegelte, veröffentlichte G+H ein „Wort zur Zeitlage“ des Landeskirchenrats, der „aufs freudigste“ begrüßte, dass „jetzt die Staatsgewalt Maßnahmen trifft zur Reinigung und Erneuerung unseres Volkslebens“. Darin forderte der Rat aber auch, dass die Kirche „selbständig und unabhängig“ sein müsse, damit „Kirche Kirche bleibe, unverworren und unvermengt mit den Tageserscheinungen der Politik, wie es Artikel XXVIII der Augsburgischen Konfession uns auferlegt“.[12] Nicht zufällig entschied sich G+H in dieser Zeit, ein Luther-Zitat zu dessen Lehre von den zwei Regimenten (Zwei-Reiche-Lehre) abzudrucken, um die Forderung nach der Eigenständigkeit des geistlichen Lebens zu untermauern.[13] Diese theologische Position Luthers wurde dabei – wie aus späteren Aussagen von Otto und Begas ersichtlich wird – als „scharfe Trenn[un]g [...] zwischen weltlichen und geistlichen“ Sphären verstanden, die einerseits die kirchliche Unabhängigkeit unter staatlichem Schutz sichere, anderseits dem Staat eine „Eigengesetzlichkeit zubillige“. Letztere gälte insbesondere für die Ausübung obrigkeitlicher Gewalt: Luther gäbe „dem Staat das Recht, Unrecht zu tun“, was insbesondere aus jenen Schriften ersichtlich sei, die der Reformator „im Bauernkrieg geschrieben“ habe, aber „auch in dem, was er gegen die Juden sage“.[14] Die G+H-Redaktion gestand dem NS-Staat mit dieser zugespitzten Interpretation lutherischer Theologie letztlich jede Form diktatorischer – und auch antisemitischer – Gewaltanwendung zu, sofern sie nicht in den geistlichen Bereich der Kirche eingriff. Eine Zusicherung dieser Eigenständigkeit schien man in Hitlers Buch „Mein Kampf“ zu finden, dem G+H im

Juli 1933 eine ganze Seite mit Zitaten „über Religion und Kirche“ widmete; vor allem Hitlers Aussage, dass dem „politischen Führer [...] religiöse Lehren und Einrichtungen seines Volkes immer unantastbar“ zu sein hätten, diente der eigenen Selbstberuhigung.[15]

Die kirchliche Wirklichkeit veränderte sich jedoch zunehmend, vor allem, nachdem die DC bei der Wahl zum Landeskirchentag am 23. Juli 1933 46 von 52 Sitzen errangen. Die nationalsozialistische Kirchenpartei, die im thüringischen Wieratal von den Pfarrern Julius Leutheuser und Siegfried Leffler ins Leben gerufen worden war, übernahm nun endgültig die Führungsrolle innerhalb der ThEK, die mit einem vom Landeskirchentag am 7. September 1933 einstimmig beschlossenen ‚Ermächtigungsgesetz‘ auch juristisch untermauert wurde. Für G+H bedeutete dies einen grundlegenden Wandel: Am 1. Oktober übernahm Julius Leutheuser die Führung des Volksdienstes von Ernst Otto und damit auch die Kontrolle über die Kirchenzeitung. Mit der Ausgabe Nr. 43 vom 22. Oktober ersetzte zudem der Studienrat Wilhelm Bauer, ebenfalls Deutscher Christ, den vormaligen Chefredakteur Lothar Thomas. Die bisherige redaktionelle Linie, die sich an Luthers Zwei-Reiche-Lehre orientiert hatte, wurde damit hinfällig. Leutheuser und Bauer vertraten theologisch völlig andere Vorstellungen, die einerseits auf die weitgehende Angleichung der christlichen Lehren an die nationalsozialistische Ideologie gerichtet waren, andererseits eine überkonfessionelle deutsche ‚Nationalkirche‘ zum Ziel hatten. Die Spannungen zwischen dieser auf das national-religiöse ‚Erlebnis‘ ausgerichteten Bewegung, die kirchlichen Formen und Traditionen wenig Bedeutung beimaß, und den auf Bibel und Bekenntnisschriften beharrenden Kräften innerhalb der ThEK nahmen nun erkennbar zu. Selbst Pfarrer wie G+H-Chefredakteur Lothar Thomas, die den DC mit der Überzeugung beigetreten waren, für ein „positives Christentum" im Sinne des Nationalsozialismus zu kämpfen, sahen sich zunehmenden Anfeindungen ausgesetzt, die im Falle von Thomas schließlich zum Austritt aus der Kirchenpartei führten.[16]

Spätestens als der Berliner Gauobmann der DC, Reinhold Krause, am 13. November in seiner berüchtigten Rede im Berliner Sportpalast seine Vorstellungen eines „artgemäßen Christentums" skizzierte, wurde deutlich, dass der Gegensatz zwischen dem radikalen Flügel der DC – dem auch die Thüringer Vertreter angehörten – und der sich formierenden *Bekennenden Kirche* unüberbrückbar war. Krause forderte von den Kirchenleitungen nicht nur die Entfernung „von allem Undeutschen im Gottesdienst und im Bekenntnismäßigen" und die „Befreiung vom Alten Testament mit seiner jüdischen Lohnmoral, von diesen Viehhändler- und Zuhältergeschichten", sondern auch, dass „alle offenbar entstellten und abergläubischen Berichte des Neuen Testaments entfernt werden und daß ein grundsätzlicher Verzicht auf die ganze Sündenbock- und Minderwertigkeitstheologie des Rabbiners Paulus ausgesprochen wird".[17] Diese Rede, die sich an den Forderungen des NS-Chefideologen Alfred Rosenberg in dessen Werk *Der Mythus des XX. Jahrhunderts* orientierte, sorgte selbst unter vielen Anhängern der DC für Empörung und löste auch in der ThEK erhebliche Unruhe aus. Landesbischof (vormals Landesoberpfarrer) Reichardt beschwerte sich daraufhin am 15. November bei Chefredakteur Wilhelm Bauer über den bereits am 5. November in G+H erschienenen Leitartikel „Luther in Worms und Hitler am 12. November", den der neue *Volksdienst*-Leiter Leutheuser selbst verfasst hatte. Der Landesbischof ermahnte Bauer, dass G+H als Presseorgan der Landeskirche den traditionellen theologischen Kurs beibehalten müsse, woraufhin Marie Begas von Bauer beauftragt wurde, Leutheusers Artikel auf geistliche Überschreitungen zu prüfen. Begas kam nach sorgfältiger Prüfung des Textes zu dem Schluss, dass G+H die angemahnte „bibl[ische] Linie“ darin tatsächlich verlassen habe.[18] Vermutlich stießen ihr Formulierungen wie jene auf, dass Adolf Hitler „allein im Glauben auf den gnädigen Gott vor die Welt“ getreten sei und „das Evangelium von der Wahrheit im politischen Leben der Völker“ verkünde oder dass das deutsche Volk „der Hort der himmlischen Mächte auf der Erde“ sein solle und sich „durch die Glaubenstat Hitlers das Himmelreich in neuer Kraft und Herrlichkeit vor unseren Augen“ gewaltig erhebe. Auch die Behauptung, dass der „Siegergott“ aus „Kampf und Leid des deutschen Volkes“ hervorwachse und wir „durch Adolf Hitler [...], wie dereinst durch Luther, heimgeführt“ würden „zu unserer innersten Heimat, [...] um in dieser Welt im Namen unseres Vaters im Himmel [...] unsere Treue zum ewigen Vaterland zu beweisen“, boten Anlass, an den Bekenntnisgrundlagen des Autors zu zweifeln.[19]

Von den ehemaligen G+H-Verantwortlichen waren Ende 1933 nach dem Ausscheiden von Otto und Thomas nur noch Marie Begas und Wilhelm Reichardt im Amt. Begas, die den neuen theologischen Kurs der Kirchenzeitung nicht mehr mittragen wollte, bemühte sich um eine Versetzung aus dem *Volksdienst*. Es gelang ihr offenbar auch, sich der Redaktionsarbeit zunehmend zu entziehen und ab Dezember 1933 tatsächlich nur noch für die Bildbeilage verantwortlich zu sein; seit der G+H-Ausgabe vom 6. Mai 1934 wurde sie endgültig nicht mehr als Mitarbeiterin im Impressum geführt. Landesbischof Reichardt, der das kirchliche ‚Ermächtigungsgesetz‘ und die Einführung eines ‚Arierparagrafen‘ in der Landeskirche befürwortet hatte, unterstützte weiterhin den nationalsozialistischen Kurs, sah sich aber wegen seines traditionellen Festhaltens an den lutherischen Bekenntnisschriften und der geistlichen Unabhängigkeit der Kirche zunehmend gedrängt, die Leitung der ThEK abzugeben. Am 5. November 1933 rief er in G+H die Gemeinden noch dazu auf, sich bei der Reichstagswahl am 12. November „als ein Volk von Brüdern hinter den Führer zu stellen“, damit sich im „politischen Bekenntnis des deutschen Volkes zu seinem ihm von Gott gesandten Führer [...] triumphierend der Glaube an die Siegeskraft des Heilands der Völker erheben“ möge.[20] Um einer drohenden Entmachtung zuvorzukommen, beantragte er jedoch zugleich seine Versetzung in den Ruhestand zum 1. März 1934 und übergab die Amtsgeschäfte am 9. Januar an seinen Nachfolger, den Deutschen Christen Martin Sasse. Die Kirchenzeitung G+H befand sich damit nun endgültig in der Hand der DC.

Für die Leserschaft von G+H war der Bericht über die Sitzung des Landeskirchentags an diesem 9. Januar 1934 zugleich die letzte Gelegenheit, eine abweichende Stimme in ihrer Kirchenzeitung zu vernehmen. Nachdem die Abgeordneten der *Religiösen Sozialisten* bereits im Mai 1933 unter Protest ihre Mandate niedergelegt hatten, um einem Verbot zuvorzukommen, verblieb nur noch eine schwache innerkirchliche Opposition gegen die DC in Gestalt der *Lutherischen Vereinigung*, eines Zusammenschlusses des *Christlichen Volksbundes* und des *Einigungsbundes für reformatorisches Kirchentum*. Ihr Vertreter, Friedrich von Eichel-Streiber, nutzte die Wahl des neuen Landesbischofs im Januar 1934, um sich in der parlamentarischen Aussprache rückblickend über die „durch den Machtanspruch des Staates erzwungenen“ Kirchenwahlen vom 23. Juli 1933 zu beschweren und eine Atmosphäre zu beklagen, in der sich die „nicht der herrschenden Seite angehörenden Diener der Kirche als minderen Rechts fühlen“ müssten. Er beschuldigte die religiöse Ideologie der DC auch, „mit Bibel und Bekenntnis nicht in Einklang zu stehen“, und bezeichnete den „als unheilvoll zu bezeichnenden Totalitätsanspruch“ der NS-Theologen deutlich als „nicht schriftgemäß“.[21] Diese Stellungnahme traf auf den lautstarken Protest der anwesenden DC-Abgeordneten. Die Sitzung wurde schließlich mit dem Hinweis des Staatsministers Fritz Wächtler beendet, dass der Staat zwar keinen „Gewissenszwang ausüben“ wolle, jeder Einzelne aber, der abweichender Auffassung sei, „wenn es das Lebensrecht des Volkes fordere, [...] eben um der Liebe des Volkes willen schweigen“ müsse. G+H gab letztmals Redeauszüge beider Seiten wieder, verschwieg aber, dass Eichel-Streibers Rede mit massiven Drohungen – wie „Ins Konzentrationslager mit dem Kerl! Wozu lassen wir den überhaupt noch reden! Holt ihn doch runter!“[22] – von der deutschchristlichen Fraktion aufgenommen worden war. Es ist bezeichnend für den bei G+H herrschenden Geist jener Zeit, dass selbst Marie Begas, die Eichel-Streibers theologische Einschätzung der DC teilte, dessen Rede wegen der Kritik am NS-Staat für „ziemlich unmöglich“ hielt.[23]

Die Übernahme der Thüringer Kirchenleitung durch die DC brachte eine weitgehende Angleichung landeskirchlicher und deutschchristlicher Positionen mit sich. Obwohl der *Volksdienst* und die im Juli 1934 eingerichtete *Kirchliche Nachrichten- und Pressestelle* der ThEK offiziell Institutionen der Landeskirche waren, ergab sich durch personelle

Überschneidungen eine faktische Gleichschaltung mit den publizistischen Interessen der DC: So war Wilhelm Bauer, der erste Direktor der Nachrichten- und Pressestelle, zugleich Chefredakteur von G+H, Geschäftsführer des *Evangelischen Preßverbands für Thüringen*, Schriftleiter der DC-Zeitung *Briefe an Deutsche Christen* und Leiter des Ressorts Presse der Thüringer DC. Die Kirchenzeitung G+H wurde durch diese personelle Verschmelzung der Verantwortlichkeiten stillschweigend in die deutschchristliche Propagandastrategie eingebunden. Wie die Pressearbeit der DC aussehen sollte, skizzierte Heinz Dungs, der 1938 offizieller ‚Pressepfarrer‘ der ThEK werden sollte, 1937 in einer Denkschrift an Siegfried Leffler. Demnach sollte es mehrere ‚Typen‘ von Publikationen geben, die an unterschiedliche Zielgruppen zu richten seien. Als Gegengewicht zu einem agitatorisch auftretenden „Kampfblatt der Bewegung“, wie es die *Briefe an Deutsche Christen* (ab 1937: *Die Nationalkirche*) darstellten, sollte bewusst auch ein „einfacher zu haltendes Sonntagsblatt mit eigentlichem Gemeindeblatt-Charakter“ genutzt werden, das sich „im Sinne eines männlichen, wirklichkeitsechten, kämpferischen, volksnahen deutschen Christentums [...] durch eine nach der Seite der formalen Ausgestaltung hin modernen Aufmachung“ auszeichnen und „die auch künftig immer noch vorhandenen bleibenden Bedürfnisse nach einem [G]emeinde gemässen Sonntagsblatt“ befriedigen sollte. Inhaltlich müsse diese Zeitung auf jene Leserkreise ausgerichtet werden, „die wohl zu sympathisierenden Anhängern“ gezählt werden könnten, „aber vorerst nicht zu Mitgliedern der Bewegung zu gewinnen“ seien. Die Aufgabe des Blattes bestehe also darin, „einerseits alle Grunderkenntnisse einer deutsch-christlichen Glaubens- und Lebenshaltung in einer für einen schlichteren

Leserkreis volkstümlich fassbaren Weise vorwärts zu tragen in die uns noch fernstehenden, [...] erst noch aufzuschliessenden Kreise, und andererseits unter laufender Berücksichtigung aller Erfordernisses eines gemeindegemässen Sonntagsblattes [...] damit zugleich den entscheidenden Vorstoss vorzunehmen in die Schichten der bürgerlichen Kirchlichkeit".[24]

G+H entsprach in seiner konservativ-erbaulichen Grundhaltung und der starken Orientierung am Gemeindeleben bereits dem von Dungs beschriebenen Ideal und wurde von den DC entsprechend genutzt. Der spätere Eindruck, dass G+H „ein relativ gemäßigtes und biederes Kirchenblatt" gewesen sei,[25] beruht auf dem Umstand, dass die Redaktion darauf verzichtete, Inhalt und Stil an den fanatischen Ton der übrigen DC-Presse anzupassen. Wie von Dungs vorgeschlagen, versuchte man stattdessen, die konservative, aber überwiegend nicht-deutschchristliche Leserschaft etwas subtiler an DC-Themen und -Überzeugungen heranzuführen. Die übliche Mischung aus Lesepredigten, Zitaten, historischen Erzählungen, Gedichten, Losungen, Fortsetzungsgeschichten und Nachrichten erhielt nun eine deutschchristliche Färbung; die Redaktion streute zudem vermehrt Hinweise auf DC-Veranstaltungen und deutschchristliche Literatur ein und gab Gesinnungsgenossen wie dem geistlichen Dichter Hermann Ohland breiteren Raum. Der Anspruch auf eine „moderne Aufmachung" bei gleichzeitiger Wahrung der traditionellen Anmutung zeigte sich durch den stärkeren Einsatz grafischer Elemente und einen neuen Titelkopf, der die Wartburg nun nicht mehr mit romantischer Staffage zeigte, sondern als schroffe Festung in lichter Höhe.[26]

G+H gehörte als Blatt des *Volksdienstes* der ThEK zwar offiziell nicht zu den Publikationen der DC, war faktisch aber

Teil des deutschchristlichen Presseimperiums in Thüringen, das am Vorabend des Krieges mit fünf eigenen Zeitungen und einer Gesamtauflage von 60.000 Exemplaren den Höhepunkt seines Einflusses erreichte. Den Inhalt von G+H verantwortete neben Chefredakteur Wilhelm Bauer seit 1938 vor allem der ehemalige Volksschullehrer und Kantor Alfred Männel, der zum ‚Kreis der ersten Sieben' der in Thüringen gegründeten DC und seiner Vorläuferorganisation, dem *Nationalsozialistischen Pfarrer- und Lehrerkreis des Wieratals*, gehört hatte. 1939 stieß Pfarrer Hans Ermisch zur Kirchenzeitung. Seine späteren Erinnerungen gewähren einen kleinen Einblick in die Redaktionsarbeit, die neben der Erstellung des Mantelteils von G+H offenbar vor allem darin bestand, die regionalen Beiträge der Ortsbeilagen zu redigieren und zu prüfen, ob sie „den staatlichen Zensurbestimmungen“ entsprachen. Eigene Beiträge machten hingegen auch im Mantelteil nur einen geringen Anteil aus. Die eigentliche journalistische Arbeit lag in der Sichtung, Auswahl und Zusammenstellung bereits vorliegender Texte, unter denen gerade „das Angebot an ‚religiösem' Erzählstoff an die Redaktion nicht klein war“ – wobei man nach Ermischs Einschätzung aber nur weniges „mit gutem Gewissen drucken konnte, wenn man nach ihrer Wahrheit fragte“.[27] Die inhaltliche Linie der Zeitung wurde von äußeren Umständen bestimmt: Mitte der 1930er-Jahre gewannen jene atheistischen, neuheidnischen und ‚gottgläubigen' Strömungen in der NSDAP die Oberhand, die die Kirchen und den christlichen Glauben überhaupt ablehnten. Seit 1937 distanzierten sich Staat und Partei unter dem Schlagwort von der ‚Entkonfessionalisierung des öffentlichen Lebens' deshalb zunehmend von den christlichen Kirchen. Dies traf insbesondere die DC hart, die sich als nationalsozialistische Christen verstanden und immer häufiger mit der Aufforderung konfrontiert waren, sich zwischen dem christlichen Glauben und der Zugehörigkeit zur NS-Bewegung zu entscheiden. Unter DC-Anhängern wurde die Ablehnung durch die Partei vor allem auf eigene ideologische Defizite zurückgeführt, von denen die Verbindung von Judentum und Christentum sowie die Frage, ob das Christentum als ‚artgemäße' Religion für arische Deutsche überhaupt geeignet sei, als größte Herausforderungen identifiziert wurden.

Auch G+H war nun bemüht, den völkischen und ‚arteigenen' Charakter des Christentums zu betonen. Die Redaktion veröffentlichte zur Untermauerung dieses Anspruchs unter anderem einen Auszug aus dem Buch „Germanenchristentum" von Walter Sänger, zu dem der Jenaer Professor für Neues Testament und völkische Theologie, Walter Grundmann, eine Einleitung beigesteuert hatte,[28] und bemühte sich wiederholt, den vor allem von neuheidnischen NS-Kreisen veranstalteten Sonnenwendfeiern eine christliche Deutung zu verleihen.[29] Unter der Überschrift „Wurden die Germanen vom Christentum überrannt?" konnte G+H die Leser zudem beruhigen, dass ihre germanischen Vorfahren keineswegs von der römischen Kultur überwältigt worden waren und dass „das Christentum, als es den Weg der Germanen kreuzte, durchaus ihrer Art entsprach."[30] Zugleich beteiligte sich die Kirchenzeitung daran, die größtmögliche Distanz zum Judentum unter Beweis zu stellen. Bereits im Oktober 1933 hatte Reichsbischof Ludwig Müller bei der Eisenacher Lutherwoche zum Vorwurf aus NS-Kreisen, dass „das Christentum verjudet" und „aus dem Judentum herausgewachsen wäre", auf die Überzeugung der DC verwiesen, dass vielmehr das „Christentum im Kampf gegen das Judentum" entstanden sei.[31] Die

DC-Presse betonte diese Position Ende 1938 durch eine verstärkte antisemitische Kampagne, an der auch G+H teilnahm. Um den ‚offiziellen‘ Charakter der Kirchenzeitung zu wahren und nicht als Kampfblatt der DC zu erscheinen, bezog die Redaktion sich dabei zunächst nur auf die öffentlichen Verlautbarungen der Kirchenleitung. Den Auftakt bildeten ein „Aufruf des Landeskirchenrates zum Bußtag“, der die Gläubigen anlässlich der Novemberpogrome vom 9. und 10. November 1938 zum Kampf gegen die „jüdische Weltgefahr“ aufforderte, und die Mitteilung, dass die Oberpfarrer der Thüringer Kirche in einer gemeinsamen Erklärung „gegen jüdischen Geist in der Kirche“ zugleich „jede Verherrlichung des jüdischen Volkes im Namen des Christentums“ verworfen hätten.[32] G+H flankierte diesen judenfeindlichen Vorstoß mit Blick auf die konservative Leserschaft vor allem mit Traditionsargumenten, die den Judenhass als Erfüllung biblischer und reformatorischer Forderungen erscheinen lassen sollten: So veröffentlichte die Kirchenzeitung in kurzer Folge „Luthers Vorschläge zur Lösung der Judenfrage“[33], einen Beitrag unter dem Titel „Einen unerbittlicheren Judengegner als Jesus gibt es kaum“[34] sowie antijudaistische Zitatsammlungen von Martin Luther und dem ehemaligen kaiserlichen Hofprediger Adolf Stoecker.[35] Zum Auftakt des neuen Jahres empfahl Pressepfarrer Heinz Dungs den G+H-Lesern dann das Pamphlet „Martin Luther über die Juden: Weg mit ihnen!“, das Landesbischof Sasse eigenhändig zusammengestellt hatte, als „erneute Rechtfertigung des Lebenskampfes des deutschen Volkes gegen die jüdische Zersetzung“.[36] Im Februar folgte eine Würdigung des antisemitischen Schriftstellers Houston Stewart Chamberlain;[37] im April erschien ein Aufruf zur endgültigen „Entjudung der Kirche“, in dem der Ausschluss jüdischer Christinnen und Christen aus der Thüringer Kirche als „Ausscheiden des jüdischen Blutes“ und des „jüdischen Wesens“ gelobt wurde,[38] und im Mai 1939 schließlich gab G+H den Beschluss mehrerer evangelischer Kirchenleitungen zur „Gründung eines Instituts zur Erforschung und Beseitigung des jüdischen Einflusses auf das kirchliche Leben des deutschen Volkes“ bekannt.[39]

Diese Einrichtung, die schließlich unter dem Namen „Institut zur Erforschung und Beseitigung des jüdischen Einflusses auf das deutsche kirchliche Leben“ firmierte, wurde am 6. Mai 1939 von elf evangelischen Landeskirchen in Eisenach gegründet und war von Beginn an eng mit G+H verbunden. Chefredakteur Wilhelm Bauer war ebenso Mitglied des Instituts wie Alfred Männel und Hans Ermisch, der ab 1943 auch dessen Geschäftsführer und Leiter des Institutsförderkreises werden sollte; Heinz Dungs, der bereits die landeskirchliche und die DC-Pressearbeit verantwortete, übernahm die Leitung des institutseigenen ‚Werberats‘. Auch Autoren und gelegentliche Beiträger der Kirchenzeitung wie Ehrhard Mauersberger, Hermann Ohland, Eduard Le Seur oder Herbert von Hintzenstern waren Mitglieder des Instituts und arbeiteten teilweise intensiv an dessen Projekten mit – wie der ‚entjudeten‘ Ausgabe des Neuen Testaments („Die Botschaft Gottes“) oder dem ebenfalls von allen jüdischen Bezügen ‚gereinigten‘ Gesangbuch „Großer Gott, wir loben dich“. G+H wurde durch diese personellen Überschneidungen faktisch ein Presseorgan des ‚Entjudungsinstituts‘, wenngleich die Redaktion von dieser propagandistischen Möglichkeit nur zurückhaltenden Gebrauch machte. Herbert von Hintzenstern berichtete in der Januarausgabe 1941 unter der nüchternen Überschrift „Landeskirchliche Pfarrerarbeitstagungen“

über die antisemitische ‚Bildungsarbeit' des Instituts und bot dabei ausführliche Zusammenfassungen der judenfeindlichen Referate von Walter Grundmann, Heinz Erich Eisenhuth, Martin Sasse, Wolf Meyer-Erlach und Julius Leutheuser.[40] Eine kurze Vorstellung des Instituts erschien allerdings erst im April 1941 anlässlich seiner zweiten Arbeitstagung in Eisenach und diente vor allem dazu, auf das Erscheinen des Sammelbands „Christentum und Judentum" mit den judenfeindlichen Vorträgen der ersten Tagung hinzuweisen.[41]

G+H hatte, wie die meisten kirchlichen Publikationen, schon vor Kriegsausbruch unter den Einschränkungen der staatlichen Papierzuteilung zu leiden. Das „Sonntagsblatt der Thüringer evangelischen Kirche" war deshalb bereits zum Jahreswechsel 1938/39 in ein „Monatsblatt" umgewandelt worden und sah sich nach Kriegsbeginn einer stetig fortschreitenden Papierknappheit ausgesetzt. Die staatlichen Einschnitte waren offiziell Folge der allgemeinen Kriegsanstrengungen, die eine Rationierung wertvoller Rohstoffe nötig machte, folgten inoffiziell aber der Absicht, geistliche Publikationen zu reduzieren und die Kirchen insgesamt zu schwächen. Während G+H sich in immer aufwendigeren Huldigungen Adolf Hitlers erging,[42] verfolgte der verehrte ‚Führer' inzwischen die Absicht, die Kirchen „abfaulen" zu lassen „wie ein brandiges Glied" und es dahin zu bringen, dass „auf der Kanzel nur lauter Deppen stehen und vor ihnen nur alte Weiblein sitzen".[43] Die Redaktion versuchte zunächst noch, den Seitenumfang von G+H durch eine Umstellung auf eine zweimonatige Erscheinungsweise zu erhalten (Februar bis Mai 1940), musste diesen Ansatz aber nach Protesten der Leserschaft wieder beenden und publizierte nunmehr nur noch mit halbierter Seitenzahl. Am 25. April 1941 erhielten alle kirchlichen

Pressestellen eine Anweisung der Schrifttumsstelle der Deutschen Evangelischen Kirche (DEK) mit der Aufforderung, die Veröffentlichung des Großteils der Kirchenzeitungen aus kriegswirtschaftlichen Gründen einzustellen. Auch G+H war von diesem staatlich angeordneten Ende der kirchlichen Presse betroffen: Im Mai 1941 erschien die letzte Ausgabe, ohne dass die Redaktion die Einstellung der Kirchenzeitung ankündigte oder erläuterte. Die letzte Seite enthielt noch ein „Wort zum Schluß" aus der Feder von Hans Ermisch, das sich dem „Gedenken an die Mütter" widmete,[44] aber es wurde für die Leser nicht erkennbar, dass damit das Ende der Kirchenzeitung und nicht nur der Abschluss der Mai-Ausgabe gemeint war.

G+H wurde nach dem Krieg als Kirchenzeitung der thüringischen Landeskirche (seit 1948: *Evangelisch-Lutherische Kirche in Thüringen*) wiederbegründet. Dabei fand nicht nur der alte Name erneute Verwendung, es entwickelten sich nach dem Ende der staatlichen und kirchlichen Entnazifizierung auch biografische Anknüpfungspunkte zur belasteten Vergangenheit: Herbert von Hintzenstern, der schon 1941 als bekennender Nationalsozialist und aktives Mitglied des ‚Entjudungsinstituts' für die Kirchenzeitung geschrieben hatte, wurde 1956 für lange Jahre ihr Chefredakteur. Auch sein Nachfolger, Gottfried Müller, entstammte deutschchristlichen Kreisen – sein Vater, Hans Berthold Müller, war Mitglied der DC gewesen und hatte zu den ehrenamtlichen Mitarbeitern des ‚Entjudungsinstituts' gehört. Der lange Schatten der NS-Vergangenheit legte sich durch diese personellen Kontinuitäten auch über die Geschichte der Kirchenzeitung während der DDR-Zeit. Ob und wieweit die Inhalte von G+H davon beeinflusst wurden, können jedoch nur weitere Forschungen erhellen.

Dr. Jochen Birkenmeier ist Direktor der *Stiftung Lutherhaus Eisenach*, wo er unter anderem zur Geschichte des kirchlichen „Entjudungsinstitutes“ 1939–1945 forschte und publizierte. Zuvor war er unter anderem wissenschaftlicher Mitarbeiter der Stiftung Luthergedenkstätten in Sachsen-Anhalt.

1 „Glaube+Heimat" (G+H), 1 (1933), 1–2. Alle Angaben zu G+H beziehen auf die Digitalisate der Thüringer Universitäts- und Landesbibliothek Jena [https://zs.thulb.uni-jena.de/receive/jportal_jpjournal_00001191, zuletzt aufgerufen am 20.10.2023].

2 A. a. O., 2.

3 A. a. O., 3.

4 Rede des Abgeordneten Ernst Otto am 21.04.1933, in: [Landeskirchenrat der ThEK:] 2. Tagung des Dritten Thüringer Landeskirchentages vom 21. April bis 5. Mai 1933, Eisenach 1933, 227–229 [Landeskirchenarchiv Eisenach A 100].

5 Marie Begas, Tagebücher zum Kirchenkampf 1933–1938, Köln/Weimar/Wien 2016, 93 [27.05.1933].

6 G+H 17 (1933), 3.

7 G+H 45 (1932), 4.

8 Begas, Tagebücher (s. Anm. 5), 928 [11.12.1938].

9 Grundsätzliches Programm der nationalsozialistischen Deutschen Arbeiter-Partei [Plakat], München 1920 [Bundesarchiv, Plak 002-041-006], Hervorhebungen im Original.

10 G+H 5 (1933), 3.

11 G+H 17 (1933), 3.

12 G+H 13 (1933), 3.

13 G+H 18 (1933), 2.

14 Begas, Tagebücher (s. Anm. 5), 928 [13.12.1938].

15 G+H 27 (1933), 5.

16 S. Begas, Tagebücher (s. Anm. 5), 115 [10.12.1933].

17 [Reinhold Krause:] Rede des Gauobmanns der Glaubensbewegung „Deutsche Christen“ in Groß-Berlin Dr. Krause, gehalten im Sportpalast am 13. November 1933, [o. O.] 1933, 6–7.

18 Begas, Tagebücher (s. Anm. 5), 106 [18.11.1933].

19 G+H 45 (1933), 1.

20 G+H 45 (1933), 5.

21 G+H 6 (1934), 6.

22 Begas, Tagebücher (s. Anm. 5), 119 [14.01.1934].
23 Ebd.
24 Abgedruckt im Anhang von Holger Weitenhagen: Evangelisch und deutsch. Heinz Dungs und die Pressepolitik der Deutschen Christen, Köln 2001, 461–467, hier 464–465 (Hervorhebungen im Original).
25 Weitenhagen: Evangelisch (s. Anm. 24), 308.
26 Erstmals in G+H 44 (1936), 1.
27 Landeskirchenarchiv Eisenach, NL Herbert von Hintzenstern Nr. 26, Bl. 60.
28 G+H 49 (1938), 7.
29 G+H 6 (1939), 1; 6 (1940), 1.
30 G+H 3 (1939), 7.
31 G+H 44 (1933), 3–4.
32 G+H 48 (1938), 7–8.
33 G+H 49 (1938), 6.
34 G+H 50 (1938), 4.
35 G+H 50 (1938), 6–7.
36 G+H 1 (1939), 8.
37 G+H 2 (1939), 5.
38 G+H 4 (1939), 7.
39 G+H 5 (1939), 7.
40 G+H 1 (1941), 4.
41 G+H 4 (1941), 8.
42 s. G+H 6 (1939), 4–5; 4/5 (1940), 2; 4 (1941), 2.
43 Henry Picker: Hitlers Tischgespräche im Führerhauptquartier, Frankfurt am Main/Berlin 1989 (zuerst Stuttgart 1951), 80.
44 G+H 5 (1941), 8.

„GLAUBE+HEIMAT" IN DER DDR

DIE THÜRINGER KIRCHENZEITUNG ZWISCHEN 1946 UND 1987

Karl-Christoph Goldammer

1. Jubiläen als herausragende Knotenpunkte der Erinnerung

Der 100-jährige Geburtstag der Thüringer Kirchenzeitung *„Glaube+Heimat"* im Jahr 2024 motiviert in besonderer Weise, sich zu vergegenwärtigen, wie in der Vergangenheit an die Gründung der Kirchenzeitung erinnert wurde. Die isolierte Betrachtung von Jubiläen[1] ermöglicht es, immer wieder neu den Fokus darauf zu lenken, wie historische Ereignisse zu unterschiedlichen Zeiten für bedenkenswert gehalten wurden. Gleichzeitig geben diese „Knotenpunkte" aufschlussreiche Auskunft über das jeweilige zeitgenössische Interesse der Erinnerung. Unter der hier im Zentrum stehenden Geschichte von *„Glaube+Heimat"* zwischen 1946 und 1987 stechen zwei Jubiläen hervor: das von 1951 und jenes 1984. Ihr Vergleich gibt erhellende Einblicke in die Entwicklung des Selbstverständnisses der Thüringer Kirchenzeitung und ihrer Geschichte in der DDR.

Am 25. März 1951 legte der Abdruck eines handgeschriebenen Grußes von Landesbischof Moritz Mitzenheim (1891–

1977) der Leserschaft die Aufgaben von *„Glaube+Heimat"* anlässlich des fünfjährigen Jubiläums ihrer Neugründung mit betont kraftvollen Worten dar:

> „Unsere Kirche hat nur einen Auftrag: das unverkürzte Evangelium reichlich und auf mancherlei Weise anzubieten. Diesem Auftrag allein dient auch unsere Kirchenzeitung „Glaube+Heimat" treulich seit 5 Jahren. Gegründet im Wort Gottes soll sie dem umhergetriebenen Menschen unserer Zeit dazu helfen, daß er aus allem Lärm und aller Unrast wieder heimfinde zu dem Einen, was not ist; zum Stillewerden in der Kraft und unter dem Trost des Evangeliums."[2]

Wolfgang Schanze (1897–1972), der für Pressefragen zuständige Referent im Landeskirchenrat, unterstrich dies. In seinem Artikel, in dem er keinen Grund zum „[J]ubilieren" geben wollte, dankte er Gott für das Gelingen der geleisteten Anstrengungen, eine ansehnliche, wöchentlich erscheinende Kirchenzeitung herzustellen. Dabei beschrieb er die widrigen äußeren Rahmenbedingungen, unter denen sich die Neugründung vollzogen hatte. Lizenzen, Materialien und Papier hatten beschafft werden müssen; daneben trat das dauerhafte Bemühen um Auflagenerhöhungen. Auch bei der inhaltlichen Einheit der Zeitung habe es immense Arbeit gebraucht. *„Glaube+Heimat"* sei seit der Neugründung 1946 nicht mehr nur erbauliches „Sonntagsblatt", sondern „Kirchenzeitung", deren Verkündigungsauftrag in erster Linie der Kerngemeinde gelte und darüber hinaus in die Öffentlichkeit ausstrahle.[3] „Abschließendes und Gültiges zu bringen"[4] sei darum allererstes Ziel der Kirchenzeitung.

In einem gänzlich anderen Ton erklangen jene Einschätzungen, die in der besonderen, weil zweifarbigen, „Festausgabe" vom 18. April 1984 geboten wurden. Sie sollte der letzte

Kirchenzeitungsgeburtstag sein, der mit der Lizenz des Presseamts beim Vorsitzenden des Ministerrates der DDR begangen wurde. Zu diesem Zeitpunkt war keinesfalls abzusehen, dass die DDR wenige Jahre später selbst Geschichte sein würde. Umso aufschlussreicher sind die getroffenen Aussagen zur Selbstverortung kirchlicher Pressearbeit. Neben einem Aufmacher, der sich „[a]uch unter den Bedingungen des säkularisierten und sozialistischen Staates“[5] der Zukunft des christlichen Glaubens sowie der Thüringer Kirchenzeitung gewiss zeigte, sticht hier der Kommentar des Chefredakteurs Gottfried Müller (geb. 1934) hervor. Dieser erkannte den Sinn kirchlicher Presseerzeugnisse vor allem im Beitrag zur Erlangung von „Mündigkeit“ der Christen in der DDR:

> „Der mündige Christ, der sich echte Information wünscht, möchte sich auch seine Meinung selbständig bilden. [...] Die Kirchenpresse kann ihn dabei unterstützen. Aus diesem Grunde stellen ihre Kommentare und andere meinungsbildende Elemente nicht die verpflichtende Beschreibung einer kirchenamtlichen Linie dar, sondern sie sind Beiträge in einem Gespräch, das Leser, kirchenleitende Persönlichkeiten und Journalisten miteinander führen. Der informierte und in seiner Meinung gefestigte mündige Christ wird auch zum Handeln kommen wollen. Auch dabei will ihm die Kirchenpresse helfen. Sie ermutigt dazu, im Alltag des Betriebs, der Schule oder der Hausgemeinschaft Konsequenzen aus dem zu ziehen, was als wahr und durch den Glauben als geboten erkannt worden ist.“[6]

Durch den Bezug „auf die ihr zugeordnete ‚Organisation Kirche‘“ sei die Kirchenpresse den übrigen Massenmedien in der DDR vergleichbar, „[u]nvergleichbar aber ist ihr Auftrag, an der Verkündigung der Kirche teilzuhaben“.[7]

In beiden Ausgaben kamen der christliche Auftrag und das kirchliche Mandat der Pressearbeit zum Ausdruck. Unterschiedliche Auffassungen herrschten jedoch über ihre Rolle und Funktionen. Zu Beginn der 1950er-Jahre funktionalisierten die kirchlichen Vertreter *„Glaube+Heimat"* als untergeordneten Dienst beim Verkündigungsauftrag der Kirche. Mithilfe des gedruckten Wortes sollte das Evangelium den Christen der Thüringer Landeskirche gepredigt werden. Die Kirchenzeitung hatte dieser Interpretation zufolge Kanzel und damit Ort der Wortverkündigung zu sein.[8] Mehr als 30 Jahre später argumentierte Müller 1984 dynamischer, hielt das Eigenrecht und die Diversität kirchenpublizistischer Aufgaben fest. Die Kirchenzeitung stehe als eigenständige Akteurin zwischen Kirchenleitung und Gemeinde, zwischen kirchlicher Binnenwelt und realsozialistischer Außenwelt und habe vorwiegend Vermittlungsdienste zu leisten, um sich in der Auseinandersetzung mit den von ihr dargebotenen Inhalten eigene Meinungen, Mitsprache und konkretes Handeln aus reflektiertem Glauben in der sozialistischen Gesellschaft zu ermöglichen. Hierzu bedurfte es keines Grußworts einer kirchenleitenden Person oder des amtierenden Landesbischofs Werner Leich (1927–2022). 1984 war es Teil des Selbstverständnisses der kirchlichen Journalisten, selbst über die Funktion der Kirchenzeitung zu bestimmen.

Die isolierte Betrachtung beider Jubiläen offenbart damit Entwicklungslinien der Geschichte von *„Glaube+Heimat"*. Es stellt sich die Frage, wie sich die regionale Kirchenzeitung innerhalb der DDR entwickelte. Ziel des vorliegenden Beitrags ist es, eine grobe Skizze der etwas mehr als 40-jährigen Geschichte der Thüringer Kirchenzeitung in der DDR zu geben. Die Betrachtung der zahlreichen Ereignisse, Personen und

Themen, die mit der Geschichte der Redaktion und dem Inhalt der Kirchenzeitung zusammenhängen, kann im vorgegebenen Rahmen nur schlaglichtartig erfolgen.[9] Gleichwohl will der Beitrag einen Einblick in die verschiedenen Diskursfelder bieten, die in den besagten Jahrzehnten Teil der kirchlichen Berichterstattung waren. Ihre Veranschaulichung soll einen Eindruck davon vermitteln, wie sich *„Glaube+Heimat"* in die zeitgenössischen Diskussionen einbrachte und was Schwerpunkte der Berichterstattung in verschiedenen Phasen der DDR waren.

2. Der Weg zur Neugründung

2.1 Die Initiativen aus Jena

Eine Person, der man sowohl 1951 als auch 1984 für ihren Einsatz beim Zustandekommen der Kirchenzeitung dankte, war der spätere Verleger des Wartburg Verlags Max Keßler (1907–2000). Er kann ohne Zweifel als einer der wichtigsten Protagonisten der ersten Stunde gelten und ist es in der gesamten DDR-Zeit geblieben. Nachdem er im Juni 1945 aus dem Krieg ins zerstörte Jena zurückkehrte, nahm er bereits kurze Zeit später Kontakt zum Landeskirchenrat in Eisenach auf.[10] Als Prokurist und Interimsleiter des kriegsgeschädigten Gustav Neuenhahn Verlags war er der erste Akteur, der vorschlug, ein neues publizistisches Zeitungsorgan unter dem Namen *„Glaube+Heimat"* aufzulegen. Mit dem Namen sollte an die bisherige Tradition der 1941 eingestellten Kirchenzeitung angeknüpft werden. Für das Vorhaben, mit dem er sich nahezu zeitgleich an den kommissarischen Superintendenten Jenas, Heinrich Elle (1883–1967), wandte, stünde er mit seinen verlags- und drucktechnischen Fähigkeiten zur Verfügung und brachte konkrete Vorschläge zur inhaltlichen Gestaltung ein.[11] Der Verleger war davon überzeugt, dass christliche bzw. kirchliche Publikationserzeugnisse im Spätsommer 1945 breiten Absatz in der gesamten Bevölkerung finden würden.[12] Je länger man mit deren Produktion warte, umso schwieriger würde sich der Markt entwickeln: „Darum heißt es, jetzt handeln!“[13]

Dass die Idee binnen kurzer Zeit umgesetzt werden konnte, lag in gleicher Weise an dem seit 1945 an der Jenaer Schillerkirche tätigen Pfarrer Hans Waldmann (1905–1979). Geboren und aufgewachsen in Riga, studierte er am dort ansässigen Herder-Institut Theologie. Nach der erfolgten Ordination war er infolge der NS-Umsiedelungspolitik 1939 nach Schlesien gekommen, kommissarisch in der dortigen Kirchenprovinz als Pfarrer beschäftigt und seiner Familie 1945 nach Jena gefolgt. Hier konnte er sich bereits im Sommer 1945 im Auftrag des Kirchenkreises als Schriftleiter um die Erarbeitung des Christlichen Hauskalenders verdient machen. Bei der Herstellung waren er und Keßler in Verbindung gekommen. Letzterer hatte sich vonseiten des Neuenhahn Verlags um die verlagstechnische Herstellung des Kalenders bemüht.[14] In einer „Programmschrift“ empfahl sich Waldmann dann am 20. Oktober dem Landeskirchenrat in Eisenach mit seinen Vorstellungen zur umfangreichen und kirchlichen Publikationsarbeit als geeigneter Pressepfarrer an, dem die Schriftleitung eines kirchlichen Wochenblatts zukommen sollte.[15] Das kirchliche Pressewesen sollte seinen Beitrag zur Aufarbeitung der kirchlichen NS-Vergangenheit leisten, die „zutiefst erschütterten Grundlagen des volklichen Lebens [...] festigen und in elementaren Fragen der Weltanschauung vom Glauben her Klarheit [...] schaffen“.[16] Dank der zwei nahezu zeitgleichen Eingaben aus Jena samt der tatkräftigen Bereitschaft ihrer

Initiatoren geriet der Landeskirchenrat in die günstige Situation, das Vorhaben eines kirchlichen Wochenblatts rasch umsetzen zu können. Besondere Unterstützung erfuhr es von Landesbischof Moritz Mitzenheim und Kirchenrat Wolfgang Schanze. Neben den handwerklichen wie inhaltlichen Fragen, um die sich Keßler und Waldmann in Jena sorgten, waren der Landesbischof und Schanze auf kirchenleitender Ebene für alle kirchenpolitischen Organisationsfragen zuständig, die angesichts der gesellschaftspolitischen Situation Thüringens 1945 notwendig waren.

2.2 *Die medienpolitischen Voraussetzungen in der SBZ und DDR*

Da die Kontrolle bzw. Zensur der medialen Öffentlichkeit einen eminenten Baustein in der Nachkriegspolitik aller Alliierten nach Ende des Zweiten Weltkriegs darstellte, unterstanden die Medien einer besonderen Aufmerksamkeit. Die in Berlin-Karlshorst ansässige Sowjetische Militäradministration Deutschland (SMAD) war die zuständige Instanz für die medienpolitischen Fragen Thüringens.[17] Deren marxistisch-leninistische Medienpolitik beeinflusste die konkreten Rahmenbedingungen für sämtliche in der SBZ erscheinenden Medienprodukte. Seit Neugründung der Kirchenzeitung legten diese Bedingungen der Entfaltung konfessioneller Publizistik ein Korsett an, das auch nach der Staatsgründung der DDR bestehen blieb. Zu den konkreten Merkmalen gehörte erstens die Lizenzvergabe. Freudig nahm man in Eisenach die Nachricht von der Erstellung der Lizenzurkunde vom 13. Februar 1946 entgegen, musste jedoch resigniert feststellen, dass die SMAD lediglich 5.000 Exemplare für ein vierseitiges Wochenblatt genehmigt hatte.[18] Das führte in den folgenden Jahren zur dauerhaften Auseinandersetzung um Lizenzerhöhung und Vergrößerung des Seitenumfangs. Die höchste, lizenzierte Auflage mit insgesamt 40.000 Exemplaren erreichte *„Glaube+Heimat“* kurzzeitig 1964–1970, in den Jahren 1971–1974 sank sie bereits auf 38.000 Exemplare, 1975 auf 37.000 und 1976 wiederum auf 36.500 Exemplare.[19] Dem stand die Zahl der tatsächlich gedruckten Exemplare entgegen, die eine detailliertere Auskunft über die tatsächlich gelesenen Exemplare liefert.[20]

Zweitens war der anfangs sicherlich realistische, später fingierte Papiermangel eine wesentliche Einschränkung. Um Materialbeschaffung sowie einen reibungslosen Druckverlauf bemühte sich Max Keßler, der *„Glaube+Heimat“* seit 1947 im eigenen Wartburg Verlag betreute. Mehrfach musste man in der Nachkriegszeit aufgrund fehlenden Papiers auf ein 14-tägiges Erscheinen ausweichen oder die Ausgaben gänzlich entfallen lassen.

Damit verbunden war im Zuge der realsozialistischen Umgestaltung der Gesellschaft *drittens* die Beschränkung der Druckereien, die es mit sich brachte, dass die Kirchenzeitung zunächst in Jena, dann in Weimar und schließlich in Gera dem Druck von Parteizeitungen nachgeordnet wurde.

Viertens war seit 1955 der staatliche Postzeitungsvertrieb und damit das Ministerium für Post- und Fernmeldewesen für den Versand aller Zeitungen zuständig, womit Beschränkungen im Vertrieb möglich waren, z.B. dass die Leser *„Glaube+Heimat“* während der gesamten DDR-Zeit ausschließlich über ein Abonnement und nie im Einzelhandel erwerben konnten.[21]

Auch mit dem *fünften* Merkmal, der Textzensur, machte man bereits bei der Erstellung der ersten Ausgabe unliebsame Erfahrungen.[22] Ihr sollten in den Jahrzehnten etliche folgen. Sie zeigten trotz der teilweise obskuren Begründungen deutlich an, dass die Kirchenzeitungen in der DDR keinen Sonderstatus genossen, sondern von der Druckerei bis zu den SED-Behörden auf Bezirks- und Staatsebene geflissentlich gelesen und nötigenfalls gemaßregelt wurden. Auf Vorladungen der Redaktionsleitung ins Berliner Presseamt zu dessen Leiter Kurt Blecha (1923–2013), die oft kurzfristig und ohne Nennung des Themas anberaumt wurden, musste sich der Chefredakteur stets gefasst machen. Ob der Charakter vermeintlich „zweckfreier" oder konfrontativ-sanktionierender Natur war, konnten die Redakteure dabei oft nur erahnen.[23] Die stärksten Eingriffe erfolgten im Jahr 1988 DDR-weit bei allen Kirchenzeitungen.[24]

Eine unrühmliche und kaum zu bemessende Folge von autokratisch-zensierenden Mediensystemen war sicherlich ein letztes, *sechstes* Merkmal: die Selbstzensur, die als Grundkonstante der Lektüre sämtlicher Ausgaben der Kirchenzeitung in der DDR berücksichtigt werden muss.

2.3 Die erste Ausgabe als weitere Wegweisung

Trotz all dieser Widrigkeiten und Mühen im Vorfeld konnte am Ostersonntag, dem 21. April 1946, endlich die erste Ausgabe der Thüringer Kirchenzeitung *„Glaube+Heimat"* in gänzlich neuer Gestalt erscheinen. Trotz des übernommenen Namens handelte es sich nach Inhalt und Form um eine *Neugründung* der Thüringer Kirchenzeitung.[25] Das Layout einschließlich des Logos und Kopfs änderte sich in den folgenden Jahrzehnten zwar immer wieder, doch blieben bestimmte grundlegende gestalterische Entscheidungen und Rubrizierungen erhalten, die bereits in der ersten Ausgabe angelegt waren oder die sich im Laufe der Nachkriegszeit etablierten. Fester Bestandteil einer jeden Ausgabe waren die Andachten, deren Grundlage der Predigttext des jeweiligen Sonntags oder der entsprechende Wochenspruch war.[26] Sie erhielten ihren Platz auf der Titelseite. Daneben fand sich ein Leitartikel, der ein herausragendes Thema besprach. Unter Gottfried Müller wandelte sich 1983 die Titelseite. Ein Meinungsbeitrag der Redaktion fand sich fortan in der rechten Kommentarspalte. Neben den Andachten füllten Aphorismen, Gedichte, Gebete, Monatssprüche, Merkreime oder Lieder das geistlich-kontemplative Repertoire der Kirchenzeitung. Katechetisch-bibelpädagogische Beiträge fanden sich anfänglich in verschiedenen Rubriken. „Schlag täglich deine Bibel auf“, „Wir fragen die Bibel“, „Wir machen zu Hause Bibelarbeit“ oder „Die Bibellese“ gaben Bibellesepläne und fundiertere Auslegungen von entsprechenden Texten.[27] Zentrale Begriffe der biblischen und kirchlichen Verkündigung, „deren Sinn dem modernen Menschen des 20. Jahrhunderts vielfach verlorengegangen ist“,[28] sollten in einem der ersten Jahrgänge erklärt werden. Kinder und Jugendliche bekamen in „Die Junge Gemeinde“ (seit 1953 „Kinder, hört zu!“), der „Kinderkiste“ und später mit „Für euch erzählt“, „Kassette“, „Florian“ und „Anne“ unterschiedliche Erzählungen, Andachten, aber auch Rätsel, Lieder und Bilder neben Bastelanleitungen geboten. Vielfältige Beiträge bemühten sich daneben um kulturelle wie fachliche Weiterbildung, die durch den Abdruck populärwissenschaftlicher Fachbeiträge zum Nachdenken anregen sollten.[29] Auszüge unterschiedlichster Literaturgattungen oder Fortsetzungsgeschichten, die von kurzen Abschnitten bis zu halbseitigen Abdrucken reichten, gaben von den jeweiligen Werken einen trefflichen Eindruck. Regelmäßige Literaturbesprechungen animierten zur Lektüre.[30] In den ersten Jahrzehnten häuften sich hierbei moralisierende Erzählungen, die auf alltägliche Probleme aufmerksam machten, ein sittliches Verhalten einforderten oder dabei auf die besondere Bedeutung der Kirche im Leben des Einzelnen eingingen.[31] Am Ende der 1960er-Jahre beschäftigten sich Folgeromane wie „Die Heiligen von Biedersdorf“ von Helmut Voß mit kirchlichen Gegenwartsproblemen wie der Minderheitensituation von Christen in der realsozialistischen Gesellschaft.[32] Daneben kam der Kirchenzeitung eine wichtige Rolle in der Nachrichten- und Informationsaufbereitung zu. Wöchentlich erschienen Meldungen, Berichte oder Terminankündigungen über reguläre wie besondere Vorkommnisse einzelner Kirchenkreise in der „Thüringer kirchlichen Chronik“, die unter wechselnden Titeln dem kirchlichen Leben in der Thüringer Kirche einen festen Platz auf der Seite vier gaben. Da bis 1948 kein gesondertes Amtsblatt genehmigt worden war, erschienen amtliche Mitteilungen, Gesetze und Stellenankündigungen der Thüringer evangelischen Kirche ebenfalls auf Seite vier. *„Glaube+Heimat“* besaß damit bis 1948 eine Schlüsselstellung bei der Informationsverteilung. Meldungen, Berichte, Einschätzungen, Interviews, Dossiers und Kommentare zu Geschehnissen kirchlicher Gremien und Kirchenbünde wie der EKD, der VELKD, dem LWB, dem ÖRK und seit 1969 dem Bund der Evangelischen Kirchen in der DDR (BEK) waren gleichsam fester Bestandteil der Kirchenzeitung, die damit den Blick über ihre eigenen Kirchengrenzen warf.

Trotz des ähnlichen Aufbaus, den die Zeitung in den kommenden Jahrzehnten behielt, veränderten sich angesichts unterschiedlicher Entwicklungen im Laufe der Jahrzehnte die Themen und die kirchlichen wie gesellschaftlichen Diskursfelder, von denen im Folgenden einige dargestellt werden sollen.

3. Die späten 1940er-Jahre: Vergangenheit und Neuanfang

Vor allem zwei eng miteinander verwobene Themenbereiche bestimmten in signifikanter Zahl und Dichte die Ausgaben der ersten Jahre nach 1945: zum einen der Versuch, die Folgen der nationalsozialistischen Herrschaft zu bearbeiten; zum anderen der bekenntnistreue kirchliche Wiederaufbau in geistlich-theologischer wie personell-organisatorischer Sicht.[33] Im ersten Diskurs bearbeiteten die Autoren, die zumeist selbst Pfarrer oder Superintendenten verschiedener Thüringer Kirchengemeinden waren, unterschiedliche Fragekomplexe. Die inhaltlichen Zusammenhänge der begangenen Schuld, des Zusammenbruchs der gesellschaftlichen Ordnung und der Zerstörung der sittlich-moralisch-religiösen Gewissheiten zu finden, war ernsthaftes Bemühen dieser Beiträge.[34] Dabei versuchte man, sich von den erkannten Ursachen abzugrenzen, die zur nationalsozialistischen Gewaltherrschaft geführt hatten.[35] Das ging zumeist einher mit einer grundlegenden theologischen Neubesinnung in den Bereichen, in denen die Autoren (die z. T. ehemalige Akteure der Bekennenden Kirche waren) die theologischen Gegensätze zu den Deutschen Christen deutlich machen und sie als Irrlehren demaskieren wollten. Der pseudoreligiöse NS-Führerkult habe zur Missachtung der göttlichen Gebote – vor allem des ersten Gebots – geführt und damit den Weg zum Verlust der Achtung des individuellen, gleichwertigen menschlichen Lebens, zur Entmenschlichung des anderen geebnet.[36] Die Ursachen hierfür sahen die Autoren bereits in der Aufklärung und dem Beginn der Moderne mit ihren atheistischen Entfremdungsprogrammen angelegt. Zusätzlich kam es in diesen Zusammenhängen zu den ersten literarischen Unternehmungen, an jene zu erinnern, die sich gegen die Deutschen Christen eingesetzt hatten oder die von den Nationalsozialisten in den Konzentrationslagern gequält und ermordet wurden. Als exemplarische Verhaltensvorbilder sollten die Schicksale von Paul Schneider (1897–1939), Dietrich Bonhoeffer (1906–1945), Alfred Leikams (1915–1992), Ernst Otto (1891–1941) oder Werner Sylten (1893–1942) gelten.

Sodann hatten etliche Artikel den Anspruch, Trost zu spenden, der im Angesicht von Flucht, Vertreibung, Kriegsgefangenschaft, materieller Not und menschlichem Elend auf unterschiedlichen Ebenen dringend notwendig schien.[37] Sie waren von tiefer Frömmigkeit als auch nüchternem Realismus geprägt.[38] An sehr wenigen Stellen benannten die Autoren die Schrecken der Shoa und das Versagen der Kirche bzw. Theologie.[39] Allerdings geschah das ausgesprochen selten – antijüdische Traditionen hielten sich hartnäckig.[40] Zusätzlich erschwert wurde dieser Umstand dadurch, dass Walter Grundmann (1906–1976) in den 1950er-Jahren als Autor, Gesprächspartner und Exeget in *„Glaube+Heimat“* präsent war.[41] Das war angesichts seiner Rehabilitation in der Landeskirche kein Wunder, bot aber dennoch einem der zuvor herausragendsten völkisch-antisemitischen Protagonisten und dem einstigen Leiter des Eisenacher „Entjudungsinstituts“ zusätzlichen Raum zur publizistischen Entfaltung, ohne dass seine Vergangenheit je öffentliches Thema war.[42]

Diese Entscheidungen ließen den in den ersten Jahrgängen der Kirchenzeitung ernsthaft zum Ausdruck kommenden Willen zur Neugestaltung des kirchlichen Lebens, den man im zweiten Diskursfeld der Nachkriegszeit – dem *kirchlichen*

Wiederaufbau – einforderte, fragwürdig erscheinen. Angehörige der Kirchenleitung schrieben ausführliche Berichte vom Wiederaufbauwerk der Thüringer evangelischen Kirche. Mithilfe von sprach- und bildgewaltigen Beiträgen inszenierten sie die Zusammengehörigkeit der Thüringer evangelischen Kirche. Nicht selten stand hierbei vor allem Landesbischof Moritz Mitzenheim im Mittelpunkt. Im „Kernland der Reformation" beriefen sich viele der in der Tradition der Lutherischen Bekenntnisgemeinschaft stehenden Theologen dezidiert auf die lutherischen Bekenntnisschriften. Sie sollten neben Bibel und Gesangbuch den „gesunden Grund" des „innerkirchlichen Leben[s]"[43] nach dem Kirchenkampf darstellen. Daneben ist das vielfältige Interesse an der Person und dem Wirken Martin Luthers (1483–1546) deutlich greifbar. Den Berichten über die Konstitution der VELKD und der Mitgliedschaft der sich seit 1948 als „Evangelisch-Lutherische Kirche in Thüringen" bezeichnenden Thüringer Kirche kam damit unter bekenntnistheologischem Gesichtspunkt selbstverständliches Interesse zu. Besonders auffällig ist, dass mit dem Jahr 1948 die Beschäftigung mit der NS-Vergangenheit allmählich nachließ: Mit dem kirchlichen Neuanfang, so schien es in der Kirchenzeitung, hatte man auch die Vergangenheit bewältigt.

4. Die 1950er-Jahre: Kampf um die Jugend

Die Gründung der DDR 1949 brachte für die Redaktion unter Hans Waldmann insofern eine Veränderung, als dass die rahmenrechtlichen Fragen statt von der SMAD nun von deutschen DDR-Behörden, vor allem dem Amt für Information (später: Presseamt beim Ministerpräsidenten), fortgesetzt wurden. Nach der Zentralisierung und Monopolisierung der

Presse bedeutete das jedoch, dass die Kirchenzeitungen in der DDR als die einzigen nicht in unmittelbarer Weise staatlich kontrollierten Medienerzeugnisse gelten konnten. Allerdings blieben damit auch die teils schikanösen Zensurmaßnahmen erhalten. Die Unterversorgung der Leser blieb bestehen und der Landeskirchenrat musste regelmäßig neue Lizenzen beantragen. Im Zuge des 1952 verabschiedeten SED-Parteitagsbeschlusses zum „Aufbau des Sozialismus“ verschärfte sich allerdings der ideologische Kampf gegen die Kirchen und wurde seitens der SED insbesondere um die Jugend geführt.[44] Hier geriet maßgeblich die Jugendarbeit der evangelischen Kirchen in Gestalt der Jungen Gemeinden ins Visier staatlicher Sanktionen oder wurde zum Ziel der Diffamierung in der SED-Presse. Waren Berichte über die Junge Gemeinde bis dahin ein selbstverständlicher Bestandteil von *„Glaube+Heimat“*[45], erfuhr man von den Konflikten zwischen staatlichen Behörden und den Jungen Gemeinden erst mit der Meldung „Zur Klarstellung“.[46] Auf die Angriffe auf Oberschüler und Angehörige der Studierendengemeinden reagierte der Landesbischof am 29. März 1953 mit einem Artikel, in dem er die Vorwürfe gegen die Jungen Gemeinden abwehrte und sie zu widerlegen versuchte. In *„Glaube+Heimat“* widersprach der Landesbischof damit (kirchen-)öffentlich der Stimmung wie den Maßnahmen gegen Angehörige der Jungen oder Studierendengemeinden und solidarisierte sich mit ihnen. Eine solche landeskirchliche Intervention ging jedoch einigen staatlichen Stellen zu weit: Die am 20. März 1953 gerade fertiggestellte und noch in der Druckerei befindliche Ausgabe Nummer 13 wurde beschlagnahmt und am 25. März durch die Volkspolizei ohne schriftliche Anweisung konfisziert.[47] Offiziell wurde die Ausgabe erst acht

Wochen später, am 27. Mai, durch die Staatsanwaltschaft Jena wegen des besagten Artikels beschlagnahmt und am 23. Juni 1953 ohne Angabe von Gründen aufgehoben.[48] Für das Erscheinungsbild von *„Glaube+Heimat"* hatte diese Auseinandersetzung neben finanziellen[49] inhaltliche Konsequenzen: Die Rubrik „Die Junge Gemeinde" verschwand aus der Kirchenzeitung und wurde durch einen Landeskirchenratsbeschluss vom 3. Juni 1953 in „Kinder, hört zu!" verändert.[50] Weitere Artikel, die Maßnahmen gegen oder Konflikte um die Junge Gemeinde betrachtet hätten, erschienen nicht. Der Kampf der SED hinterließ damit nicht nur wie im Falle der 1953 verbotenen *Stafette* (einer von der Evangelischen Verlagsanstalt herumgegebenen „Monatsschrift für evangelische Jugend") seine Spuren, sondern betraf auch die Thüringer Kirchenzeitung.[51] Eine zweite grundsätzliche Anfrage an ihre volkskirchliche Praxis sollten die Kirchen in der DDR durch die verstärkte Durchsetzung der Jugendweihe erfahren.[52] Die zunächst kompromisslose Haltung der Kirchenleitung der Thüringer Kirche wurde im Frühjahr 1955 in einer Reihe von Artikeln publik. In diesen wurden dabei vor allem die strikte Unvereinbarkeit der Jugendweihe mit der Konfirmation („Wer an einer Jugendweihe teilnimmt, kann nicht konfirmiert werden"[53]) und der atheistisch-materialistische Charakter der Jugendweihe hervorgehoben.[54] Die Eltern seien in der Pflicht, dafür zu sorgen, dass sich ihre Kinder konfirmieren lassen: „Hier gibt es nur ein Entweder-Oder."[55] Es liege an ihnen, die Jugendweihe abzulehnen. Konfrontativ fragte die Kirchenzeitung: „Wollt ihr für euch und eure Kinder bei dem Glauben an Gott den Schöpfer und Vater bleiben oder ihm absagen? Wollt ihr eure Kinder mit oder ohne Gott ins Leben gehen lassen?"[56] Dass die strikte Linie des Landeskirchenrats jedoch 1957/58 aufgrund des Drucks aus der eigenen Landessynode nicht mehr aufrechterhalten werden konnte und ein Nebeneinander von Jugendweihe und Konfirmation innerhalb der Evangelisch-Lutherischen Kirche in Thüringen geduldet wurde, erfuhr man allerdings nicht aus *„Glaube+Heimat“*.

Hinsichtlich der Redaktion ergab sich zum Jahreswechsel 1955/56 eine Veränderung. Über die Jahre hatten verschiedene Konflikte dazu geführt, dass das Vertrauen zwischen Landeskirchenrat und dem Pressepfarrer im Herbst 1955 nicht mehr gegeben war. Hans Waldmann verließ 1956 nach zehn Jahren die Redaktion und schließlich die Landeskirche, um in der Kirchenprovinz Sachsen eine neue Anstellung zu finden. Zum 1. Januar 1956 übernahm der Landesjugendpfarrer Herbert von Hintzenstern (1916–1996) kommissarisch die Schriftleitung von *„Glaube+Heimat“*, um sie zum 1. Juni dann hauptamtlich zu führen. Er hatte 1936–1940 Theologie, Kunst- und Musikwissenschaften in Jena und Halle studiert, 1940 sein erstes Examen in Jena absolviert und bei Walter Grundmann mit einer Arbeit zu „Houston Stewart Chamberlains Darstellung des Urchristentums“ promoviert, bevor er neben seinem Hilfspfarramt in Eisenach Mitarbeiter im dortigen „Entjudungsinstitut“ wurde.[57] Die kirchliche Spruchstelle erhob 1947 keine Bedenken gegen seine Weiterbeschäftigung, sodass er die seit 1945 innehabende Pfarrstelle in Lauscha behalten konnte.[58] 1952 wurde er als Landesjugendpfarrer berufen. Nachdem Herbert von Hintzenstern die Redaktion von *„Glaube+Heimat“* übernommen hatte, zog die Herstellung der Zeitung aus dem „Heim Michael“ am Jenaer Inselplatz 11 nach Weimar in die Kirschbachstraße 10 (später: William-Shakespeare-Straße) um. Hier vergrößerte sich der

Redaktionsstab um die Mitarbeiterin Gerda Maria Arndt (1914–2002) und die Sekretärin Marianne Tillmanns.

5. Die 1960er-Jahre: konforme und weltzugewandte Christenheit

Logische Folge des in der Mitte der 1950er-Jahre einsetzenden kirchenpolitischen Kurses der SED war eine zensurbedingte Entpolitisierung der Kirchenzeitung, sodass in *„Glaube+Heimat“* wie in den übrigen Kirchenzeitungen der DDR keinesfalls Kommentare zu herausragenden Ereignissen wie dem Bau der Berliner Mauer 1961 oder der Einführung der Wehrpflicht 1962 erschienen, obwohl sie die Arbeit der Kirche und das Leben der Christen in der DDR massiv beeinflussten. Wenn die Zustimmung von der SED erwartbar war, stellten bestimmte gesellschaftspolitische Inhalte eine Ausnahme dar: Kirchliche Friedensappelle aus Thüringen angesichts nuklearer Aufrüstung oder Äußerungen ausländischer Kirchenvertreter durften veröffentlicht werden.[59] Den sogenannten „Thüringer Weg“, den staatsloyalen Kurs der Landeskirche unter Landesbischof Mitzenheim, den Gerhard Lotz (1911–1981) als juristischer Oberkirchenrat und Stasi-IM („Karl“) orchestrierte, verfolgte auch die Thüringer Kirchenzeitung.[60] Das war etwa dann der Fall, wenn sie über einmütige Gespräche zwischen Staat und Kirche berichtete oder Synodenberichte der inkriminierten EKD immer seltener bis nicht mehr druckte. Zu Beginn der 1960er nahmen somit jene Artikel(-serien) zu, die von Autoren geschrieben wurden, die Mitglieder der Ost-CDU waren, staatlichen Einschätzungen zufolge als „fortschrittlich“ galten und sich andererseits seit 1958 regelmäßig im konservativ-staatsloyalen „Weimarer Arbeitskreis“ zusammenfanden.[61] Serien und Beiträge der diesem Arbeitskreis angehörigen Personen wie Walter Saft (1926–2010, IM „Salzmann"), Walter Grundmann (seit 1956 IM „Berg"), Gerhard Lotz (seit 1946 CDU-Mitglied, seit 1955 IM „Karl"), Ingo Braecklein (1906–2001, seit 1959 IM „Ingo" und seit 1970 Landesbischof der Evangelisch-Lutherischen Kirche in Thüringen) und selbstverständlich Herbert von Hintzenstern gestalteten die Inhalte der Kirchenzeitung.[62] Bei anderen zeitgeschichtlichen Themen, die für die Evangelisch-Lutherische Kirche in Thüringen virulent hätten sein können, wie z. B. die Diskussionen der Frauenordination, hielt man sich dagegen auffallend zurück.[63]

Die Auseinandersetzungen um die Jugendweihe und die unmittelbaren Folgen des Mauerbaus machten deutlich, dass sich die Kirche auf kurz oder lang im Sozialismus einrichten musste. In den 1960er-Jahren führte dieser Umstand, die Abnahme der Mitgliederzahlen infolge der aggressiven Entkonfessionalisierungsspolitik sowie der Rückgang volkskirchlicher Bindungskräfte, erstmals zur publizistischen Reflexion kleiner werdender Gemeinden. Dabei appellierte man an einzelne Christen, treu an den kirchlichen Angeboten ihrer jeweiligen Ortsgemeinden festzuhalten und den Glauben in einer industrialisierten Moderne zu bewahren.[64] *„Glaube+Heimat"* brachte den Erweis und unterstützte darin, dass realsozialistische Lebenswelt und Gemeindealltag miteinander vereinbar waren, dass sich Christen jedoch von Nichtchristen unterschieden.[65] Weitere Betrachtungen versuchten, falschen Vorstellungen über die Rückständigkeit des Landgemeindelebens entgegenzutreten.[66] Der Leiter der Evangelischen Akademie und spätere Professor der Theologie an der Friedrich-Schiller-Universität Jena, Walter Saft, informierte in mehreren Artikelserien über Entdeckungen und Zusammenhänge in den naturwissenschaftlichen Disziplinen, vor allem in den Bereichen Genetik, Astrophysik oder Automatisierungstechnik.[67] Trotz aller Tendenz seiner Artikel zur Konvergenz naturwissenschaftlich fundierter Erkenntnis und christlicher Wirklichkeitsdeutung enthielten sie nicht selten apologetisches Interesse: Die christliche Theologie war einer rein materialistischen Weltwahrnehmung überlegen.[68] Der in den 1960er-Jahren auch innerhalb der Kirchen einsetzende Generations- und Kulturwandel beförderte sodann eine sukzessive Verschiebung der Debatte über das Agieren der Kirchen im Sozialismus auf die Fragen nach neuen Formen gottesdienstlicher Feiern und Veranstaltungen. Beat-Gottesdienste, „Gottesdienste einmal anders" usw. luden dank der Kirchenzeitung zur Auseinandersetzung ein. Sie bot neben der Berichterstattung Raum für Diskussion liturgischer Reformen und neuer Formate in der Gestalt des Abdrucks von Leserbriefen.[69]

Dass *„Glaube+Heimat"* in den 1960er-Jahren ganz wesentlich zu einem „Fenster zur Welt" wurde, machten journalistische Beiträge als auch Prosatexte von bzw. zu Missionstätigkeiten in Afrika und Asien, den dort entstandenen „jungen Kirchen" oder Synoden unterschiedlicher Kirchenbünde deutlich.[70] Reiseberichte stärkten so eine internationale Ausstrahlung in die Thüringer Kirchenzeitung.[71] Verbesserte Drucktechniken ermöglichten den stärkeren Einsatz von Fotografien, die vor allem die Vielfalt christlicher Kunst, ausländischer Kirchengebäude oder dort entstandener Plastiken zeigten, daneben aber auch Konferenzberichte untermalten und -teilnehmer vorstellten.[72] Nicht selten ventilierten die in *„Glaube+Heimat"* abgedruckten Beiträge ein (ost-)deutsches Interesse am Exotischen. Den Einsatz Martin Luther Kings (1929–1968) für die Rechte der schwarzen Bevölkerung in den USA verfolgte man wie den von Albert John Luthuli (1898–1967) gegen die Apartheid in Südafrika aufmerksam.[73] Bei diesen und anderen missiologisch konnotierten Artikeln – insbesondere, wenn man sich den Gemeinden Afrikas oder Ostasiens zuwandte – blieb die Reproduktion einer unreflektiertweißen und mitunter offen kolonialrassistischen Missionstheologie nicht aus.[74]

Auf eine *zweite* Weise öffneten die Reise- und Tagungsberichte, an denen Personen aus der Evangelisch-Lutherischen Kirche in Thüringen teilnahmen, das Fenster in die Welt. Des Öfteren wurde der Blick nach Osteuropa, ins sozialistische Ausland, in die Staaten des Warschauer Pakts und vor allem zur Sowjetunion geworfen. Erwachsene und Kinder erfuhren Informatives über die russisch-orthodoxe Kirche, die Reise Mitzenheims 1962 in die baltischen Sowjetrepubliken (an der Herbert von Hintzenstern als Berichterstatter sowie Gerhard Lotz teilnahmen) oder den Thüringenbesuch des Exarchen der russisch-orthodoxen Kirche in Ost-Berlin, Joann Wendland.[75] Die deutsch-sowjetische Freundschaft wurde damit auch interkonfessionell vollzogen und erhielt dank der Kirchenzeitung Verbreitung unter der Leserschaft. In Fragen internationaler Politik schien sich ergänzend dazu Einmütigkeit mit den Positionen der SED und der DDR-Außenpolitik einzustellen. Man begann, sich in der Kirchenzeitung für die antikolonialen Befreiungskämpfe der „Dritten Welt“ zu interessieren, unterließ es aber, europäische Ereignisse zu kommentieren: Hatten die Kirchen und Kirchenzeitungen zum Einmarsch der Truppen des Warschauer Pakts in die Tschechoslowakei 1968 geschwiegen, fanden sich nach dem als „Junikrieg“ umschriebenen Sechstagekrieg 1967 Berichte über Hilfsmaßnahmen für palästinensische Christen.[76]

6. Die 1970er-Jahre: Kirchenzeitung im Sozialismus

Das Interesse an Ereignissen und Entwicklungen genauso wie an der Verbreitung des christlichen Glaubens im Ausland ließ in den 1970er-Jahren nicht nach, wobei jedoch der Diskurs um Afrika eine deutliche Transformation erlebte. Mitunter wurden nun Paradigmenwechsel in der Behandlung des globalen Südens und der dort lebenden Menschen gefordert. Rassismus wurde als Problem benannt, die Autoren forderten „Menschenwürde statt Verachtung".[77] Auch Kinder und Jugendliche sollten mithilfe des Abdrucks in *„Glaube+Heimat"* konkrete Möglichkeiten kennenlernen, wie man Entwicklungs- und Hungerhilfe leisten könne. Auf die gleiche Weise, wie antikoloniale Befreiungsbewegungen Unterstützung erhielten, wurde das umstrittene „Antirassismusprogramm" des ÖRK durch die Kirchenzeitung popularisiert.[78]

In diesem Diskurs begegnete den Lesern fortan der Bund der Evangelischen Kirchen in der DDR, dessen Arbeit man seit seiner Gründung 1969 zwar kritisch, jedoch interessiert auf seiner „Standortfindung im Sozialismus" aus kirchenpublizistischer Sicht begleitete.[79] Mit dem BEK de-regionalisierte sich zu einem Teil die Arbeit der Redaktion der Thüringer Kirchenzeitung. Durch die Gründung des „Ausschusses für Publizistik" im BEK fand man ein überregionales Austauschformat der Redakteure der DDR-Kirchenzeitungen und eine Plattform zu koordiniertem Austausch.

Daneben reflektierten sich die sozialen, kulturellen und strukturellen Wandlungsprozesse der DDR, welche sich in den 1970er-Jahren unter dem Stichwort der „Einheit von Wirtschafts- und Sozialpolitik" Erich Honeckers (1912–1994) vollzogen.[80] In der Reflexion des sozialistischen Alltags innerhalb der Kirchenzeitung nahmen die Autoren die Kirchen in den Neubaugebieten (den „neuen Städten“) mit ihren Plattenbauten als Chancen des kirchlichen Handelns wahr. Die oft kleiner gebauten Kirchgebäude wurden als eine Demutsgeste sowie als ein Ausdruck gewertet, dass sich dort ein niedrigschwelliger „Ort der Begegnung mit der Frohen Botschaft, des menschlichen Miteinanders, des gemeinsamen Lebens und Feierns“ finde.[81] In jener Zeit war es jedoch nicht mehr selbstverständlich, dass junge Menschen einen Ausbildungsberuf bei der Kirche begannen, die darum mit gesonderten Dossiers um Auszubildende warb.[82] Andere Artikel über den sozialistischen Alltag in der DDR und vermeintlich Alltägliches ließen einen Werte- und Mentalitätswandel der Christen innerhalb der sozialistischen Gesellschaft deutlich werden, etwa wenn die Kirchenzeitung Beilagen für den Sommerurlaub an der Ostsee vorbereitete,[83] Schulkinder (bzw. deren Eltern) zum Schulanfang begleitete,[84] Gebete für Autofahrer[85] druckte oder die Jeans in einer moralischen Kindergeschichte ein wichtiges Detail darstellte statt als Symbol der Subversion zu gelten.[86] Selbstverständlich begegneten die kirchlichen Programme bei den X. Weltfestspielen der Jugend in Berlin 1973 in publizierter Form.[87] Angesichts der von der DDR-Volkskammer verabschiedeten juristischen Änderungen zur Gleichberechtigung der Frau und der Debatte in der „weltlichen Presse“ versuchten 1976 gleich mehrere, aufeinanderfolgende Artikel „die wichtige Frage einer richtigen Arbeits- und Aufgabenteilung in Ehe und Familie auch aus christlicher Sicht [zu] beleuchten“.[88] Das „Internationale Jahr der Frau 1975“ und das „Internationale Jahr des Kindes 1979“ wurden in der Thüringer Kirchenzeitung fokussiert.[89] Weitere Artikel mit familienethischen Fragen bedachten ein Umdenken im Verhältnis zwischen Eltern und Kindern oder gaben Ratschläge bei Problemen und Fragen zu christlicher Familienführung und Elternschaft.[90] Es ist darüber hinaus *„Glaube+Heimat"* sowie den übrigen Kirchenzeitungen zu verdanken, dass marginalisierte, schlecht versorgte und unterrepräsentierte Gruppen – körperlich wie geistig Behinderte, Kranke, Rentner und Pflegebedürftige – in Dossiers, Themenseiten oder Kolumnen einen festen Platz in der Berichterstattung der Zeitung bekamen und multiperspektivisch berichtet wurde.[91]

Kirche und das christliche Leben wurden zwar als selbstverständliche Bestandteile innerhalb der DDR-Gesellschaft präsentiert. Solche Artikel waren damit aber wohl eher Ausdruck des eigenen Anspruchs, „Kirche im Sozialismus" zu sein, als es vielfach Realität war. Die darin und an weiteren Stellen erzeugten Illusionen über das Verhältnis von Staat und Kirche mussten unweigerlich mit den Ereignissen von Zeitz im August 1976 auf die Probe gestellt werden.[92] Nachdem der Pfarrer Oskar Brüsewitz am 22. August infolge seiner Selbstverbrennung starb und sich die Kirchenleitung der Kirchenprovinz Sachsen trotz des Drucks vonseiten der SED und des Staatssekretärs für Kirchenfragen nicht von Brüsewitz als Amtsbruder entsolidarisierte, erschienen sowohl im *Neuen Deutschland* als auch in der CDU-Zeitung *Neue Zeit* üble Schmähkommentare, die Brüsewitz grob diffamierten.[93] Sie konterkarierten das Bild einer Realität, an dessen Aufrechterhaltung auch *„Glaube+Heimat"* gewirkt hatte. Die Konferenz der Kirchenleitungen beschloss daraufhin Anfang September 1976, die Auswirkungen der Selbstverbrennung und der folgenden medialen Eskalation in einem „Brief an die Gemeinden" zu thematisieren. In ihm wurden einerseits ein kirchliches Schuldeingeständnis formuliert und andererseits kritische Anfragen an Kirchenleitungen, Pfarrer, staatliche

Organe und die öffentliche Rezeption gestellt.[94] Der Brief sollte an alle Kirchgemeinden der DDR versandt und in der folgenden Woche in allen fünf Kirchenzeitungen veröffentlicht werden. Das ZK der SED deutete den Brief als Ausdruck einer Durchsetzung von „negativen Kräften" innerhalb der KKL (Erich Honecker sprach von einem der „konterrevolutionärsten Akte gegen die DDR"[95]), weshalb das Presseamt unter der Federführung Kurt Blechas eingriff: Die Herstellung der Nr. 39 von *„Die Kirche"* und von *„Glaube+Heimat"* wurde noch in den Druckereien gestoppt, alle übrigen Kirchenzeitungen mussten die teilweise bereits fertigen Exemplare überarbeiten und den Brief entfernen. Die Ereignisse von Zeitz und die Zensur des Briefs gaben der folgenden Bundessynode in Züssow den deutlichen Hinweis, dass sich ein tiefer Graben zwischen den Ortsgemeinden und den Kirchenleitungen hinsichtlich des Kenntnisstands über kirchliche Vorgänge sowie über das Empfinden des Lebens als Christen in der DDR gebildet hatte. Die in *„Glaube+Heimat"* 1978 publizierten Reaktionen auf das „Spitzengespräch" zwischen dem Staatsratsvorsitzenden Erich Honecker und einer Delegation des BEK unter ihrem Vorsitzenden Albrecht Schönherr (1911–2009) postulierten die hierzu zwar wichtigen Ergebnisse (unter anderem die Zusage der Einhaltung der KSZE-Schlussakte von Helsinki), ließen jedoch – wie das Gespräch selbst – offen, wie sich die Erfahrung mit staatlichen Behörden vonseiten „des einzelnen christlichen Bürgers in seiner gesellschaftlichen Situation vor Ort" verbessern sollte.[96] Immerhin waren die Leser der Kirchenzeitung in Kenntnis über diese Äußerung gekommen.

7. Die 1980er-Jahre: Zeit der Veränderungen und Blickwechsel

Für die Redaktion von *„Glaube+Heimat"* stellten die 1980er-Jahre eine Phase der Veränderungen und des Generationswechsels dar. Dietlind Steinhöfel (geb. 1950) löste 1980 Gerda Maria Arndt ab und bildete zusammen mit Herbert von Hintzenstern, Gottfried Müller sowie Rolf-Dieter Schwippe (der 1969 als Nachfolger von Marianne Tillmanns in die Redaktion gekommen war und bis 1984 blieb) das neue Redaktionsteam. Zu einem Großteil ist es wohl ihrem Einsatz zu verdanken, dass das Sonderkontingent für mehrseitige Ausgaben Raum für eine eigene Beilage, wie die „G+H-Kinder-Kirchen-Zeitung", einräumte. In dieser gestalteten Kinder vier Seiten mit eigenen Themen und ihren Anfragen an Kirche und Glaube.[97] In den 1980er-Jahren war der Wunsch, die Zielgruppe der Kinder und Jugendlichen mithilfe von *„Glaube+Heimat"* zu adressieren, nicht zu übersehen. Sodann kamen 1982 Michael von Hintzenstern (geb. 1956) und im Folgejahr die bereits seit 1971 immer wieder für *„Glaube+Heimat"* tätige Christine Lässig (geb. 1944) als feste Redakteure hinzu, nachdem 1981 nach mehr als 25 Jahren die „Ära Hintzenstern" endete. Gottfried Müller übernahm die Chefredaktion. Er hatte von 1953 bis 1960 in Leipzig und Jena Theologie studiert, wurde 1964 promoviert[98] und übernahm nach dem zweiten Examen 1964 zunächst das Pfarramt in Dornburg (Saale), bevor er 1967 Studentenpfarrer in Jena wurde. Seit 1961 trat er zunächst als ehrenamtlicher Autor in *„Glaube+Heimat"* in Erscheinung und war seit 1971 hauptamtlich in der Redaktion beschäftigt.

Die Themen der 1980er-Jahre entwickelten sich entlang unterschiedlicher Konfliktlinien, die von zeitgenössischen

Herausforderungen ausgelöst waren und sich mit binnenkirchlichen wie gesellschaftlichen Fragen befassten. Das betraf Sorgen um das Fortbestehen des Planeten Erde und die ökologischen Konsequenzen des menschlichen Handelns genauso wie den schlechten Bauzustand der Thüringer Kirchen und Gemeindehäuser (als unausgesprochene Folgewirkung einer desolaten wirtschaftlichen Lage der DDR).[99] 1987 wurde auf der Titelseite die Ökumenische Versammlung in der Kirchenzeitung angekündigt,[100] und über den Jahreswechsel 1987/88 setzte man sich in *„Glaube+Heimat“* mit dem Neonaziangriff auf ein Konzert in der Berliner Zionskirche des Herbstes 1987 auseinander. Dass die spät beginnenden Initiativen zu einem jüdisch-christlichen Dialog und die ersten Versuche einer kritischen Auseinandersetzung mit der NS-Vergangenheit der Evangelisch-Lutherischen Kirche in Thüringen ins Blickfeld der Redaktion gerieten, ist ein Verdienst der Redakteure dieser Jahre. Die verschiedenen Kreise und „Gruppen“, die sich in Thüringen den unterschiedlichsten Themen wie Frieden, Menschenrechten, sozialer Gerechtigkeit oder der Bewahrung der Schöpfung widmeten, waren dabei selbstverständlicher Bestandteil der Berichterstattung.[101] Allerdings lässt sich dabei nicht übersehen, dass bestimmte Ereignisse, die unter dem Schutz der Kirche stattfanden, in *„Glaube+Heimat“* argwöhnisch kommentiert wurden. Wie schon im Fall des Jugendfestivals „June“, das von Walter Schilling (1930–2013) in Braunsdorf organisiert wurde, vertrat Chefredakteur Müller im Fall der Durchsuchung der Berliner „Umweltbibliothek“ 1987 eine skeptisch-distanzierte Meinung. Seine Kommentare ließen sich bisweilen als opportunistisch infrage stellen, etwa wenn er die Verantwortlichen der Zionskirchengemeinde im Sinne

„einer kritisch-konstruktiven Offenheit“ der Kirche in der DDR in die Pflicht rief, „ihren spezifischen Anteil an den Erziehungspflichten zu übernehmen“, um damit weiteren Schaden im Vertrauensverhältnis zwischen Staat und Kirche zu begrenzen;[102] oder wenn er sich an anderer Stelle zufrieden mit dem Beschluss der Bundessynode in Görlitz 1987 zeigte, der „im Gleichtakt mit gesellschaftlichen Entwicklungen“ und wohl zum Ärger der „westlichen Medien“ die Arbeitsfähigkeit der Bundessynode unter Beweis gestellt habe.[103] Trotz der Skepsis, wenn nicht Ablehnung einiger Motive und Überzeugungen gegenüber den seit den 1970er-Jahren in Thüringen formierten „Gruppen“ lässt sich jedoch festhalten, dass ihre Existenz in *„Glaube+Heimat“* nicht unterschlagen wurde.[104] Dass das Erscheinen oder Nicht-Erscheinen von Artikeln nicht erst seit den 1980er-Jahren von immenser Bedeutung für die kirchliche Öffentlichkeit war, war dem Chefredakteur der Kirchenzeitung bewusst. Durch den Abdruck in *„Glaube+Heimat“*, deren Umfang lediglich vier Seiten pro Woche umfasste, entschied die Redaktion in normativer Hinsicht, was aus dem kirchlichen Leben Thüringens und darüber hinaus als nützlich, berichtens- und lesenswert zu gelten hatte und mithilfe welcher Beiträge sich die Leser Meinungen und Positionen bilden sollten. Das löste nicht bei allen Lesern gleichermaßen Zustimmung aus, wie vereinzelte Leserbriefe zeigen.

Die Meinungsbeiträge in *„Glaube+Heimat“* lassen allerdings eine Veränderung im kirchenpublizistischen Selbstverständnis der 1980er-Jahre erkennen, wie sie bereits eingangs erwähnt wurde. Die kirchlichen Redakteure kommentierten nunmehr freimütig innen- und außenpolitische Ereignisse der DDR und stellten selbstbewusst Bezüge zur Kirchenpolitik und zum christlichen Leben in der DDR her. Der Besuch Erich Honeckers in Belgien im Oktober 1987 und dessen Äußerungen vor der belgischen Presse, in der er die „Mitverantwortung" der kirchlichen Presse für Staat und Gesellschaft lobte sowie die verfassungsmäßig garantierte Meinungs- und Pressefreiheit in der DDR hervorhob, konnten selbstsicher antizipiert werden.[105] Doch die eigenständige Interpretation der kirchlichen Presse, „die [...] im Grundsatz gewährten Freiheiten der Information und Meinungsäußerung konstruktiv, kritisch und dialogbereit [...] wahrzunehmen"[106] und sich anzumaßen, ohne SED-Autorisierung über gesellschaftspolitische Vorgänge in der DDR zu urteilen, barg auch Gefahren. Im folgenden Jahr sollte genau diese Argumentationsfigur für die Begründung der staatlichen Zensurmaßnahmen bemüht werden. Den Kirchen in der DDR stehe es nicht zu, sich in staatspolitische Bewertungen oder Belange einmischen. Sie und erst recht ihre Presse seien im sozialistischen Staat weder in der Rolle, noch hätten sie die Aufgabe, „eine ‚gewisse Vorreiterrolle' zu spielen und ‚Experimentierfeld für Glasnost' zu sein".[107] Die 1987 noch entschlossen vorgetragene Vorstellung einer „Mitverantwortung kirchlicher Presse" für eine sozialistische Gesellschaft wurde 1988 deutlich als Illusion entlarvt. Das Presseamt versuchte als ausführende Institution mithilfe von Druckverboten, die klare Rollenverteilung der medienpolitischen Funktionen im Sinne der SED wiederherzustellen.

8. *„Glaube+Heimat"* 1946–1987

Der schlaglichtartige Rückblick auf mehr als 40 Jahre christliche Berichterstattung und kirchliches Zeitungswesen in Thüringen während der DDR-Zeit konnte unweigerlich nur einen Ausschnitt aus der Geschichte der Kirchenzeitung bieten. Er hat dabei einen Einblick in die unterschiedlichen zeitgenössischen Diskurse in und außerhalb der Kirche gegeben und dabei vor allem gezeigt, wie eng die Geschichte von *„Glaube+Heimat"* mit dem kirchlichen und gesellschaftlichen Zeitgeschehen verknüpft war, dessen Deuterin und Kommentatorin sie sein wollte. Sie war damit nicht nur Teil der jüngeren Kirchengeschichte, sondern schrieb durch ihre Berichterstattung die Kirchengeschichte in der DDR als Zeitzeugin mit. Kirchliche und gesellschaftliche Diskussionen, Ereignisse, Entwicklungen sowie vermeintlich „Zeitloses" – Trost, Ermutigung, Besinnliches und Unterhaltungsbeiträge – reflektierte sie aus einer bestimmten Perspektive.

Der Durchgang durch die mehr als 40-jährige Geschichte der Thüringer Kirchenzeitung zeigt allerdings auch, dass diese spezifische Reflexion des Zeitgeschehens Wandlungen und Brüchen, Ambivalenzen und Grenzen ausgesetzt war. Diese artikulieren sich, wie bereits gezeigt wurde, in mehrfacher Hinsicht. Zum einen waren durch die äußeren Rahmenbedingungen des DDR-Mediensystems Grenzen geschaffen, die die Inhalte der Zeitung auf eine kleine kirchliche Öffentlichkeit beschränken sollten. Der Wunsch, die Leserschaft mit kirchlichen Nachrichten, Glaubenszuversicht und Bildung zu versorgen, war nur in begrenztem Umfang möglich. Dennoch lassen die einzelnen Ausgaben das ernsthafte Bemühen darum erkennen, die Relevanz des christlichen Glaubens und der kirchlichen Verkündigung für die Existenz der Christen in der ostdeutschen sozialistischen Gesellschaft zu betonen. Dass das notwendig mit bestimmten Blickwinkeln und unter bestimmten Absichten geschah – in den meisten Fällen in einem lutherisch-konservativen, bodenständigen und oft wenig gesellschaftskritischen Sinne –, kennzeichnet das Profil von *„Glaube+Heimat“* in der DDR. Damit ist jedoch gleichzeitig die herausgehobene Bedeutung der Redakteure und deren normative Diskursmacht für die kirchliche Öffentlichkeit angesprochen. Ihrer Auswahl oblag es, über Relevanz oder Irrelevanz bestimmter Inhalte zu entscheiden. Was unter äußeren Bedingungen als druckbar und nach internen Kriterien als wichtig eingestuft wurde, prägte die vierseitige Ausgabe.

Die Bedingungen einer „Kirche im Sozialismus“, die die Folge einer aggressiven Kirchenpolitik der SED und im Fall der Thüringer Kirche ihres eigenen „Thüringer Wegs“ waren, bestimmten zum anderen die Grenzen des publizistisch Sagbaren und brachten wiederum dieselben Redakteure vor die Herausforderungen von Sprachlosigkeit, Anbiederung oder Opportunismus. War ein gedruckter Protest angesichts der Maßnahmen gegen die Jungen Gemeinden 1953 in *„Glaube+Heimat“* – unter all den geschilderten Konsequenzen – noch denkbar, markierten etliche Beiträge der 1960er-Jahre eine grundlegende Wandlung und die völlige Anpassung an die Minderheitensituation, wenn man von der Übereinstimmung zwischen staatlichen Vertretern und der Thüringer Kirchenleitung berichtete.

Der Durchgang durch die Geschichte der Kirchenzeitung zeigt somit auch die Wandlungsprozesse, denen sich eine Kirchenzeitung in der DDR ausgesetzt sah. Für das Selbstverständnis ihrer Existenz – für das Nachdenken über ihren Auftrag, ihren Sinn und ihre Grenzen – markieren die Ereignisse von Zeitz 1976 eine herausragende Zäsur. Die wahrgenommene Kommunikationskrise (d.h. der Entfremdung der Kirchenleitung von der gemeindekirchlichen Basis) ließ unter anderem Veränderungen in der kirchlichen Pressepublizistik notwendig erscheinen. Diesem Anspruch nahm sich die Redaktion um Gottfried Müller vor allem in den 1980er-Jahren an. Einen Eindruck davon vermittelt das eingangs angeführte Zitat zum *„Glaube+Heimat“*-Jubiläum 1984.[108] Durch die von Michail Gorbatschow (1931–2022) angestoßenen Reformen in der UdSSR wuchs das kirchenpublizistische Selbstbewusstsein bis 1987 und ließ auf eine „Glasnost“ in der ostdeutschen Gesellschaft hoffen. In den Worten Müllers hieß das: „Die Hoffnungen von heute können morgen Wirklichkeit werden.“[109] *„Glaube+Heimat“* und die übrigen Kirchenzeitungen in der DDR gewannen so an Profil und Bedeutung, indem sie sich von der übrigen staatlich gelenkten Presse abgrenzten und darüber berichteten, wovon in der Mehrheitsöffentlichkeit keine Rede war. Das begründete vor allem in den 1980er-Jahren ihren Sonderstatus, der sich mit dem Bild vom „‚Kuckucksei‘ im Nest der DDR-Medien“[110] veranschaulichen lässt. Diesem wohnte aber auch eine eigene Konfliktdynamik inne, die sich in ihrer Massivität 1988 zeigen sollte.

Karl-Christoph Goldammer ist wissenschaftlicher Mitarbeiter am Lehrstuhl für Kirchengeschichte der Friedrich-Schiller-Universität Jena. In seinem Dissertationsprojekt untersucht er die Geschichte der Thüringer Kirchenzeitung „Glaube+Heimat“ zwischen 1946 und 1989.

1 Zum historischen Jubiläum als Determinante der Erinnerungskultur: Winfried Müller: Das historische Jubiläum. Zur Geschichtlichkeit einer Zeitkonstruktion, in: Ders. (Hg.), Das historische Jubiläum. Genese, Ordnungsleistung und Inszenierungsgeschichte eines institutionellen Mechanismus, in Verb. mit Wolfgang Flügel, Ulrich Rosseaux und Iris Loosen (Geschichte. Forschung und Wissenschaft 3), Münster 2004, 1–75. Aus der Vielzahl der Beiträge, die

anlässlich des Reformationsjubiläums 2017 den Blick auf vorherige Reformationsfeste warfen, seien exemplarisch folgende erwähnt: Dorothea Wendebourg: Reformationsjubiläen und Lutherbilder, ApuZ 66/52 (2016), 22–27, https://www.bpb.de/shop/zeitschriften/apuz/239245/reformationsjubilaeen-und-lutherbilder/ (zuletzt besucht am: 04.10.2023); Dies.: Vergangene Reformationsjubiläen. Ein Rückblick im Vorfeld von 2017, in: Dies., So viele Luthers ... Die Reformationsjubiläen des 19. und 20. Jahrhunderts, Leipzig 2017, 9–30; Claudia Lepp: Reformationsjubiläum 1967 im geteilten Deutschland. Politische Abgrenzung und konfessionelle Annäherung, ApuZ 67/5–7 (2017), 41–46, https://www.bpb.de/shop/zeitschriften/apuz/241242/reformationsjubilaeum-1967-im-geteilten-deutschland-politische-abgrenzung-und-konfessionelle-annaeherung/ (zuletzt besucht am: 04.10.2023); Katharina Bracht: „Ein Christlich Jubel- und Frewdenfest“. Das Reformationsgedenken 1617 im Spiegel der Festpredigten von Major, Gerhard und Himmel, in: Christopher Spehr (Hg.), Luther denken. Die Reformation im Werk Jenaer Gelehrter (Schriften zur Geschichte der Theologischen Fakultät Jena 2), Leipzig 2019, 49–77.

2 Moritz Mitzenheim: Grußwort zum fünfjährigen Jubiläum, „Glaube+Heimat“ 12 (25.03.1951), 1.

3 Vgl. Wolfgang Schanze: Fünf Jahre „Glaube+Heimat“, „Glaube+Heimat“ 12 (25.03.1951), 1f.: „Eine Kirchenzeitung unterscheidet sich von einem Blatt, das sich auf den sogenannten erbaulichen, also auf die innere Gemeindepflege ausgerichteten Typ beschränkt, dadurch, daß sie zugleich ein Fenster der Kirche nach der Öffentlichkeit hin ist. Sie muß versuchen, die geistigen und kulturellen Strömungen abzutasten und in Beziehung zu setzen zum kirchlichen Leben. Wissenschaft, bildende Kunst, Literatur, Theater und Film treten bei einer Kirchenzeitung stärker in das Blickfeld als bei einem früheren Sonntagsblatt. Allerdings sind hier deutliche Grenzen gesetzt, da eine Kirchenzeitung niemals ihr eigenes Gebiet verlassen und sich mit rein säkularen Dingen abgeben kann.“

4 A. a. O., 2.

5 Redaktion „Glaube+Heimat“: Unser Glaube läßt uns mit Zuversicht in die Zukunft blicken. Gedanken zum Jubiläum unserer Evangelischen Wochenzeitung für Thüringen, „Glaube+Heimat“ 18 (29.04.1984), 1.

6 Gottfried Müller: Auftrag der Kirchenpresse, „Glaube+Heimat“ 18 (29.04.1984), 1.

7 Ebd.

8 Diese Position hebt sich erstaunlicherweise im Vergleich mit den Äußerungen der späten 1940er- und frühen 1950er-Jahre der jungen Bundesrepublik ab. Sie verzichtet darauf, Pressearbeit lediglich als „Vorhofarbeit“ zu delegitimieren, ist aber gleichzeitig von der Aufgabe

der Kirche als prägende Institution der religiösen Publizistik überzeugt. Vgl. hierzu: Johannes Greifenstein: Öffentliche Theologien im medialen Christentum? Impulse der Diskussion ›kirchlicher Publizistik‹ von 1949 bis 1969, ZThK 112/2 (2015), 254–278, 255–264. Vgl. ergänzend auch die grundlegenden Aussagen von Moritz Mitzenheim: Mutter Kirche, „Glaube+Heimat" 1 (21.4.1946), 1f. und Hans Waldmann: Ist christliche Presse etwas „anderes"?, „Glaube+Heimat" 3 (12.05.1946), 2.

9 Eine ausführliche Bearbeitung erfährt das Thema im Rahmen der Dissertation des Vf. an der Friedrich-Schiller-Universität Jena, die von Prof. Dr. Christopher Spehr betreut wird. Für einen Einblick vgl. Karl-Christoph Goldammer: Kirchliche Publizistik in der DDR. Die Kirchenzeitung „Glaube+Heimat" 1946–1989, MKiZ 15 (2021), 221–227.

10 Vgl. Max Keßler an den Landeskirchenrat der Thüringer evangelischen Kirche (11.8.1945), in: LKAE: A 156-3, 1.

11 Ders. an Heinrich Elle (13.8.1945), in: Supturarchiv Jena: 87, o.P.: „Kirchliche und seelsorgerische Mitteilungen, allgemeine religiöse Abhandlungen, seelische und geistige Selbstbesinnung und Erbauung, heimatkundliche Betrachtungen, Unterhaltungen für Frauen und Kinder usw., dazu Anzeigen jeder Art aus Stadt und Land."
Herv. i. Orig. unterstrichen.

12 Ebd.: „Die Menschen sind sehr lesehungrig und greifen geradezu gierig nach jedem bedruckten Papier, das ihnen angeboten wird; außerdem besteht ein sehr großes Bedürfnis nach Veröffentlichung von Anzeigen."

13 Ebd. Herv. i. Orig. gesperrt.

14 Vgl. Neuenhahn Verlag Jena: Werbebroschüre „Der Christliche Hauskalender für 1946" (September 1945), in: HStA Weimar: Kreiskommissionen zur Durchführung der Befehle 124/126. Nr. 9310, 48: „Die Superintendentur Jena gibt zusammen mit dem Verlag Neuenhahn Jena einen ‚Christlichen Hauskalender für 1946' heraus. Schriftleitung: Pfarrer lic. Waldmann-Jena (Schillerkirche). Umfang 100 Seiten, Format 17 x 24 cm, farbiger Kartonumschlag, Beilage ein Wandkalender für 1946. [...] Die besten theologischen und literarischen Kräfte Thüringens sind außerdem um Mitarbeit angegangen worden. [...] Kosten 1.– RM, Bestellungen bis 10.10.45, ab 10 Expl. 25 % Rabatt." Vgl. auch Hans Waldmann an Moritz Mitzenheim (11.09.1945), in: LKAE: A 865 A-2, 3.

15 Vgl. Hans Waldmann an den Landeskirchenrat der Thüringer evangelischen Kirche: Betr. Evangelischer Stiftungsverlag (20.10.1945), in: LKAE: A 865 A-2, 8–26. Ausführlich dazu: Karl-Christoph Goldammer: „Die Kirche Jesu Christi verkündigt das Wort durch Menschenmund: Sie ist aber dankbar, wenn sie dieses Wort auch

gedruckt weitergeben darf.“ Etappen auf dem Weg zur Wiedergründung der Thüringer Kirchenzeitung „Glaube+Heimat“, epd-Dokumentation 14–15 (2021), 88–97, 90–93.

16 Waldmann an den Landeskirchenrat der Thüringer evangelischen Kirche (s. Anm. 15), 17.

17 Vgl. einführend: Gunter Holzweißig: Die schärfste Waffe der Partei. Eine Mediengeschichte der DDR, Köln (u. a.) 2002, 67–85.

18 Sowjetische Militäradministration in Deutschland, Propaganda-Leitung: Lizenz für „Heimat und Glauben“ [sic!] (13.02.1946), in: LKAE: A 156–3, 49. Bei rund 1.400 Gemeinden in der Thüringer evangelischen Kirche und abzüglich der zu leistenden Belegexemplare für die SMATh konnten gerade einmal die Pfarrer und wenige kirchliche Angestellte ein Exemplar erhalten, vgl. Schanze, Fünf Jahre (s. Anm. 3), 1.

19 Herbert von Hintzenstern an Hartmut Mitzenheim: Papierkontingent unserer Kirchenzeitung (24.08.1979), in: LKAE: A 156-5, 108.

20 Vgl. Max Keßler an die Pressestelle der Evangelisch-Lutherischen Kirche in Thüringen und Landeskirchenrat der Evangelisch-Lutherischen Kirche in Thüringen (08.01.1976), in: LKAE: A 156-4, 224. Er moniert darin den Rückgang von 38.400 gedruckten Exemplaren 1969 auf 35.600 im Jahr 1975.

21 Vgl. Jens Bulisch: Evangelische Presse in der DDR. „Die Zeichen der Zeit“ (1947–1990) (AKZG.B 43), Göttingen 2006, 190–200. Exemplarisch sind die Schikanen im Fall einer Beschlagnahmung der Nr. 50 vom 7. Dezember 1955: Grund war eine kurze Mitteilung in „Glaube+Heimat“, die laut dem Ministerium für Post- und Fernmeldewesen den falschen Eindruck einer repressiven Maßnahme seitens des Ministeriums hinterlassen habe. Vgl. Max Keßler an Gerhard Lotz: Beschlagnahme der Nr. 50 „Glaube+Heimat“ vom 11.12.1955 (08.12.1955), in: LKAE: A 156-4, 31.

22 Hans Waldmann an Moritz Mitzenheim (12.04.1946), in: LKAE: A 156-3, 26: „Im wesentlichen wurde der Inhalt der Nummer genehmigt. Gestrichen wurden: a) der Aufruf für die Sammlung zum Wiederaufbau zerstörter Kirchen (Begründung: es gibt keine zerstörten Kirchen). b) die sehr schöne und gedankenreiche Arbeit von Ricarda Huch. In dieser Arbeit bemühte sich die Dichterin zu zeigen, daß die Einheit des deutschen Volkes nur vom Evangelium her geschenkt werden kann.“

23 Vgl. ders.: Niederschrift über ein Gespräch im Presseamt beim Ministerpräsidenten am Freitag, 30.09.1955, 17.10 Uhr bis 18.20 Uhr (01.10.1955), in: LKAE: A 156–4, 40f.: Hans Waldmann fuhr mit der Erwartung einer Konfrontation aufgrund eines Erntedankartikels ins Berliner Presseamt: Dessen Leiter Kurt Blecha eröffnete ihm jedoch, dass einmal „ganz offen über einige Probleme diskutiert werden“

(a.a.O., 40) sollte. Blecha bemängelte, dass in einigen „Glaube+Heimat"-Artikeln die positive Haltung dem DDR-Staat gegenüber noch nicht stark genug zum Ausdruck gekommen sei. „Die Kirchenzeitungen möchten sich doch mehr mit denkonkreten [sic!] Problemen des Staates von der Sicht der Kirche her befassen." (Ebd.) Geschehe das, könnte man über eine Auflagenerhöhung diskutieren. Vgl. ebenfalls: Gerhard Säuberlich: Niederschrift (29.09.1955), in: LKAE: A 156-4, 37.

24 Vgl. dazu den Beitrag von Bettina Röder im vorliegenden Band.

25 Vgl. zum Kontrast die beiden Beiträge von Christine Lieberknecht und Jochen Birkenmeier im vorliegenden Band.

26 Die erste Andacht war der Begegnung der Frauen mit dem auferstandenen Christus am leeren Grab, Markus 16,1–8, gewidmet, die Paul Rieger, Hans Waldmanns unmittelbarer Kollege an der Jenaer Schillerkirche, beisteuerte.

27 Wir machen zu Hause Bibelarbeit, „Glaube+Heimat" 22 (1953), 2. Fragen leiteten durch den Text, z.B. zu Johannes 3,1–15: „Welche Wörter haben wir nicht verstanden? [...] Wie können wir den Text gliedern? [...] Warum predigt die Kirche diesen Text zum Sonntag Trinitatis?"

28 Heinz Niederstrasser: Wir fragen die Bibel: Bruderschaft. Was ist das?, „Glaube+Heimat" 10 (09.03.1947), 2. Vgl. auch ders.: Wir fragen die Bibel: Vergebung der Sünden. Was ist das?, „Glaube+Heimat" 33 (17.08.1947), 2.

29 Vgl. z.B. Karl Barth: Christus ist Gottes Wort, „Glaube+Heimat" 41 (10.10.1948), 1. Vgl. den aus heutiger Perspektive kuriosen Beitrag von Dietrich Mendt: Gottes Welt sauberhalten. Report aus dem Jahre 2001, „Glaube+Heimat" 45 (07.11.1976), der utopistisch-science-fiktionale Züge trägt.

30 Vgl. Martha Glaser: Von Büchern und vom Lesen der Bücher, „Glaube+Heimat" 1 (21.4.1946), 2: Glaser betonte die Relevanz der Lektüre unter den gegebenen historischen Bedingungen. 1947 gab Hans Waldmann: Warum Buchbesprechungen?, „Glaube+Heimat" 9 (1947), 3, eine Reflexion, warum in „Glaube+Heimat" Neuerscheinungen besprochen werden: „Weil diese Neuerscheinungen zu den aufgebrochenen Fragen der Zeit Stellung nehmen. [...] Durch diese Besprechungen wollen wir den geistigen Anschluß an die theologische Literatur der Gegenwart sichern."

31 Vgl. exemplarisch: „Die heutige Kollekte ist bestimmt ...", „Glaube+Heimat" 43 (24.10.1948), 2, A. K.: Die Unterschrift, „Glaube+Heimat" 18 (06.05.1951), 3, „Wozu ist die Kirche da?", „Glaube+Heimat" 22 (03.06.1951), 2, Franz Högner: „Bitte, ich muß erst noch ...", „Glaube+Heimat" 25 (21.06.1953), 5.

32 Vgl. Helmut Voß: Die Heiligen von Biedersdorf, Berlin 1968 Den ersten Abdruck: Ders.: Gespräche in Biedersdorf. Das erste Gemeindeglied, „Glaube+Heimat“ 5 (02.02.1969), 2.

33 Zu den Maßnahmen des kirchlichen Wiederaufbaus und den politischen und theologischen Herausforderungen vgl. umfassend: Thomas A. Seidel: Im Übergang der Diktaturen. Eine Untersuchung zur kirchlichen Neuordnung in Thüringen 1945–1951 (KoGe 29), Stuttgart 2003.

34 Vgl. Otto Pokojowski: Die Schuldfrage, „Glaube+Heimat“ 8 (16.06.1946), 1f.; Karl Brinkel: Leben in der Endzeit?, „Glaube+Heimat“ 33 (08.12.1946), 1; Gerhard Bauer: Einzige Hoffnung, „Glaube+Heimat“ 12 (14.07.1946), 1f.

35 Vgl. Rudolf von Nitzsch: Wer tritt wider den Riß?, „Glaube+Heimat“ 21 (15.09.1945), 1; Gerhard Bauer: Heimkehr des modernen Menschen?, „Glaube+Heimat“ 27 (27.10.1946), 1f.

36 Vgl. Franz Högner: „Uebermensch – Mensch – Untermensch“, „Glaube+Heimat“ 36 (29.12.1946), 4; Annemarie Viebig: Gott verloren – auch den Menschen verloren, „Glaube+Heimat“ 17 (27.04.1947), 2.

37 Vgl. hierzu die beiden sehr emotionalisierenden Beiträge: Christian Beckmann: Brief an einen Kriegsgefangenen!, „Glaube+Heimat“ 26 (29.06.1947), 3 und Friedrich Behr: Nochmals ein offenes Wort an unsere Thüringer Landsleute, „Glaube+Heimat“ 8 (25.02.1947), 1.

38 Wolfgang Schanze: Anno Domini 1947, „Glaube+Heimat“ 36 (29.12.1946), 1f., 1: „Wenn wir als Christen über die Schwelle eines neuen Jahres treten, tun wir es weder in oberflächlichem Optimismus noch in düsterer Hoffnungslosigkeit. Wir schließen die Augen nicht vor dem Schweren, das uns im dunklen Tale des Leides begegnet. Aber wir vergessen auch nicht den Herrn, in dessen Händen unsere Zeit steht, – auch die Zeit, die uns rätselhaft erscheint.“

39 Vgl. Gerhard Bauer: Der moderne Mensch im tiefsten Abgrund, „Glaube+Heimat“ 25 (13.10.1946), 1f; Heinz Niederstrasser: Kirche und Judenfrage, „Glaube+Heimat“ 31 (01.08.1948), 2f.

40 Bspw. Otto Welk: Der Retter, „Glaube+Heimat“ 3 (19.01.1947), 1, der in der Andacht zum 10. Sonntag nach Trinitatis 1947, dem sog. „Israelsonntag“, davon sprach „[d]aß uns Deutschen die Sauberkeit und die Anständigkeit zutiefst im Blute sitze und wir darum der alten ‚jüdischen‘ Gebote nicht bedürfen [...]“.

41 Waldemar Wucher: Von Amt und Ausbildung der Katecheten. Gespräch mit Rektor Dr. Grundmann, „Glaube+Heimat“ 25 (17.06.1956), 3; Walter Grundmann: Der Mensch – Gesprächspartner Gottes, „Glaube+Heimat“ 21 (22.05.1955), 1; ders.: Das Wort Gottes in der Bibel, „Glaube+Heimat“ 4 (26.01.1969), 1f.; Walter Grundmann und Hellmuth Robscheit: Auf dem Weg zum Reiche Gottes, „Glaube+Heimat“ 13 (28.03.1971), 2.

42 Zu Walter Grundmann und seinen „zwei Karrieren" vgl. einführend: Lukas Bormann: Walter Grundmann und das Ministerium für Staatssicherheit. Chronik einer Zusammenarbeit aus Überzeugung (1956–1969), KZG/CCH 22/2 (2009), 595–632, https://www.jstor.org/stable/43751850 (zuletzt besucht am: 28.10.2023); Susannah Heschel: Die zwei Karrieren des Theologen Walter Grundmann. Der Neutestamentler als Nazi-Propagandist und Stasi-Informant, in: Manfred Gailus (Hg.), Täter und Komplizen in Theologie und Kirchen 1933–1945, Göttingen 2015, 171–196.

43 Wolfgang Schanze: Lutherbibel, Kirche und Gesangbuch, „Glaube+Heimat" 6 (02.06.1946), 1.3, 1.

44 Für die Maßnahmen in Thüringen vgl. Christine Koch-Hallas: Die Evangelisch-Lutherische Kirche in Thüringen in der SBZ und der Frühzeit der DDR (1945–1961) (AKThG 25), Leipzig 2009, 126–147.

45 Folgende Artikel seien exemplarisch erwähnt: Otto Schramm: Junge Gemeinde, „Glaube+Heimat" 15 (04.08.1946), 3, Werner Hurek: Jugend predigt! Von einem Kirchentag in einer Landgemeinde Ostthüringens, „Glaube+Heimat" 24 (1946), 3, oder Moritz Mitzenheim: Die Situation der Jugend und die Kirche, „Glaube+Heimat" 2 (1948), 1. Die Haltung der TheK zur FDJ wurde 1947 noch positiv geschildert, wie der Bericht des Landesjugendpfarrers Neumann von der Versammlung der FDJ in Weimar erkennen lässt, vgl. Thüringer kirchliche Chronik, „Glaube+Heimat" 32 (10.08.1947), 3.

46 Gerhard Lotz: Zur Klarstellung, „Glaube+Heimat" 4 (25.01.1953), 1. In diesem trat OKR Lotz der Behauptung entgegen, nach der Landesbischof Mitzenheim vor der Mitgliedschaft in der FDJ „mit den übelsten Beschimpfungen" gewarnt hätte.

47 Vgl. Moritz Mitzenheim: Was ist es mit der Jungen Gemeinde?, „Glaube+Heimat" 13 (29.03.1953), 2. Vgl. zu diesem Vorfall die Niederschriften, Berichte und Korrespondenzen in: LKAE: A 156-3, 112–133.

48 Staatsanwalt des Stadtkreises Jena an den Landeskirchenrat der Evangelisch-Lutherischen Kirche in Thüringen: Beschlagnahme der Zeitung „Glaube+Heimat", Ausgabe vom 29. März 1953 (23.06.1953), in: LKAE: A 156-3, 132.

49 Vgl. die Übersicht von Max Keßler über die Ausfallkosten in Höhe von 1.476,53 DM: Max Keßler an den Landeskirchenrat der Evangelisch-Lutherischen Kirche in Thüringen: Beschlagnahme „Glaube+Heimat" (16.06.1953), in: LKAE: A 156-3, 130.

50 Vgl. Auszug aus der Niederschrift über die Sitzung des Landeskirchenrats (7.5.1953), in: LKAE: A 156-3, 123 und Auszug aus der Niederschrift über die Sitzung des Landeskirchenrats (3.6.1953), in: LKAE: A 156-3, 124.

51 Ausführlich zur Stafette: Ellen Ueberschär: Junge Gemeinde im Konflikt. Evangelische Jugendarbeit in SBZ und DDR 1945–1961 (KoGe 27), Stuttgart 2003, 203–206.255–265.

52 Vgl. Markus Anhalt: Die Macht der Kirchen brechen. Die Mitwirkung der Staatssicherheit bei der Durchsetzung der Jugendweihe in der DDR (Analysen und Dokumente 45), Göttingen 2016, 15–20.

53 Moritz Mitzenheim: Wort des Landesbischofs zum neuen Jahr, „Glaube+Heimat“ 1 (04.01.1955), 1, 1 Fast wortgleich argumentierte OKR Gerhard Säuberlich drei Wochen später, vgl. Gerhard Säuberlich: Konfirmation oder Jugendweihe. Ein Wort an die Eltern unserer Konfirmanden, „Glaube+Heimat“ 4 (1955), 1. Vgl. Moritz Mitzenheim: Offene Antwort in der Frage der Jugendweihe, „Glaube+Heimat“ 7 (1955), 1.

54 A. a. O., 1 Die Jugendweihe sei „das [...], was sie immer war: eine Feier derer, die da Christentum und die Kirche ablehnen“. Exemplarisch wird dabei das Buch „Weltall, Erde, Mensch“ genannt: Vgl. Heinz Schlag: Nochmals: Konfirmation oder Jugendweihe, „Glaube+Heimat“ 13 (1955), 1.4, 4.

55 Säuberlich, Konfirmation (s. Anm. 53), 1, i. Orig. gesperrt.

56 Schlag, Konfirmation (s. Anm. 54), 4, i. Orig. gesperrt.

57 Zur Tätigkeit im „Entjudungsinstitut“, die von Hintzenstern nie autobiografisch reflektiert wurde, vgl. Jochen Birkenmeier: Zwischen Aufklärung und Verschleierung. Herbert von Hintzenstern, die Rechtfertigung des ›Entjudungsinstituts‹ und die Dichterinnen der „Botschaft Gottes“, in: Christopher Spehr und Harry Oelke (Hgg.), Das Eisenacher ›Entjudungsinstitut‹. Kirche und Antisemitismus in der NS-Zeit (AKZG.B 82), Göttingen 2021, 287–304 Zum Institut selbst: Oliver Arnhold: „Entjudung“ – Kirche im Abgrund. Das „Institut zur Erforschung und Beseitigung des jüdischen Einflusses auf das deutsche kirchliche Leben“ 1939–1945 (SKI 25.2), Berlin 2010; Christopher Spehr und Harry Oelke (Hgg.): Das Eisenacher ‚Entjudungsinstitut‘. Kirche und Antisemitismus in der NS-Zeit (AKZG.B 82), Göttingen 2021.

58 Vgl. (03.06.1953), Spruchstelle der Thüringer evangelischen Kirche: Gutachten über den Hilfspfarrer Dr. Herbert von Hintzenstern (02.12.1947), in: LKAE: G 2023. Bd. 2, 36f. Seine Tätigkeit am Eisenacher Institut spielte darin jedoch keine Rolle.

59 Vgl. Konsultation über Abrüstung und Frieden, „Glaube+Heimat“ 30 (29.07.1962), 2; Moritz Mitzenheim: Laßt die Hände von den Atomwaffen!, „Glaube+Heimat“ 6 (07.02.1965), 1.

60 Vgl. ausführlich zum gesamten Komplex: Koch-Hallas, Kirche (s. Anm. 44), 287–347.

61 Die Aktivitäten des als „fortschrittlich" eingeschätzten Arbeitskreises wurden vom Referat für Kirchenfragen des Rates des Bezirks Erfurt positiv bescheinigt: Vgl. z.B. Artur Kother: Arbeitsplan des Ref. Kirchenfragen beim Rat d. Bezirkes Erfurt für das 1. Halbjahr 1961 Zum Beispiel in: HStA Weimar: Bezirkstag und Rat des Bezirks Erfurt, Ki 5, 40–44 oder Rat des Bezirkes Erfurt, Referat für Kirchenfragen: Die staatlichen und gesellschaftlichen Maßnahmen in den Bezirken Gera, Suhl, Erfurt und Leipzig für die Arbeit mit der Thüringer Landeskirche im Jahre 1967 (18.11.1966), in: HStA Weimar: Bezirkstag und Rat des Bezirks Erfurt, Ki 86, 41–45. Vgl. zum Arbeitskreis insgesamt und den folgenden Angaben: Christian Dietrich: Der Weimarer Arbeitskreis, die Ost-CDU und der Thüringer Weg der evangelischen Kirche, epd-Dokumentation 20 (2012), 38–53.

62 Hier erneut nur exemplarisch: Herbert von Hintzenstern: Kirche im sozialistischen Staat. Aussprache über Grundsatzfragen am 9. Januar 1969 in der Wartburgstadt Eisenach, „Glaube+Heimat" 3 (19.01.1969), 1; ders.: Oberkirchenrat Lotz 50 Jahre, „Glaube+Heimat" 23 (23.04.1961), 4; Ingo Braecklein: Aus Glauben leben, „Glaube+Heimat" 6 (07.02.1960), 2; Walter Saft: Kirche in sozialistischer Umwelt, „Glaube+Heimat" 40 (05.10.1969), 2. Zur Strategie des MfS bei der Durchsetzung der Evangelisch-Lutherischen Kirche in Thüringen vgl. Walter Schilling: Die „Bearbeitung" der Landeskirche Thüringen durch das MfS, in: Clemens Vollnhals (Hg.), Die Kirchenpolitik von SED und Staatssicherheit. Eine Zwischenbilanz (Analysen und Dokumente. Wissenschaftliche Reihe des Bundesbeauftragten für die Unterlagen des Staatssicherheitsdienstes der Ehemaligen Deutschen Demokratischen Republik 7), Berlin[2] 1997, 211–266.

63 Vgl. Pastorinnengesetz angenommen. Unsere Thüringer Synode ordnete den Dienst der Theologinnen, „Glaube+Heimat" 46 (15.11.1964), 1.

64 Vgl. hierzu Heinz wird Schlosser ... Unseren Lehrlingen auf dem Weg, „Glaube+Heimat" 39 (29.09.1963), 3: „Denkt daran, Ihr geht in Eure Betriebe als junge Christen: steht dazu und erlernt auch darin Bewährung. Haltet Euch treu zu Eurer Jungen Gemeinde, denn dort ist dann für Euch der Ort, wo Ihr in Gemeinschaft über die Probleme des Glaubens und Lebens sprechen und beten könnt. Unser Herr Christus ist bei Euch alle Tage ... und auch am Arbeitsplatz Eures Betriebes!" Vgl. in derselben Ausgabe: Wolfgang Kerst: ... denn sie wollen glücklich sein, „Glaube+Heimat" (29.09.1963), 3.

65 Vgl. Gottfried Müller: Zwei Welten, „Glaube+Heimat" 18 (1.5.1966), 1 und Kerst, ... denn sie wollen glücklich sein (s. Anm. 64).

66 Gerda Maria Arndt: Aus dem Alltag eines Landpfarrers. Auf Visitationsfahrt nach Neusitz-Großkochberg, „Glaube+Heimat" 30 (29.07.1962), 2.

67 (03.01.1961), Walter Saft: Schöpfung in neuen Horizonten. Gedanken eines Christen zur Entwicklung der Kybernetik. I. Die ich rief, die Geister ..., „Glaube+Heimat“ 39 (29.09.1968), 2; ders.: Das Wunder der Schöpfung im Spiegel des Atoms. XII. Atomkernverwandlung und Atomspaltung, „Glaube+Heimat“ 36 (03.09.1967), 2.

68 Vgl. z. B. Walter Saft: Gedanken eines Christen zur Kybernetik. Bedeutung der Kybernetik für die Theologie (1), „Glaube+Heimat“ 19 (11.05.1969), 3, oder ders.: Gedanken eines Christen zur Kybernetik. II. Möglichkeiten und Grenzen der Maschinen, „Glaube+Heimat“ 16 (20.04.1969), 3: „Ursprung und Ziel des menschlichen Weges liegen außerhalb der Naturwissenschaft, die auf das Wie, aber nicht auf das Warum antwortet.“

69 Carl-Heinz Grabe: „Gottesdienst einmal anders!“, „Glaube+Heimat“ 29 (21.07.1968), 4; Hans-Georg Leipoldt: Gottesdienst – unter die Lupe genommen, „Glaube+Heimat“ 32 (11.08.1968), 3; Wolfgang Kerst: Neue Formen einer lebendigen Gemeinde, „Glaube+Heimat“ 35 (01.09.1968), 2; Wolfgang Tittelbach-Helmrich: Gottesdienst wie bisher?, „Glaube+Heimat“ 36 (08.09.1968), 1.4.

70 Hans Bernewitz: Indische Gottessucher werden christliche Missionare, „Glaube+Heimat“ 1 (03.01.1960), 2. Irmgard Dudey: „Lesen Sie das bitte!“. Ein sehr weltliches Buch stellt Fragen an die Christen, „Glaube+Heimat“ 30 (29.07.1962), 2, zu Jorge Amado: Herren des Strandes, Aus d. Portug. übertr. v. Ludwig Graf von Schönfeldt (Reclams Universal-Bibliothek 9101/04), Leipzig 1962. Helmut Tschoerner: Sir Francis Ibiam – Arzt, Staatsmann, Christ, „Glaube+Heimat“ 12 (20.03.1966), 2.

71 Vgl. die mit Fritz Bernewitz: Befreiendes Evangelium. Reisetagebuch aus Neuguinea, „Glaube+Heimat“ 43 (25.10.1964), 2 beginnende Reihe oder Margot Langner: Christfreude in Afrika, „Glaube+Heimat“ 50 (13.12.1964), 3.

72 Vgl. Nr. 42 (18.10.1964), 6. Trotz allen Interesses an weltweiten Geschehnissen waren das wohl kennzeichnendste Bildprogramm in „Glaube+Heimat“ der 1960er-Jahre aber dennoch der Abdruck von Fotografien Thüringer Kirchgebäude.

73 Vgl. Die Liebe ist stärker. Negerpfarrer Dr. Martin Luther King zum Rassenstreit in Alabama, „Glaube+Heimat“ 39 (29.09.1963), 1; Otto Mosig: Mayibuye i Afrika! Kehre wieder, Afrika!, „Glaube+Heimat“ 3 (17.01.1965), 4; Wille zur Gemeinsamkeit. Ergebnisse von der Tagung des Ökumenischen Rates in Enugu (Westafrika), „Glaube+Heimat“ 2 (14.02.1965), 1.

74 Neben den genannten vgl. hierzu eindrücklich den Wiederabdruck einer 1958 veröffentlichten Litanei, „Der Neger kommt“ in Nr. 3 (17.01.1965), 4, in der kolonialistische Herrschaftsgesten offen

artikuliert wurden. Sie schildert die Begegnung des „schwarzen Menschen" mit dem „lilienweißen Jesus", woraufhin der Schwarze „Gehirn" erhält, zu lesen beginnt, keinen Alkohol mehr trinkt und „[n]icht mehr den Narren spielen" wird. Der Beitrag war entnommen aus: Alice Bühring: Gotteslob in allerlei Volk. Lieder und Gedichte asiatischer und afrikanischer Christen, Berlin 1958. Latent begegnete das in den Artikeln, in denen der „Urwalddoktor" Albert Schweitzer im Mittelpunkt stand, dessen Engagement auch in der DDR als Vorbild eines gelebten „christlichen Humanismus" gelten konnte: Herbert Gerhardt: ... einige Tropfen wilder Mann. Ein neuer Farbfilm von Albert Schweitzer in Dessau erstaufgeführt, „Glaube+Heimat" 28 (15.07.1962), 5. „Glaube+Heimat" 28 (15.07.1962), 5; Franz Högner: Der Urwalddoktor. Zu Albert Schweitzers 85. Geburtstag am 14. Januar, „Glaube+Heimat" 2 (10.01.1960), 3. Vgl. exemplarisch zu Zeitschriften als Missionsliteratur: vgl. Stefan Dixius: „Lieber Pastor, grüße die kleinen schwarzen Heidenkinder von mir [...]". Kindermissionszeitschriften als religionspädagogische Initiative im 19. Jahrhundert, in: Antje Roggenkamp und Johannes Wischmeyer (Hgg.), Religiöse Bildung im langen 19. Jahrhundert. Spannungsfelder, Orte, Medien, Berufsprofile (Studien zur religiösen Bildung 23), Leipzig 2022, 209–221.

75 Vgl. Wolfgang Kerst: Kinder küssen Ikonen. Ein Reisebericht aus der Sowjetunion, „Glaube+Heimat" (24.04.1966), 3; Herbert von Hintzenstern: Reise nach Riga und Tallinn, „Glaube+Heimat" 45 (11.11.1962), 1. Die dreiteilige Serie endete mit ders.: Rückfahrt von Tallinn nach Thüringen, „Glaube+Heimat" 47 (25.11.1962), 2. Wolfgang Kerst: „Herr, stärke uns im Glauben!". Der Besuch des Exarchen des Moskauer Patriarchen, „Glaube+Heimat" 16 (16.04.1961), 1f.

76 Vgl. z.B. Neues Nahost-Hilfsprogramm, „Glaube+Heimat" 3 (18.01.1970), 1. Vor allem Moritz Mitzenheim hatte sich in der Konferenz der evangelischen Bischöfe gegen jede gemeinsame Stellungnahme zu den Ereignissen im Zusammenhang des „Prager Frühlings" gewehrt, vgl. dazu Cornelia von Ruthendorf-Przewoski: Der Prager Frühling und die evangelischen Kirchen in der DDR (AKZG.B 60), Göttingen 2015, 203–218.

77 Vgl. Klaus Roeber: Sternenglanz auf dunkler Erde, „Glaube+Heimat" 3 (18.01.1970), 1.

78 Herbert Gerhardt: Pfarrer Ben Chavis grüßt und dankt, „Glaube+Heimat" 27 (03.07.1977), 3 und Programm gegen Rassismus. Aufruf der Konferenz der Kirchenleitungen an die Gemeinden, „Glaube+Heimat" (16.02.1975), 1.

79 Vgl. z.B. die beiden Beiträge aus dem Gründungsjahr 1969: Kirchenbund in der DDR vorbereitet, „Glaube+Heimat" 4 (26.01.1969), 1f;.

Aspekte der Bildung des Kirchenbundes, „Glaube+Heimat“ 23 (08.06.1969), 1.

80 Vgl. einführend: Petra Weber: Getrennt und doch vereint. Deutsch-deutsche Geschichte 1945–1989/90 (Schriftenreihe der Bundeszentrale für Politische Bildung 10620), Bonn 2020, 686–722.743–768.

81 Gottfried Müller: Kirchen ohne Barrieren, „Glaube+Heimat“ 49 (03.12.1978), 1. Vgl. auch „Mach mit“-Bewegung der Gemeinden. Normalbauprogramm bleibt neben Neubauten weiterhin wichtig, „Glaube+Heimat“ 12 (25.03.1979), 1.

82 Herbert Gerhardt: Kirchlicher Beruf: Heilerziehungspfleger(in), „Glaube+Heimat“ 23 (04.06.1972), 3; ders.: Berufsziele. Kirchenmann oder Kirchenfrau, „Glaube+Heimat“ 5 (01.02.1970), 3.

83 Hansjoachim Mülbrig: Die Ostsee ist kaputt. Eine Feriengeschichte von der kleinen Ordnung und dem ganzen Glück, „Glaube+Heimat“ 33 (19.08.1973), 3f.

84 Ruth Schneider: Schülerlotsen. Betrachtungen zum Schulanfang, „Glaube+Heimat“ 35 (02.09.1973), 3; Johanna Zenner: Zu Hause sein. Ein Brief an Eltern, „Glaube+Heimat“ 35 (01.09.1974), 2.

85 Reinhold Fritz Grosser: Herr, wer ist mein Nächster? Eine wahre Begebenheit, „Glaube+Heimat“ 8 (23.02.1975), 3; Gebet im Auto, „Glaube+Heimat“ 8 (23.02.1975), 3; Theo Lehmann: Aufmerksam und rücksichtsvoll. Für Autofahrer, „Glaube+Heimat“ 8 (23.02.1975), 3.

86 Jeans und Buße. Katja und ihr Tagebuch, „Glaube+Heimat“ 47 (19.11.1978), 3.

87 Vgl. Kirche und X. Weltfestspiele, „Glaube+Heimat“ 33 (19.08.1973), 2; Wolfgang Kerst: Die evangelische Kirche trat in Erscheinung. Zu den X. Weltfestspielen in Berlin, „Glaube+Heimat“ 34 (24.08.1973), 3; Albrecht Schönherr: „Gott ist seiner Erde treu“. Predigt beim Ökumenischen Jugendgottesdienst in Berlin, „Glaube+Heimat“ 35 (02.09.1973), 1.

88 Margot Langner: Thema: Gleichberechtigung, „Glaube+Heimat“ 10 (07.03.1976), 3. Die abgedruckten Fotos zeigten Männer bei der Hausarbeit. Vgl. auch Da.: Zum Thema: Gleichberechtigung in der Ehe, „Glaube+Heimat“ 18 (02.05.1976), 3; Sieglinde Greiner: Zum Thema: Gleichberechtigung, „Glaube+Heimat“ (16.05.1976), 3. Die Beiträge argumentierten allesamt für die Grundlage von „Liebe“ und einer Zurückstellung individueller Wünsche in einer christlichen Ehe, ließen aber wenig Sachverstand und Einfühlungsvermögen im Themenkomplex „Gleichberechtigung der Geschlechter“ verlauten.

89 Karl Kaufmann: Wir und unsere Kinder. Wir alle leben vom Wort – Überlegungen im Jahr des Kindes, „Glaube+Heimat“ 15 (15.04.1979), 1.

90 Vgl. ders.: Väter und Kinder unterwegs, „Glaube+Heimat“ 42 (20.10.1974), 2; ders.: Gemeinsam in die Zukunft. Zum Umdenken werden nicht die Kinder, sondern die Väter aufgefordert, „Glaube+Heimat“ 43 (27.10.1974), 2; Erich Reichardt: Die Verantwortung der Eltern bleibt. Die kirchliche Unterweisung ist nur ein Teilstück christlicher Erziehung, „Glaube+Heimat“ 35 (02.09.1973), 2. Walter Saft bot 1974 in mehreren Serienteilen eine extra „Sprechstunde für Eltern“ an: Walter Saft: Verzärteln bringt Sorgen. Sprechstunde für Eltern 3, „Glaube+Heimat“ 35 (01.09.1974), 2.

91 Vgl. exemplarisch den Beitrag, der bereits aus dem Jahr 1967 stammt: Gerda Maria Arndt: Je früher, desto besser! Wirksame Hilfe für spastisch-gelähmte Kinder durch das Marienstift Arnstadt, „Glaube+Heimat“ 22 (28.05.1967), 4.

92 Vgl. Ingo Braecklein: Wo steht unsere Kirche heute?, „Glaube+Heimat“ 11 (14.03.1971), 1f., der die Leser über sein Gespräch mit dem Staatsekretär für Kirchenfragen Hans Seigewasser (1905–1979) informierte und dabei die Schlüsselbegriffe „Loyalität“, „Koexistenz“, und „Mitarbeit“ für das christliche Leben im DDR-Staat einschärfte. Vgl. zum Treffen auch Bewußte Parteinahme. Begegnung mit der Leitung der Thüringer Kirche, Neue Zeit 49 (27.02.1971), 1f.

93 Vgl. A. Z.: Du sollst nicht falsch Zeugnis reden, Neues Deutschland 207 (31.08.1976), 2; Schamlose Hetze mit menschlichem Versagen. Hintergründe und Zusammenhänge der Sache Brüsewitz, Neue Zeit 207 (31.08.1976), 2.

94 Vgl. Konferenz der Evangelischen Kirchenleitungen in der Deutschen Demokratischen Republik (KKL): Auszug aus dem Protokoll der 44. Tagung am 10./11.09.1976 in Berlin, in: Das Signal von Zeitz. Reaktionen der Kirche, des Staates und der Medien auf die Selbstverbrennung von Oskar Brüsewitz 1976. Eine Dokumentation, hg. v. Harald Schultze, i. Verb. mit Friedrich-Wilhelm Bäumer (u. a.), Leipzig 21993, 247f.

95 Erich Honecker: Fernschreiben an die 1. Sekretäre der Bezirksleitungen der SED über die Bewertung des Briefes der KKL an die Gemeinden (15.09.1976), in: Frédéric Hartweg (Hg.), SED und Kirche. Eine Dokumentation ihrer Beziehungen. Bd. 2: 1968–1989, bearb. v. Horst Dohle (HTSt.Q 2.2), Neukirchen-Vluyn 1995, 293f., 293; vgl. auch Zentralkomitee der SED (ZK der SED): Information (16.09.1976), in: Das Signal von Zeitz … (s. Anm. 94), 262f., 262.

96 Albrecht Schönherr: Ansprache anläßlich des Gesprächs beim Generalsekretär des ZK der SED und Vorsitzenden des Staatsrates, Genossen Erich Honecker, am 6. März 1978, in: Hartweg, SED und Kirche II (s. Anm. 95), 338–341, prägte die Formel: „Offenheit und Durchsichtigkeit sind das Barometer des Vertrauens. Das Verhältnis von Staat und Kirche ist so gut, wie es der einzelne christliche Bürger

in seiner gesellschaftlichen Situation vor Ort erfährt.“ Vgl. Bedeutsame Begegnung, „Glaube+Heimat“ 12 (19.03.1978), 1f., und Weg der Christen in Freiheit und Bindung des Glaubens. Konferenz der Kirchenleitungen zum Gespräch am 6. März 1978, „Glaube+Heimat“ 14 (02.04.1978), 1.

97 Vgl. die Nr. 15 (12.04.1981), die mit einer Sonderausgabe von insgesamt acht Seiten ganze vier Seiten den Wünschen von Kindern und Jugendlichen einräumte. Vgl. z. B. Stefan L.: So ist es bei uns: Wir haben viele Sorgen mit unseren renovierungsbedürftigen Kirchen, „Glaube+Heimat“ 15 (12.04.1981), 4, oder Agnes B.: Warum bin ich getauft, „Glaube+Heimat“ 15 (12.04.1981), 5.

98 Gottfried Müller: Die theologischen Zeitschriften des 18. Jahrhunderts in Thüringen (Von der Orthodoxie bis zum Siege des Rationalismus). Ein Beitrag zur Geschichte der evangelischen Presse in Deutschland, (Diss., unveröffentlicht), Jena 1964.

99 Vgl. Peter Gensinchen: Vor uns die Sintflut. Eine alte Geschichte wird modern, „Glaube+Heimat“ 4 (27.01.1980), 2; ders.: Überlebensfähren sind notwendig, „Glaube+Heimat“ 5 (03.02.1980), 2; Kann man im Jahr 2000 noch leben? Ansichten einiger Wissenschaftler in den USA, „Glaube+Heimat“ 13 (29.03.1981), 2; Gotthard Lemke: Ob wir noch einmal davonkommen? Zum Predigttext 1. Mose 8,18–22, „Glaube+Heimat“ 44 (01.11.1987), 1; Heinrich Behr: Verfallene Kirchen. Anfragen an Kirchenleitungen und Gemeinden, „Glaube+Heimat“ 1 (04.01.1981), 4; Wolfgang König: Verfallene Kirchen. Eine Antwort auf einen gleichlautenden Artikel an gleicher Stelle, „Glaube+Heimat“ 13 (29.03.1981), 4.

100 Erika Drees, Heino Falcke und Christof Ziemer: Eine Hoffnung lernt gehen. Aufruf zur ökumenischen Versammlung 1988 in der DDR, „Glaube+Heimat“ 44 (1.11.1987), 1f; P. B.: Untypisch, aber ernstzunehmen. Die Jugendsekte der Skinheads, „Glaube+Heimat“ 51/52 (20.12.1987), 2; Berlin-Nachlese, „Glaube+Heimat“ 2 (10. 1.1988), 2

101 Zur Definition der „Gruppen“ vgl. Veronika Albrecht-Birkner: Freiheit in Grenzen. Protestantismus in der DDR (Christentum und Zeitgeschichte 2), Leipzig 2018, 164.

102 Gottfried Müller: Schadensbegrenzungen, „Glaube+Heimat“ 49 (06.12.1987), 1f., 2.

103 Ders.: Blickwechsel, „Glaube+Heimat“ 40 (04.10.1987), 1.

104 Zur zeitgenössischen Bewertung des „Auftauchens“ der Gruppen in den kirchlichen Räumen vgl. ders.: Einführung. Vielgestaltige Kirche, in: Gemeinsam unterwegs. Dokumente aus der Arbeit des Bundes der Evangelischen Kirchen in der DDR 1980–1987, hg. v. Bund der Evangelischen Kirchen in der DDR, Redaktion: Roswitha Bodenstein, Rolf-Dieter Günther und Martin Ziegler, Berlin 1989, 75–87, 81–84, zur historisch-kritischen Einschätzung hierzu vgl. Albrecht-Birkner,

Freiheit (s. Anm. 101), 168–169, Anm. 406. Zu Müllers eigener Einschätzung die zurückhaltende Berichterstattung betreffend vgl. Gottfried Müller: Von der Pflicht, sich einzumischen. „Glaube+Heimat", in: Simone Barck, Martina Langermann und Siegfried Lokatis (Hgg.), Zwischen „Mosaik" und „Einheit". Zeitschriften in der DDR, Berlin 1999, 634–637, 635.

105 Vgl. Gottfried Müller: Mit unsrer Macht, „Glaube+Heimat" 44 (01.11.1987), 1f., „Uns Kirchenjournalisten freut es natürlich, daß Erich Honecker unter den Beispielen solcher Mitverantwortung auch die kirchliche Publizistik nannte." Das Interview mit Honecker: Allgemeiner Deutscher Nachrichtendienst (ADN): Interview Erich Honeckers für belgische Journalisten, Neues Deutschland 240 (13.10.1987), 2; ders.: Gemeinsam für eine Welt, die gerechter und sicherer ist. Interview Erich Honeckers für belgische Journalisten, Neue Zeit 240 (13.10.1987), 2.

106 Müller, Macht (s. Anm. 105), 1.

107 Kurt Kleinert: Einleitende Ausführungen des Leiters des Sekretariats des Ministerrates anläßlich des Gesprächs mit Landesbischof Dr. Leich am 10.08.1988 im Hause des Ministerrates (10.08.1988), in: BArch: DC 20/11218, 10–14, 13 Vgl. dazu nochmals die Beiträge, auf die der Leiter des Sekretariats des Ministerrats, Kurt Kleinert, anspielte: Müller, Macht (s. Anm. 105) oder ders.: Glasnost-Spiele, „Glaube+Heimat" 50 (13.12.1987), 1; im Letztgenannten äußerte Müller Kritik an der Pressepolitik zum X. Schriftstellerkongress der DDR 1987, bei dem sich keine kirchliche Zeitung akkreditieren konnte. Vgl. auch Landeskirchenrat der Evangelisch-Lutherischen Kirche in Thüringen an Pfarrämter der Evang.-Luth. Kirche in Thüringen: Abkündigung für die Gottesdienste am 26.6.1988 und zur Verlesung in allen Gemeindeveranstaltungen, die danach stattfinden [Kopie] (20.06.1988), in: HStA Weimar: Bezirkstag und Rat des Bezirks Erfurt, 36292, 201, worin die Vorwürfe des Presseamts wiedergegeben werden: „Die Kirchenzeitung maße sich an, als Stellvertreterin in Sachen Glasnost sich in die Angelegenheiten des Staates einzumischen."

108 Vgl. Müller, Auftrag (s. Anm. 6).

109 Müller, Schadensbegrenzungen (s. Anm. 102), 2.

110 Vgl. das gleichnamige Kapitel bei: Roland Rosenstock: Evangelische Presse im 20. Jahrhundert, Stuttgart 2002, 325–347.

GEMEINSAM STARK

„GLAUBE+HEIMAT“ WAR NICHT ALLEIN: DIE ZENSUR VOR DER FRIEDLICHEN REVOLUTION AUF DEM HÖHEPUNKT

Bettina Röder

Das Jahr 1988 war das härteste Zensurjahr in der Geschichte der evangelischen Kirchenzeitungen in der DDR. Mehr als ein Drittel der Ausgaben der fünf evangelischen Kirchenzeitungen mit einer Gesamtauflage von 150.000 Exemplaren musste entweder korrigiert werden oder kam gar nicht zum Druck. 17 Ausgaben der Zeitungen wurden komplett wegzensiert. Und das alles hatte einen Vorboten, der nichts Gutes ahnen ließ. Nach der nächtlichen Durchsuchung der Umweltbibliothek im Pfarrhaus der Berliner Zionsgemeinde im Dezember 1987 und dem offenbar von der SED so nicht erwarteten breiten Widerstand dagegen, hatte sich das Staat-Kirche-Verhältnis massiv verschlechtert.

Ein Stellvertreterkrieg war ausgebrochen, den die Kirchenzeitungen schon bald zu spüren bekamen. Dazu beigetragen hat aber auch eine immer mutiger werdende Leserschaft. Und wieder hatte auch der Staat ganz offensichtlich nicht mit der Gegenwehr, die nicht nur aus den Kirchen selbst kam, gerechnet.

Die Widerständischen beriefen sich auf das Evangelium, das allen Menschen gilt. Es sei immer „Sache der Kirche, für Recht und Gerechtigkeit einzutreten", hatte der Berlin-brandenburgische Bischof Gottfried Forck, Herausgeber der evangelischen Wochenzeitung „Die Kirche", auf dem Höhepunkt der Auseinandersetzungen gesagt. Zum kirchlichen Selbstverständnis gehörte das beständige Beharren auf gewaltlosem Dialog mit dem Gegner, was dann im Herbst 1989 auch zur Friedlichen Revolution führte. Diesem Grundsatz sahen sich auch die Redaktionen der evangelischen Wochenzeitungen im unerbittlichen Streit um das Erscheinen der Blätter verpflichtet.

Wie kein zweites Ereignis standen dafür die drei Ökumenischen Versammlungen für Gerechtigkeit, Frieden und Bewahrung der Schöpfung. Den Auftakt bildete das Treffen am 13. Februar 1988 in der Dresdner Christuskirche. Dazu eingeladen waren 146 Delegierte sowie 27 Beraterinnen und Berater, die – und das war erstmalig seit der Reformation – alle 19 christlichen Kirchen und Gemeinschaften in der DDR vertraten. Kein anderes Christentreffen habe im 20. Jahrhundert in Deutschland solche revolutionäre Kraft entwickelt wie die Ökumenischen Versammlungen, hat der Erfurter Propst Heino Falcke einmal gesagt. Kein Wunder, dass sie die SED-Führung in Alarmbereitschaft versetzten.

Unruhe, aber auch Freude und Aufbruchstimmung vereinte auch die Delegierten selbst: Da saß der Bischof neben der Krankenschwester und der Arzt neben dem Kraftfahrer. Und das war in diesen Zeiten auch bitter nötig. Denn noch wenige Wochen und Tage zuvor hatte es in überfüllten Kirchen im ganzen Land Fürbittandachten gegeben – gegen die Inhaftierung von Stefan Krawczyk im Zusammengang mit der Luxemburg-Liebknecht-Demonstration im Januar und für zahlreiche andere, die – wie seine Frau Freya Klier – wenige Tage danach festgenommen worden waren. Eine große Resignation folgte, als dann beide Künstler die DDR gen Westen verließen. Hinzu kam, dass damals gut 110.000 DDR-Bürgerinnen und -Bürger einen Antrag auf Ausreise in die Bundesrepublik gestellt hatten.

Dann der Aufbruch: die erste der drei Ökumenischen Versammlungen für Gerechtigkeit, Frieden und Schöpfungsbewahrung, bei denen die Menschen im Land aufgefordert waren, sich durch Vorschläge an den Beratungen zu beteiligen. Was lag näher, als darüber in der kirchlichen Presse zu berichten? Doch der staatliche Zensor sah das anders. War eine Berichterstattung über den Auftakt der Versammlung noch möglich, sah es mit den Berichten über die Bilanz des Treffens schon anders aus. Die Beiträge durften nicht in ihrer ursprünglichen Fassung erscheinen. Davon betroffen waren sowohl „Glaube+Heimat“ wie die in Schwerin verlegte „Mecklenburger Kirchenzeitung“ als auch die Ost-Berliner Wochenzeitung „Die Kirche“ mit ihren fünf Regionalausgaben für Berlin-Brandenburg, die schlesische Oberlausitz, die Kirchenprovinz Sachsen, Vorpommern sowie eine Allgemeine Ausgabe. Auf Kritik der SED-Führung stieß vor allem, dass die Ökumenische Versammlung sich nicht ausschließlich mit Überlebensproblemen aus globaler Sicht befasst hatte, sondern auch mit gesellschaftspolitischen Defiziten in der DDR.

Was dann folgte, war ein Tauziehen zwischen Staat und Kirche, zwischen Zensoren und Herausgebern der Kirchenzeitungen, das wie kein zweites je zuvor das gesamte Jahr 1988 bestimmen sollte: Die Order zur Zensur ging von der Abteilung Agitation und Propaganda beim SED-Zentralkomitee aus. An deren Spitze stand Politbüromitglied Werner Jarowinsky.

In den staatlichen Druckereien saßen „Kontrolleure“, die die Andrucke der Blätter nach deren Maßgaben durchsuchten. Gab es Beanstandungen, wurde der Herausgeber zum Presseamt beim Ministerrat der DDR bestellt: In die Berliner Mauerstraße, wo sich einst das Reichspropagandaministerium befand. Dort saß Kurt Blecha, ein ehemaliges NSDAP-Mitglied. Der gab nun den Ton an und forderte, dass beanstandete Stellen gestrichen oder umformuliert werden sollten. Auf solche Anweisungen haben sich die Kirchenvertreter selten ohne Widerspruch eingelassen, sondern um Kompromisse gerungen, die sie auch gegenüber ihren Redaktionen vertreten konnten. Über das Ergebnis informierten dann die Kirchenleitungen ihre Gemeinden – mal in Abkündigungen, mal in Informationsbriefen an die Mitarbeiterschaft. Doch auch die breite Leserschaft war informiert. Denn in der Folge erschienen die Zeitungen bei ihnen später oder eben gar nicht.

Wesentliches Ärgernis für die SED war dabei die „Westpresse“. Vor allem der Evangelische Pressedienst (epd), der von 1979 bis zum Ende der DDR einen Korrespondenten in Ost-Berlin unterhielt, berichtete regelmäßig über die Zensureingriffe.

Das sorgte nicht nur für Schlagzeilen im westlichen Blätterwald, sondern war auch allabendlich für DDR-Bürger in den Radio- oder gar Fernsehnachrichten zu hören. Christine Lässig, damals Redakteurin und später Chefredakteurin von „Glaube +Heimat“, erinnert sich, dass die Arbeiter in der Druckerei der Zeitung, der SED-Druckerei Gera oft ungeduldig darauf warteten, den Andruck der Zeitung lesen zu können. Der habe dann regelmäßig die Runde gemacht und sogar auf der Toilette der Druckerei ausgelegen. Unbeabsichtigt hatte der Staat Reklame für die Kirchenzeitungen gemacht, die ja weder werben noch am Kiosk erscheinen durften.

Zugleich verschlechterte sich auch das Verhältnis zwischen Staat und Kirche in der DDR. Deutlich wurde das schon beim DDR-weiten Treffen der kirchlichen Basisgruppen „Frieden konkret“, das Ende Februar 1988 in Cottbus stattfand. Dem epd-Korrespondenten wurde die Teilnahme untersagt, Tag und Nacht wurde die Versammlung von zivilen und uniformierten Polizeikräften sowie der Staatssicherheit beobachtet. Von der Staatssicherheit ganz zu schweigen.

Dabei hatte das Thema der alljährlichen Zusammenkunft genau das Gegenteil zum Ziel: „Teilhabe statt Ausgrenzung – Wege zu einer solidarischen Lebens- und Weltgestaltung“. Hans-Jochen Tschiche, der damalige Direktor der Magdeburger Evangelischen Akademie, sprach auf der Zusammenkunft von einer „anderen Kultur“, die im Umfeld der Gruppen heranwachse: eine Kultur, „die dem Hang zur Gewalttätigkeit widersteht und menschenwürdige und umweltfreundliche gesellschaftliche Strukturen entwickelt, ausprobiert und durchsetzt“. Für sie war die kirchliche Presse ein wichtiges Forum zur Information und zum Dialog geworden.

Ein weiteres Forum waren die Synoden der Landeskirchen und des DDR-Kirchenbundes, die allesamt außer in Thüringen öffentlich tagten. Den Kirchenparlamenten gehörten zu einem guten Teil Menschen an, die nicht bei einer Kirche angestellt waren. Damit waren sie zugleich die einzig freien Volksvertretungen im Land. Was sonst in den DDR-Parlamenten undenkbar war: Es gab zu den unterschiedlichsten Themen offene Diskussionen und demokratische Beschlüsse. So auch auf der Berlin-Brandenburgischen Synode Mitte April 1988.

Dabei kam auch die massive Behinderung von Gottesdienstbesuchern der Sophienkirche am 8. März 1988 zur Sprache, die kontrolliert und zum Teil auch bedrängt und geschlagen wurden, weil unter ihnen „Ausreisewillige" gewesen sein sollen. Bischof Gottfried Forck kritisierte das klar und forderte unmissverständlich eine „harte Bestrafung" für die Verantwortlichen. Gleichzeitig rief er zum Bleiben in der DDR auf. Themen der synodalen Beratungen waren aber auch die Ereignisse in der Umweltbibliothek und die Verhaftungen am Rande der Rosa-Luxemburg-Demonstration sowie der staatliche Umgang mit Menschen, die nicht den Erwartungen der SED genügten. Auch die Absage an Prinzip und Praxis der Abgrenzung war ein Thema der Synodalen. Weitere Beratungsthemen waren die Ab- und Ausgrenzungen bei der gesellschaftlichen Mitverantwortung oder im Blick auf Informationen sowie die Menschenrechte und Wehrdienstfragen. Westliche Korrespondenten, die von der Synode berichten wollten, waren allerdings durch das DDR-Außenministerium von den öffentlichen Beratungen ausgeschlossen, was Synodalpräses Manfred Becker ebenso wie das Vorgehen gegen die Kirchenzeitungen als „antiquiert, unbrauchbar und aus Arsenalen längst vergessener Zeiten" bezeichnete.

Was lag für die Kirchenpresse näher, als darüber zu berichten? Fehlanzeige. Am 20. April meldete epd, dass vier kirchliche Wochenblätter sowie der Informationsdienst ena nicht erscheinen durften. Betroffen von den Eingriffen waren wiederum die „Kirche" mit ihren fünf regionalen Ausgaben, das ebenfalls von der Berlin-Brandenburgischen Kirche herausgegebene Wochenblatt „Potsdamer Kirche". Nicht ausgeliefert wurden zudem „Glaube+Heimat" und die „Mecklenburgische Kirchenzeitung". Korrigierte Berichte erschienen nach dem Ausfall in der nächsten Nummer in drei Zeitungen, „Die Kirche" wiederum durfte zum zweiten Mal hintereinander nicht erscheinen. Für die Redaktionen war das zwar hart, aber nicht unerwartet.

Und das, obwohl am 4. März überraschend Staats- und Parteichef Erich Honecker mit dem Vorsitzenden des DDR-Kirchenbundes und Thüringer Landesbischof Werner Leich zusammengetroffen war. Anlass war der zehnte Jahrestag des Spitzengesprächs vom 6. März 1978, bei dem Honecker den Vorstand des Evangelischen Kirchenbundes empfangen hatte. Doch anders als damals war angesichts der von Leich vorgetragenen Beschwerden die Verstimmung nicht zu überhören. Und das betraf auch die Situation der Kirchenzeitungen.

War es doch in den zurückliegenden Wochen auch jenseits von Synoden ständig zu staatlichen Eingriffen gekommen. Ein Beispiel für die Breite der beanstandeten Themen war ein Artikel zum 75. Geburtstag des Schriftstellers Stefan Heym in der „Kirche“, der nicht erscheinen durfte, oder ein kritischer Text von Altbischof Werner Krusche zur Entwicklung der Staat-Kirche-Beziehungen. Das Blatt hatte auch in seiner Osterausgabe zwei Berichte über Synodaltagungen in Schwerin und Dresden korrigieren müssen. Thematisiert wurden da die unterbundene Mitbestimmung und fehlende Reisemöglichkeiten, die beruflichen Benachteiligungen von kritischen Jugendlichen. Es lebe sich leichter in einer Gesellschaft, in der Schwierigkeiten nicht als Vorteil dargestellt, sondern offen benannt werden. Das durfte nicht gedruckt werden. Doch die „wegzensierten“ Texte waren unübersehbar: Die Redaktion hatte an ihrer Stelle weiße Flecken gelassen.

Die Leserinnen und Leser hat es gefreut, den Staat weniger. Und die Menschen wurden, je mehr den Staat verließen, umso mutiger. Immer selbstbewusster forderten sie Mitbestimmung und freiheitliche Rechte ein. So auch die DDR-weit vernetzte „Solidarische Kirche“, die mit 100 Vertreterinnen und Vertretern auf ihrer Vollversammlung am 1. Mai gegen die „drastischen Eingriffe in die kirchliche Informationsarbeit in den letzten Wochen“ mit einer Erklärung protestierte. Unzählige Eingaben, Protestschreiben der Leserinnen und Leser, erreichten zudem das Presseamt oder den Staatsrat. Andere fragten unverblümt bei der „Deutschen Post“ nach, wo denn ihre nicht ausgelieferte Zeitung geblieben sei. Das Gespräch über Lebensfragen, die längst zu Überlebensfragen geworden waren, wurde mehr und mehr Menschen immer wichtiger.

So war es auch, als im Juni 1988 vier evangelische Kirchentage in Görlitz, Erfurt, Rostock und Halle stattfanden. „Umkehr führt weiter“, war das tiefgründige Leitwort für die Treffen in Erfurt und Halle. Gemeinsam mit Friedrich Schorlemmer und dem späteren Magdeburger Ministerpräsidenten Reinhard Höppner hatte der Wolfener Pfarrer und spätere Bischof Axel Noack ein Papier zur kirchlichen und gesellschaftlichen Erneuerung in Halle vorgestellt. 20 Thesen, die sich bis heute hochaktuell lesen. Die von Michael Gorbatschow erhobene Forderung nach Glasnost (Offenheit) und Perestroika (Umgestaltung) war nicht zu übersehen. Die Verfasser wollten „einen produktiven Streit“ in Gang bringen. Dafür wären in der Gesellschaft allerdings angstfreie Räume und demokratische Formen nötig. Die gesellschaftliche Partizipation wäre unterentwickelt. Das hätte zu einem „Gemisch aus Apathie, organisierter Verantwortungslosigkeit, Tabuisierung und Verleugnung von Problemen“ geführt.

Der Staat lieferte prompt den Beweis, dass es tatsächlich so war. Genau diese Passagen wurden in den Kirchenzeitungen neben Friedens- und Umweltfragen beanstandet, was zum Nichterscheinen führte: „Glaube+Heimat“ durfte nicht erscheinen, wie auch die „Mecklenburgische Kirchenzeitung“. Zwei Nummern der „Kirche“ wurden „wegzensiert“. Christine Lässig erinnert sich sehr lebhaft an einen beanstandeten Beitrag, den sie für „Glaube+Heimat“ und „Die Kirche“ geschrieben hatte: „Blechkuchen mit Panzern aus Marzipan“. Die evangelische Frauenarbeit hatte beim Kirchentag in Erfurt auf einem Kuchenblech Panzer aus Marzipan präsentiert, die, wie Christine Lässig sich erinnert, „die Besucher sich im Vorbeigehen schmecken ließen“. Die Botschaft „Militär, nein danke!“ war angekommen.

Weniger humorvoll wurde die Zensur von Äußerungen des West-Berliner Rabbiners Ernst M. Stein in der Wochenzeitung „Die Kirche“ aufgenommen. Einem jüdischen Mitbürger sollte der Mund verboten werden! Stein hatte unter anderem geäußert, dass sich lediglich die Umstände, nicht aber die Menschen mit ihren Vorurteilen gegenüber Juden geändert hätten.

Am 26. Juni traf ein dringendes Telegramm bei DDR-Ministerpräsidenten Willi Stoph ein. Die Leitung der Evangelisch-Lutherischen Kirche in Thüringen forderte die Freigabe ihrer Kirchenzeitung. In einem Rundbrief wurden die Gemeinden drüber unterrichtet. Das DDR-Presseamt hatte wie auch in anderen Zeitungen mehrere Beiträge über die Kirchentage gestrichen. Die Begründung: Die Kirchenleitung maße sich an, als „Stellvertreterin in Sachen Glasnost sich in die Angelegenheiten des Staates einzumischen“. Die Redaktion sollte darum fünf Beiträge aus ihrer Zeitung streichen. Herausgeber, Landeskirchenrat und Redaktion sahen sich jedoch nicht in der Lage, „sich dem Diktat des Presseamtes zu fügen“. Also erschien die Zeitung nicht, auch die „Mecklenburgische Kirchenzeitung“ hatte sich dem Diktat nicht gebeugt. „Die

Kirche“ durfte gleich mit zwei Ausgaben nacheinander nicht erscheinen. Auch Bischof Gottfried Forck hatte als Herausgeber bei Stoph deutlich protestiert.

Nach einer Absage im Juli fand dann überraschend am 10. August ein Gespräch zwischen dem Vorsitzenden des DDR-Kirchenbundes Werner Leich und dem neuen Staatssekretär für Kirchenfragen, Kurt Löffler, statt. Auch der Chefredakteur von „Glaube+Heimat“, Gottfried Müller, war dabei. Zu dem Treffen, das, wie er sich erinnert, von staatlicher Seite „ziemlich ruppig“ stattfand, hatte er die genaue Statistik der Zensureingriffe seit Februar mitgebracht:

Die Kirche: viermal nicht erschienen, 11 Eingriffe
„Glaube+Heimat“: zweimal nicht erschienen, 7 Eingriffe
Mecklenburgische Kirchenzeitung: zweimal nicht erschienen, 8 Eingriffe
Potsdamer Kirche: zweimal nicht erschienen, 4 Eingriffe
Der Sonntag: kein Ausfall, 5 Eingriffe

In der Tasche hatte Gottfried Müller nach dem Gespräch einen vom Presseamt verkündeten „Tabukatalog“, der nicht neu war, bereits im Februar war er schon einmal mitgeteilt worden. „Da ging es um so ziemlich alles, was für uns als Zeitungsmacher interessant war“, erinnert sich Chefredakteur Müller: um Fragen des Wehrdienstes, der Energieprobleme, der Menschenrechte, des Bildungswesens sowie der Ausreise.

„Natürlich haben sich die Redaktionen nicht daran gehalten, doch die ‚Schere im Kopf‘ war trotzdem immer dabei“, erinnert sich „Glaube+Heimat“-Redakteurin Dietlind Steinhöfel. Ging es doch stets auch um die Frage der Lizenz. Ihr Entzug hätte das Ende der Zeitung bedeutet. Gekämpft hat sie ebenso wie ihre Kolleginnen und Kollegen in den anderen

Zeitungen dennoch um die Themen. Zum Beispiel die Redaktion der „Kirche“ bei ihrer Berichterstattung über die Bundessynode in Dessau Ende September 1988. Da ging es um den Umgang des Staates mit seinen Bürgern, um fehlende Toleranz, Verständnis und Rechtssicherheit. Mehrere Versuche, die staatlichen Einwände mit Textänderungen zu berücksichtigen, führten nicht zum Erfolg. Die Zeitung erschien zum fünften Mal nicht.

Im Oktober war dann das Maß voll. Ein Gebet der zweiten Ökumenischen Versammlung in Magdeburg wurde zensiert, Passagen, in denen es um die Forderung nach Erneuerung der Gesellschaft ging, sollten gestrichen werden. Es ging um „die Bitte an Gott: Hilf, dass durch die Beratungen der Prozess der Umkehr und Erneuerung in unserem Land gefördert wird“. Für „Glaube+Heimat“, die „Mecklenburgische Kirchenzeitung“, „Der Sonntag“ und „Die Kirche“ war ein derartiger Eingriff, die Zensur eines Gebetes, nicht hinnehmbar. Sie nahmen das Gebet ganz aus den Zeitungen. In der „Kirche“, die nach dreiwöchiger Unterbrechung wieder erscheinen sollte, war in der Ausgabe zum 2. Oktober an seiner Stelle der Psalm 43 – ein „Fluchpsalm“ zu lesen. Er beginnt mit den Worten: „Gott, schaffe mir Recht ...“

Dafür stritten dann unerwartet mutige Christinnen und Christen, was keiner vorausgesehen hatte. In Ost-Berlin waren Flugblätter aufgetaucht: mit dem Jesaja-Spruch „Fürchte Dich nicht“ auf der Vorderseite und auf der Rückseite etwas, was alles Erdenkliche seit dem Mauerbau sprengte: der Aufruf zu einer Demonstration, einem Schweigemarsch für Pressefreiheit vom Evangelischen Konsistorium zum Presseamt beim DDR-Ministerrat. Der Anstoß dazu kam von Sozialdiakonen aus Berlin-Weißensee, dem Ost-Berliner Stadtjugendpfarramt sowie der Initiative Frieden und Menschenrechte. „Als Leser sind wir nicht länger gewillt, die Behinderung kirchlicher Pressearbeit hinzunehmen", stand da. Und so kam es dann an diesem 10. Oktober 1988. Trotz eines Großaufgebots von Polizei und Staatssicherheit sowie „Zuführungen" bereits in den Wohnungen war es 200 jungen Menschen gelungen, sich am Konsistorium zu versammeln. Sie kamen nur einige Schritte weit, da wurden die Ersten zu Boden geschlagen. Und dann geschah das Unglaubliche: Der Sozialdiakon Mario Schatta war zur Festnahme in ein Polizeiauto gebracht worden. Die Demonstranten forderten: „Entweder wir alle oder keiner." Und sie begannen, freiwillig auf die Polizeifahrzeuge zu steigen, 50 wurden so in die Stasi-Untersuchungshaft gebracht. Die Gewaltfreiheit der Friedlichen Revolution genau ein Jahr später hatten sie vorweggenommen.

Am nächsten Abend wurde bei einer Solidaritätsveranstaltung in der Golgathakirche verkündet, dass alle wieder frei waren – dank der Verhandlungen der Kirche, aber auch der West-Korrespondenten, die ausführlich berichtet hatten. Das allerdings hatte auch andere Folgen: Am 13. Oktober fand im Deutschen Bundestag eine aktuelle Stunde zum Thema Pressezensur in der DDR statt. Die DDR-Medien indes hatten von einer „Zusammenrottung" gesprochen, vom „bestellten West-Fernsehen". Stadtjugendpfarrer Wolfram Hülsemann übte daran auf dem kurz danach stattfindenden Stadtjugendsonntag scharfe Kritik.

Ein Stein war ins Rollen gekommen, der nicht mehr aufzuhalten war. Auch das Verbot des „Sputnik" am 19. November 1988 konnte daran nichts ändern. Bei einem Gespräch am 20. Oktober verständigten sich Chefredakteure und Herausgeber aller fünf Kirchenblätter darauf, sich auch künftig den Fragen zu stellen, die Menschen in Kirche und Gesellschaft bewegen. Der Unterstützung der Leserinnen und Leser konnten sie sicher sein. Was den Staat allerdings bewog, Ende 1988 die Zensur so gut wie einzustellen, bleibt ein Rätsel.

Einen einzigen Texteingriff gab es noch im Mai 1989 im Zusammenhang mit der Einweihung des Greifswalder Domes, bei der Bischof Gottfried Forck vom offiziellen Empfang des Stadtoberhaupts ausgeladen wurde. Es gab die Sorge, er könnte ihm anvertraute Unterschriften gegen die Wahlfälschung Erich Honecker übergeben.

Ein Rätsel bleibt allerdings auch, warum der staatliche Zensor über all die Zeit hinweg Bilder so gut wie nicht berücksichtigt hatte. Ausgerechnet ein Foto sollte es sein, als die Zensur 1989 zum letzten Mal zuschlug. „Die Kirche“ hatte in ihren Berliner Ansichten einen Straßenarbeiter gezeigt, der im U-Bahntunnel steht – mit einem Aufkleber „DDR“ auf seinem Mülleimer.

Im August 1989, auf dem Höhepunkt der Flucht aus der DDR – Ungarn hatte inzwischen seine Grenzen geöffnet –, wurden in der Öffentlichkeit noch immer die Themen Mauer und Flucht totgeschwiegen. In „Die Kirche“ erschien ein Kommentar des damaligen Wolfener Pfarrers und späteren Magdeburger Bischofs Axel Noack. „Herr Pfarrer, was sagt denn die Kirche?“ Darin fragte er, wie es dazu kommen konnte, dass „sich so viele Menschen in Abwägung der Güter für möglichen materiellen Zugewinn entscheiden und dafür menschliche Bindungen zurücklassen“. Und er sprach von der Lebensangst der Menschen. Das blieb nicht ohne Folgen. Am 11. September wurde er zu einem Gespräch zur Abteilung Inneres seines Kreises zitiert. Es ging um den Vorwurf, „Kirche schaffe eine

Opposition zu unserer Staatsführung". Als Verantwortlichen hatte die SED den Wolfener Pfarrer ausgemacht. Und was tat der? Er bekannte sich zu einem Zeitpunkt, als kein Mensch wusste, wie dieser Herbst enden würde, klar zu dieser Opposition – und setzte noch eins drauf, indem er eine Analyse darüber forderte, „warum so viele Menschen unser Land verlassen". Das sollte endlich auch öffentlich diskutiert werden.

Was bleibt als Vermächtnis für die kirchliche Presse? Wohl das, was Chefredakteur Gerhard Thomas bei seinem Abschied von „Die Kirche" schrieb: „Wir waren damals davon überzeugt, dass protestantische Publizistik sowohl gegenüber der Kirche als auch gegenüber der Politik eine kritische Funktion hat." Die Trägerkirchen seien gut beraten gewesen, diese eigenständige Publizistik zu fördern und die Kirchenzeitungen nicht als Sprachrohr zu missbrauchen. Er ist überzeugt: Diese Positionsbestimmung ist nicht überholt, sie war nicht nur situationsbedingt. Heute müsse die Kirchenpresse den veränderten Verhältnissen einer demokratisch-pluralistischen Gesellschaft Rechnung tragen.

Und weiter: Die kirchliche Presse müsse am Gespräch über die Grundsatz- und Zukunftsfragen in Kirche und Gesellschaft teilnehmen. Das bedeute nicht, dass sich ihre kritische Funktion erledigt habe. Die Parteilichkeit des Evangeliums müsse erkennbar sein. Thomas erinnert an die Ökumenischen Versammlungen 1988/89, die das so formuliert haben: „Gerechtigkeit für alle Benachteiligten und Unterdrückten zu schaffen, dem Frieden mit gewaltfreien Mitteln zu dienen und das Leben auf dieser Erde zu schützen und zu bewahren." – Was für ein Auftrag und Vermächtnis für die Redaktionen der Kirchenzeitungen heute.

Bettina Röder ist seit 1998 verantwortliche Redakteurin bei Publik-Forum. Von 1981 bis 1983 war sie als Redakteurin bei DER SONNTAG tätig, dann freie Journalistin, unter anderem für Sonntagsblatt, epd, WDR, Deutschlandfunk. Von 1987 bis 1997 arbeitete sie als Redakteurin bei der evangelischen Wochenzeitung DIE KIRCHE in Ost-Berlin, 1997 bis 1998 in der Chefredaktion der Mitteldeutschen Kirchenzeitungen.

EIN KIND DER FRIEDLICHEN REVOLUTION

WIE „BENJAMIN", DIE ERSTE EVANGELISCHE ZEITSCHRIFT FÜR KINDER IN DEUTSCHLAND, AUS „GLAUBE+HEIMAT" HERVORGING

Bettina Röder

Es war im März 1990, nur vier Monate nach dem Mauerfall. Das Land, besonders der Osten Deutschlands, war in Aufruhr. Die kleine Susanne auch. Was lag da für die Zwölfjährige näher, als der gerade neu erschienenen evangelischen Kinderzeitschrift „Benjamin" einen Leserbrief mit ihren Fragen zu schreiben. „Was ist mit Gorbi los? Klärt uns doch mal über die Situation in der Sowjetunion auf. Ich versteh das alles nicht." Auch der zehnjährige Benjamin meldete sich zu Wort. Er hatte andere Sorgen. „Ich heiße auch Benjamin und finde die Zeitung sehr gut", schrieb er. Besonders die Geschichten von der Kirchen-Maus Amalie gefielen ihm. Denn auch er besitze eine Maus. Die allerdings heißt Pepino. Doch viele wahre Geschichten könne er auch über sie schreiben, zum Beispiel wie Pepino Kapitän auf dem Segelboot in der Badewanne war.

Dietlind Steinhöfel, der Initiatorin und Chefredakteurin der neuen Zeitschrift, hat das gefallen. Wollte sie doch eine christliche Zeitschrift für Kinder machen, die mitten im Leben verortet ist. Anfang März 1990, der ostdeutsche Markt wurde in dieser Zeit von westlichen Hochglanzzeitungen zu Dumpingpreisen überschüttet, hatte sie die ersten druckfrischen Exemplare von „Benjamin“ aus der Druckerei in Gera in Empfang genommen – und war mit gutem Grund auch stolz darauf. „Benjamin“ war ein Novum auf dem Zeitschriftenmarkt. War es doch die erste evangelische Zeitschrift für Kinder in Deutschland.

Sie erschien zweifarbig im schmalen rheinischen Format und kostete stolze 60 Pfennig Ost. Mit ihren acht Seiten, die bald auf 16 Seiten erweitert wurden, bot das neue Blatt so manches, was das Kinderherz begehrte. Kein Religionslehrerblatt sollte es sein, sagt Dietlind Steinhöfel im Rückblick, und keine fromme Erbauung. Sondern Geschichten von Amalie, der Kirchenmaus, und biblische Geschichten. Auch die über den jüngsten der zwölf Brüder Josefs, nach dem die Zeitschrift benannt war: ein lebenstüchtiger, starker Junge, der mit seinen Brüdern über Hunderte von Kilometern nach Ägypten gewandert war.

Ein journalistisches Produkt war erschienen, das Kinder zwischen acht und zwölf Jahren vor dem Hintergrund des christlichen Glaubens ein Stück durch das Leben begleiten, ihnen Werte vermitteln wollte. Die Redaktion saß in Weimar in den Räumen der evangelischen Thüringer Wochenzeitschrift „Glaube+Heimat“, deren Redaktion Dietlind Steinhöfel bis dahin angehörte.

„Wir waren voller Illusionen, glaubten, Berge versetzen zu können“, erinnert sie sich heute. „Ohne das wäre das wohl auch nicht gegangen.“ Und sie fügt vergnügt hinzu, dass die Auflage der ersten Ausgabe 30.000 Exemplare betrug. Mit einem Bauchladen war sie durch die Straßen Weimars gelaufen und hatte die Zeitschrift angepriesen. Auch andere hatten sich für sie stark gemacht. Mitstreiterin der ersten Stunde war auf einer halben Stelle als zweite Redakteurin Christine Voigt. Der Mini-Redaktion stand ein achtköpfiger Redaktionsbeirat beiseite. Auch die evangelische Kirchenpresse im Osten hatte sich für das Blatt eingesetzt.

Ein beispielloses Novum war auch, dass die Regierung in Ost-Berlin schon am 4. Januar 1990 eine Lizenzurkunde mit der Nummer 1719 ausgestellt hatte. Als kurz darauf, nach der ersten freien Volkskammerwahl in der DDR, der langjährige Chefredakteur von „Glaube+Heimat", Gottfried Müller, Medienminister in Ost-Berlin wurde, fand die neue Zeitschrift sogar im ersten frei gewählten DDR-Ministerrat Unterstützung. Die gab es aber auch durch die Thüringer Landeskirche, den DDR-Kirchenbund und später durch die Evangelische Kirche in Deutschland (EKD).

Seit 1997 erschien die Kinderzeitschrift „Benjamin" im Gemeinschaftswerk der Evangelischen Publizistik in Frankfurt/Main. Das Gemeinschaftswerk gab das Projekt im Dezember 2001 auf – aus finanziellen Gründen, wie es hieß. Ob es andere Beweggründe gab, ist nicht bekannt. „Benjamin" hatte damals 6.000 Abonnenten.

Doch die einzigartige Kinderzeitschrift lebt weiter – nach bewegenden Jahren, in denen der Fortbestand so manches Mal am seidenen Faden hing. Und sie wird nach wie vor von Jung und Alt gern gelesen. Stark gemacht hatte sich dafür die Evangelische Landeskirche in Württemberg. Herausgeber ist seit vielen Jahren der Verlag Evangelische Gemeindepresse GmbH in Stuttgart unter dem Geschäftsführer Frank Zeithammer.

Die Zeitschrift, die bis heute auf 24 Seiten Wissen und christliche Werte vermittelt, gibt Spieltipps, informiert auf Themenseiten über Medien, Tiere und biblische Geschichten, es gibt Elternbriefe. Chefredakteurin Kathrin Kommerell ist auch Kinderbuchautorin. Sogar eine aktuelle TV-Serie gibt es, in der Kinder eigene Theaterstücke spielen. Und so ist es bis heute dabei geblieben: „Religion soll den Kindern schließlich auch Spaß machen“, sagt „Benjamin“ Gründerin Dietlind Steinhöfel, die heute auch im Beirat sitzt und nach wie vor für die Zeitschrift schreibt.

Bettina Röder ist seit 1998 verantwortliche Redakteurin bei Publik-Forum. Von 1981 bis 1983 war sie als Redakteurin bei DER SONNTAG tätig, dann freie Journalistin, unter anderem für Sonntagsblatt, epd, WDR, Deutschlandfunk. Von 1987 bis 1997 arbeitete sie als Redakteurin bei der evangelischen Wochenzeitung DIE KIRCHE in Ost-Berlin, 1997 bis 1998 in der Chefredaktion der Mitteldeutschen Kirchenzeitungen.

2024 – PFADFINDER IN DER DIGITALEN MEDIENWELT

DIE PERSPEKTIVE DER KIRCHENPRESSE IN MITTELDEUTSCHLAND

Willi Wild

„Erreicht Sie unsere Verzweiflung aus den Gemeinden – wir haben kein Personal. Wer soll sich um die Arbeit mit Kindern kümmern?" Die Kirchenälteste spricht Klartext am 5. Oktober 2017 in Torgau. Gerade wurde der Einweihung der Schlosskapelle durch Martin Luther im Jahr 1544 in einer Andacht mit Landesbischöfin Ilse Junkermann gedacht. Die anschließende Podiumsdiskussion zum Thema „Der Weg der Kirche nach 2017" sollte den Schwung und Spirit des Reformationsjahres mit den „Kirchentagen auf dem Weg" und den Feierlichkeiten in Wittenberg aufnehmen und weitertragen. Da wirkte die Stimme aus der gemeindlichen Realität fast störend.

Gerade sowie die Berichterstattung in der Kirchenzeitung über dieses Ereignis. Niemand hätte den Satz mitbekommen, den – so wahr wie traurig – die Landesbischöfin den erstaunten Torgauern mitgab: „Ja, wir sind am Ende mit unseren Modellen und Vorstellungen, wie Kirche und Gemeinde sein sollen." Ich könnte es kurz machen und in Anlehnung an diese These auch das Ende des kirchennahen Journalismus verkünden. Anzeichen dafür gibt es reichlich. Während in der DDR die Abos „vererbt“ wurden und die begehrten Exemplare der kontingentierten Auflage durch viele Hände gingen, ist die Zahl der Abonnenten seit dem Mauerfall stark rückläufig. Neue Leser sind schwer zu gewinnen, der Altersdurchschnitt beträgt mittlerweile 70 Jahre und der Bestand verringert sich in erster Linie aus biologischen Gründen. Aus dem kirchlichen Erlösmodell von einst ist ein Zuschussgeschäft geworden. Angesichts gestiegener Papierpreise und zunehmender Zustellprobleme ist die gedruckte Zeitung ein Auslaufmodell. Ob dem Printtitel, wie vor kurzem der Vinyl-Schallplatte, eine Wiedergeburt beschert sein wird, kann heute keiner vorhersagen. Fakt ist allerdings: Wer die verbliebenen Abonnenten der Kirchenpresse ignorant und alternativlos abwickelt, wird sie auch bei einem Comeback nicht mehr zurückgewinnen können. Die vor allem im Osten von den Kirchenzeitungen aufgebaute starke Leser-Blatt-Bindung wird mit keinem wie auch immer gearteten Folgemedium auch nur ansatzweise erreicht werden.

Die Medienwissenschaftlerin und evangelische Theologin Johanna Haberer sprach 2005 in einem Vortrag in Leipzig von der „regionalen Tiefenwirkung“ als gewichtigstem publizistischen Beitrag der Kirchenzeitungen. „Diese Blätter haben die Kirche dort im Auge, wo sie am vitalsten ist; an der Gemeindebasis. Und sie vermitteln die Anliegen der Gemeindebasis in eine kirchliche Öffentlichkeit hinein. Es liegt von daher im tiefsten Interesse der Kirchenleitungen, dieses Forum für Information, kritische journalistische Begleitung, Chronistenpflicht und Auseinandersetzung, so lange es nur irgend geht, zu erhalten.“

Status quo – Die Zeitung unter Druck

Ende 2023 ist mit dem „Evangelischen Kirchenboten“ für die Pfalz die älteste Kirchenzeitung der Welt, die seit 1846 in Speyer erschien, eingestellt worden. „Es tut auch mir in der Seele weh“, bedauert die pfälzische Kirchenpräsidentin Dorothee Wüst die Entscheidung der Kirchenleitung. „Aber es gab keine Alternative.“ Gab es die wirklich nicht oder musste die Zeitung digitalen Projekten weichen? 6.000 Abonnenten verlieren damit ein Stück Anbindung an ihre Kirche. Die Evangelische Kirche der Pfalz setzt damit, wie bereits andere EKD-Gliedkirchen vor ihr, auf Öffentlichkeitsarbeit anstatt auf kirchennahen Journalismus, auf Selbstdarstellung anstatt auf Journalismus und Diskurs.

Ebenso erging es den 4.000 Abonnenten der „Evangelischen Sonntagszeitung“ aus Frankfurt am Main. Anstelle der wöchentlichen Berichte aus der Evangelischen Kirche in Hessen und Nassau werden die Leser nun mit der monatlichen Zeitschrift „chrismon plus“ beliefert. Das gleiche Schicksal ereilte bereits vor 20 Jahren die Leser der Kirchenzeitung im Rheinland „Der Weg“. Der Traditionstitel wurde eingestellt zugunsten der monatlichen Regionalausgabe von „chrismon“. Auch hier wurden viele evangelische Leser heimatlos zurückgelassen. Der Transfer misslang. Die Zahl der Abonnenten ging damals, nach der Einstellung der Kirchenzeitung „Der Weg“ und der Umleitung der Leser auf „chrismon“, um mehr als 10.000 (!) zurück. Das mag auch daran gelegen haben, dass die sogenannten Hochverbundenen, aus denen sich die Leserschaft einer regionalen Kirchenzeitung im Wesentlichen zusammensetzt, wenig mit dem monatlichen Magazin und den ohne Zweifel gut gemachten, aber regional- und institutionskirchlich unspezifischen Themen anfangen konnten. Das

Abonnement hatten sie jedenfalls einst für andere Inhalte und Perspektiven abgeschlossen.

Die Sonntagsblätter sind ein unverzichtbares Forum der Verständigung zwischen Haupt- und Ehrenamtlichen in der Kirche, und sie haben mit der Mischung aus geistlicher Erbauung und kirchlichen Informationen ein Alleinstellungsmerkmal in der evangelischen Publizistik. Der Publizist und ehemalige Chefredakteur der „Thüringer Allgemeinen“ Sergej Lochthofen bezeichnet die Zeitung als das „Wohnzimmer des Lesers“. Veränderungen im Interieur sollten immer behutsam vorgenommen werden, damit sich der Leser noch in seiner Wohnstube zurechtfindet und wohlfühlt. Wenn nun gleich das gesamte Gebäude eingerissen und ein völlig neues Fertighaus daraufgesetzt wird, sollte man nicht davon ausgehen, dass die Leser diese Veränderung goutieren. Dabei wird oft schlicht missachtet, dass nicht eine Institution, sondern die Abonnenten die Auftraggeber sind. Dass sich die Begeisterung der langjährigen Bezieher über diese Entscheidungen, die über ihre Köpfe hinweg gefällt wurden, in Grenzen hielt und hält, ist nicht verwunderlich.

Das kritische Gegenüber

In Grenzen hielten sich auch das Presseecho und die Reaktionen aus den Landessynoden über die Ankündigung der Abwicklung der evangelischen Zeitungen. Im Gegenteil. Die Schließungen wurden noch als „Erfolgsgeschichten“ verkauft. Als einen „innovativen Schritt zur Sicherung der evangelischen Medienarbeit“ bezeichnete der EKD-„Medienbischof“ und hessische Kirchenpräsident Volker Jung die Fusion des Frankfurter Medienhauses mit dem Gemeinschaftswerk der Evangelischen Publizistik (GEP), bei der die Kirchenzeitung und ihre Abonnenten nicht mehr vorgesehen waren. Mit dem Ende der Printtitel wird aber nicht etwa die evangelische Medienarbeit gesichert, sondern ein dünner Ast abgesägt, auf dem kirchliche Publizistik sitzt. Und mit dem Ende der gedruckten Zeitung wird gleich noch der kirchennahe Journalismus mit abgewickelt.

Wolfgang Baader, bis 1981 Geschäftsführer des Evangelischen Presseverlages Nord, sah bereits 1967 auf einer Tagung in Frankfurt am Main die Entwicklung voraus: „Unter der Diktatur der leeren Kassen und unter der Kontrolle landeskirchlicher Rechnungsprüfer erstirbt über kurz oder lang die Pressefreiheit mit tödlicher Sicherheit. Dann ist es endgültig aus mit der redaktionellen Freiheit, meine verehrten Kollegen." Mit der Einstellung von Kirchenzeitungen sinken auch die Chancen, gemeinsame verlegerische Konzepte über die Grenzen von Landeskirchen hinweg zu erreichen. Die junge Kooperation von „Evangelische Zeitung", „Unsere Kirche", „Die Kirche", „Evangelische Sonntagszeitung" und „Evangelischer Kirchenbote" ist durch die Einstellung der beiden Letztgenannten bereits nach einem Jahr geschwächt. Das wirkt sich auch auf den inhaltlichen Austausch von Beiträgen im Portal der Kirchenpresse aus.

Seit 1998 gibt es die Medienpartnerschaft in Mitteldeutschland mit der Kooperation zwischen der sächsischen Kirchenzeitung „Der Sonntag" und der Mitteldeutschen Kirchenzeitung „Glaube+Heimat" auf dem Gebiet der Evangelischen Kirche in Mitteldeutschland und der Evangelischen Landeskirche Anhalts. Die Kooperation kennt Höhen und Tiefen, hat aber bis heute Bestand. Mit jeder Sparrunde in den Landeskirchen müssen auch die publizistischen Kooperationen wieder neu justiert werden. Eine Zusammenlegung beider

Titel ist deshalb perspektivisch angedacht. Angesichts knapper Kassen wird die Notwendigkeit von ungebundener kirchlicher Publizistik zunehmend infrage gestellt. Die Publizistik sollte sich selbst tragen oder in der kirchlichen Öffentlichkeitsarbeit aufgehen, lauten die Vorgaben. Aber, indem die Kirche Medien, die der Meinungsbildung und Auseinandersetzung dienen, einstellt, zieht sie sich auch zu einem Großteil aus ihrer gesellschaftlichen Verantwortung zurück. „Eine Kirche, die ihr kritisches Gegenüber aufgibt, kocht im eigenen Saft“, so Johanna Haberer schon 2005.

Der „heimliche Riese“ geht digital

Die Kommunikation hat sich im Zuge der Digitalisierung grundlegend verändert. In der Corona-Krise musste auch bei der kirchlichen Publizistik in Sachen Digitalität der Turbo eingelegt werden.

Im Wartburg Verlag, in dem „Glaube+Heimat“ erscheint, ist zusammen mit der Evangelischen Kirche in Mitteldeutschland (EKM) eine digitale publizistische Strategie entwickelt worden. Im Zentrum der Überlegungen stand dabei der „heimliche Riese“, wie ihn einst der „Vater der evangelischen Publizistik“, Robert Geisendörfer, bezeichnet hat: der Gemeindebrief. Die mit Abstand auflagenstärkste kirchliche Publikation birgt ein enormes Kommunikationspotenzial. Die Reichweite des „Blättchens“ liegt bei mindestens 87 Prozent der Kirchenmitglieder. In der EKD gibt es schätzungsweise 6.000 Gemeindebriefe. Man rechnet in etwa die gleiche Anzahl bei den Pfarrbriefen in der katholischen Kirche. Bei einer durchschnittlichen Auflagenhöhe von 2.500 Exemplaren kann man EKD-weit von einer Gesamtauflage von 15 Millionen Exemplaren ausgehen. Diese Zahl ist realistisch, da die Gemeindebriefdruckerei (Stand Herbst 2023) jährlich 40 Millionen Exemplare druckt und etwa ein Drittel der Gemeinde- und Pfarrbrief-Redaktionen zu den Kunden des Unternehmens aus Groß Oesingen zählt.

Die Größenordnung ist nicht verwunderlich. Trotz Mitgliedereinbruch stellen die Kirchenmitglieder nach wie vor die mit Abstand größte organisierte zivilgesellschaftliche Gruppe dar. Der Evangelische Presseverband in Mitteldeutschland (EPVM) ließ darum prüfen, wie die Redaktion der Kirchenzeitung die Arbeit der meist ehrenamtlichen Gemeindebrief-Redakteure unterstützen kann. Daraus entstand das Gemeindebrief-Portal „Parochia“. Der Arbeitsauftrag war, ein Instrument zu entwickeln, das webbasiert, also ortsunabhängig, funktioniert und einfach, ohne Vorkenntnisse, zu bedienen ist. Im Portal „meine-kirchenzeitung.de“ können mittels eines Print-Moduls die Vorlagen für den gedruckten Gemeindebrief erstellt sowie die Inhalte per Knopfdruck in einem Online-Newspool veröffentlicht werden. Dort kann zudem ein Austausch von Inhalten stattfinden und diese auch in Social-Media-Kanälen geteilt werden. Gemeinde-Reporter veröffentlichen ihre Beiträge ebenso wie die Gemeindebrief-Redaktionen.

Für die Kirchenzeitungs-Redaktionen von „Der Sonntag“ und „Glaube+Heimat“, die ebenfalls in diesem Redaktionssystem arbeiten, ergeben sich praktische Synergien. Mit den Gemeindebriefen steht ein weitverzweigtes Netz an „Lokal“-Redaktionen zur Verfügung. Kommunikation ist, anders als bei manch anderen Digital-Projekten, keine Einbahnstraße. Der Austausch von Inhalten zwischen Gemeindebriefen untereinander und mit den Kirchenzeitungen ist auf der digitalen Oberfläche barrierefrei möglich. Auch kirchliche Ebenen und Einrichtungen können dieses Tool zur Mitglieder-Kommunikation nutzen und die Gemeindebasis über die Gemeindebriefe sowohl online als auch klassisch via Print ohne großen technischen Aufwand erreichen.

Das Ziel ist der Weg – digitale Strategie

Das Portal ist kein Modul oder irgendein Baustein, der in eine Digitalisierungsstrategie integriert werden muss. Es ist die Digitalisierungsstrategie selbst, durch die Möglichkeiten, die es bietet. Mit dem Gemeindebrief-Portal ist ein Instrument geschaffen worden, mit dem eine flächendeckende Vernetzung innerhalb einer Landeskirche möglich wird. Es ist das Tool für dialogorientierte Kommunikation einer Interessengruppe. Und es vereinigt unterschiedliche Ausspielwege auf einer Oberfläche. Während digitale Projekte oftmals scheitern, weil sie von der anvisierten Zielgruppe nicht gesucht oder wahrgenommen werden, ist der Ansatz hier ein anderer. Das Portal ist bedarfsorientiert angelegt und soll die ehrenamtliche Arbeit erleichtern. Der gemeinsame Entstehungsprozess stärkt das Gemeinschaftsgefühl. Der große Erfolgsfaktor ist die Tatsache, dass eine bereits bestehende, reale Community – die Kirchengemeinde mit all ihren Facetten – virtuell abgebildet wird. Das System eröffnet der kirchlichen Öffentlichkeitsarbeit zudem die Möglichkeit, Teil dieser Community zu sein und Inhalte formatgerecht zu platzieren. Davon kann auch die journalistische Arbeit einer Kirchenzeitungsredaktion und die einer Agentur wie der epd partizipieren.

Die Zauberworte dieser Tage heißen Digitalisierung und Mitglieder-Kommunikation. Kirchenpresse und Gemeindebrief klingen da wie Begriffe aus dem vergangenen Jahrtausend, einer längst überholten analogen Zeit. Print ist oldschool, unsexy und zu teuer. Die Papierpreise sind rapide gestiegen, der Vertrieb ist unrentabel ob der sinkenden Abonnentenzahlen und der mangelnden Infrastruktur. Damit haben nicht nur Kirchenzeitungen zu kämpfen. Die Tageszeitungen stehen massiv unter Druck. Der Markt befindet sich in einem Strukturwandel. Die Gesamtauflage der Tageszeitungen in Deutschland hat sich seit 1991 mehr als halbiert. Die digitale Transformation bringt nicht die erhofften Erlöse, weil sich die Inhalte schwer verkaufen lassen.

Seit 2023 werden im thüringischen Landkreis Greiz 300 Abonnenten der „Ostthüringer Zeitung“ nicht mehr mit der gedruckten Ausgabe beliefert. „Die Zustellkosten haben sich inzwischen so erhöht, dass wir mit den Abos in den Städten diejenigen in den ländlichen Gebieten subventionieren“, so Michael Tallai, Geschäftsführer der Funke Medien Thüringen. Dies wird kein Einzelfall bleiben. Der Appell an den Bund, die Verlage wirtschaftlich zu entlasten, um die flächendeckende Versorgung mit periodischen Presseerzeugnissen auch weiterhin zu gewährleisten, verhallt oder wird in Lippenbekenntnissen bei Sonntagsreden beantwortet. „Demokratie lebt von Teilhabe und Partizipation informierter Bürgerinnen und Bürger. Wir brauchen schnell eine Presseförderung, auch für unser Gemeinwohl“, so war es in der FAZ am 12. April 2023 im Beitrag „Presseförderung dient dem Gemeinwohl“ zu lesen. Das scheint umso wichtiger angesichts der Tatsache, dass die öffentlich-rechtlichen Rundfunkanstalten mit ihren stetig wachsenden Online-Angeboten, die ohne eine Bezahlschranke über den Rundfunkbeitrag finanziert werden, auch und gerade in der regionalen Berichterstattung den Zeitungsverlagen das Wasser abgraben.

Kooperation und Konzentration

Der Medienmanager und frühere GEP-Direktor Jörg Bollmann hat recht, wenn er Kooperationen fordert, um perspektivisch eine starke evangelische Stimme in der Öffentlichkeit und eine stabile Publizistik zu gewährleisten: „In Zeiten des digitalen Umbruchs ist eine engere Zusammenarbeit der Schlüssel dafür, die Herausforderungen der Zukunft anzugehen.“ Bei aller sinnvollen Kooperation, Konzentration und gemeinsamer Koordination sollten aber nicht die Regionen aus dem Blick geraten. Am Ort, im ländlichen Bereich oder in den Stadtteilen wird Kirche immer noch am stärksten wahrgenommen, und dort passiert kirchliches Leben. Robert Geisendörfer hat deshalb die Aufgaben evangelischer Publizistik in der ersten Mitgliederversammlung des GEP so formuliert: „Evangelische Publizistik hat zu repräsentieren, was immer an Fakten und Meinungen in der evangelischen Kirche registriert werden kann, vom theologischen Konzept bis zur Personalentscheidung, von der demoskopischen Umfrage bis zur Initiative einer Gemeinde.“ Dazu braucht es „Orientierer und Sortierer“, wie es Otmar Schulz in seinem Buch „Freiheit und Anwaltschaft“ ausdrückt, also Journalisten, die sich mit kirchlichen Themen auskennen und unabhängig sind, um neben Nachrichten auch Hintergründe und kritische Kommentare zu verfassen. Geisendörfers Verständnis von evangelischer Publizistik war es, die Kirche mit sich und mit der Welt ins Gespräch zu bringen.

Was bedeutet das nun heute für uns als Redaktion von „Glaube+Heimat“, die wir jede Woche für eine immer kleiner werdende Leserschaft eine gedruckte Zeitung produzieren? Mit unserer journalistischen Arbeit versuchen wir, den innerkirchlichen Diskurs zu beleben. Wir bringen Menschen zusammen, stoßen Diskussionen an, zeigen Missstände auf, präsentieren Lösungsansätze und zeigen die Vielfalt kirchlichen Lebens. Ja, die Kirchenzeitung ist auch Teil des Verkündigungsdienstes. Im Neuen Testament lesen wir sehr detailliert vom Leben der ersten Gemeinden. Die Paulusbriefe oder die Apostelgeschichte sind voll davon. Kein Bereich des Lebens wird ausgeklammert: der Umgang miteinander, die Bewältigung von Konflikten, Gemeindebau, Evangelium, Finanzen, Diakonie. Das gesamte Spektrum wird dort aufgefächert. Genaugenommen schreiben wir diese Teile des Neuen Testaments wöchentlich fort. Jetzt haben sich allerdings die Kommunikationsmittel verändert. Darauf müssen wir reagieren und haben es zum Teil schon getan.

Bestandsschutz und Innovation – Pfadfinder in Mitteldeutschland

Wir sind dabei, die digitale Transformation zu vollziehen, ohne dass dabei unsere Leser auf der Strecke bleiben. Zudem geht es darum, die bestehende Zielgruppe zu erreichen, die hochverbundenen, ehrenamtlichen Kirchenmitglieder, die ein Interesse an kirchlichen Informationen haben. Letztlich sollten alle Kirchenmitglieder in den Blick genommen werden. Die digitale Welt eröffnet Möglichkeiten der Kommunikation, die bei der Gründung der Kirchenzeitung und noch vor 50 Jahren undenkbar waren. Mit Printtitel und E-Paper wird nur ein kleiner Teil der Zielgruppe erreicht, ergab die Potenzial-Analyse unserer Leserumfrage von 2022. Mit Instrumenten zur Suchmaschinenoptimierung (SEO), beispielsweise der Auswertung von Website-Aktivitäten oder der Relevanz von Suchbegriffen zu einzelnen Themengebieten, lassen sich Zielgruppen im Netz identifizieren und das Nutzerinteresse analysieren. Wie wir die Zielgruppe der kirchlich Interessierten im weltweiten Netz erreichen können, ist unsere Herausforderung in den kommenden Jahren.

Dass die inhaltliche Ausrichtung der Kirchenzeitung auf eine hohe Akzeptanz stößt, hat unsere umfängliche Leserumfrage gezeigt. Die Zufriedenheitswerte bei der Leserschaft waren überdurchschnittlich. Auch die Resonanz auf die Beiträge auf der wöchentlichen Leserbriefseite und die kontroversen Debatten in den Online-Kommentaren bestätigen das Interesse an den Inhalten. Darüber hinaus ist „Glaube+Heimat“ mit den wöchentlichen Presseaussendungen exklusiver Inhalte mittlerweile die meistzitierte Kirchengebietspresse in der EKD. Um auch innerkirchlich die Reichweite zu steigern, bemühen wir uns um eine verstärkte Zusammenarbeit mit kirchlichen Einrichtungen und Werken im Bereich der Publizistik. Das geschieht über das Portal „Parochia“ in der EKM, aber auch in anderen Landeskirchen sowie auf ökumenischer Ebene in der Zusammenarbeit mit katholischen Bistümern.

Trotz Digitalisierung, Automatisierung und des Einsatzes von KI sind kirchennaher Journalismus und evangelische Publizistik nicht ohne fachspezifisches Personal zu haben. Die Riege der Fachjournalisten in diesem Bereich ist in den letzten Jahren stark zurückgegangen. Auf 100 Theologen sollte in der Kirche mindestens ein Journalist kommen, hatte einst Robert Geisendörfer gefordert. Erreicht wurde das nie. Heute sind wir davon weiter entfernt denn je. Viele wechseln das Genre oder arbeiten in den absenderorientierten Abteilungen kirchlicher Öffentlichkeitsarbeit, die im Gegensatz zur Kirchenpresse kontinuierlich erweitert wurden. Konzentration und Kooperation sind wichtig und sinnvoll, wenn sie nicht aus vermeintlichem Sparzwang und zu Lasten des Personals sowie der Inhalte passieren. Hierzu bedarf es einer Standortbestimmung und dem eindeutigen Bekenntnis zum Stellenwert evangelischer Publizistik.

Erprobungsraum Publizistik

Im letzten Interview mit der Kirchenzeitung zum Ende ihrer Amtszeit wurde Landesbischöfin Ilse Junkermann auch auf ihre Aussage angesprochen, dass die Kirche mit ihren Modellen und Vorstellungen am Ende sei. „Wenn es eine starke Reaktion gibt, zeigt das, dass ein kritischer Punkt getroffen ist und es dran ist, dass man sich damit auseinandersetzt." Ihre Äußerung wurde schließlich zum Ausgangspunkt für die sogenannten Erprobungsräume in der Kirche, so Junkermann. Wir müssen heute konstatieren, dass nicht nur die Kirche mit ihren bisherigen Modellen und Vorstellungen am Ende ist, sondern auch die kirchliche Publizistik. Die etablierten Modelle und Vorstellungen müssen durch neue ersetzt werden. Es geht darum, dass sich die evangelische Publizistik die Möglichkeiten der Kommunikationsformen des 21. Jahrhunderts zunutze macht. Für Luther war das Vehikel seiner Schriften der Buchdruck, für Geisendörfer die linearen Medien, und für uns ist es heute das Internet. Publizistik ist, wie Geisendörfer es ausdrückte, ein „Mittel der Freiheit". Den Freiraum journalistischer Arbeit in der Kirche zu sichern, sollte daher ein gemeinsames Anliegen sein. Geisendörfer war der Meinung, „dass eine solide, seröse, sachgemäße und kritische Publizistik eine wesentliche Voraussetzung für Kirche in dieser Zeit ist". Es ist zu wünschen, dass das die Herausgeber und Gesellschafter kirchlicher Verlage heute genauso sehen wie vor 50 und vor 100 Jahren.

Willi Wild ist seit 2015 Chefredakteur der Mitteldeutschen Kirchenzeitung „Glaube+Heimat“ sowie seit 2017 Geschäftsführer des Evangelischen Presseverbandes in Mitteldeutschland (EPVM).

NACHWORT

Joachim Liebig

Die Beiträge des vorliegenden Werkes beleuchten auf unterschiedliche Weise nicht nur die wechselvolle Geschichte einer regionalen Kirchenzeitung, sondern ordnen diese Geschichte in weit darüber hinausreichende Zusammenhänge ein. Dazu gehört ein durchaus kritischer Blick auf die Rolle kirchlicher Publizistik sowohl in der Zeit nach 1933 als auch in der Zeit nach 1945. In dankenswerter Weise werden dabei die kritischen Aspekte benannt. Es gehört zum Selbstbewusstsein des Protestantismus, wenigstens rückblickend und selbstkritisch schmerzvolle Aspekte zu benennen. Im Kern jedoch drehen sich die Erwägungen stets aufs Neue um die Frage, welche Rolle kirchliche Publizistik im Allgemeinen und im Besonderen hatte und in Zukunft haben wird. Sehr deutlich wird dabei, wie sehr auch die kirchliche Publizistik am Ende stets abhängig von dafür zur Verfügung stehenden Finanzmitteln ist. Dabei gelten für die kirchliche Publizistik vergleichbare Fragestellungen wie für säkulare Medien.

Pauschaliert scheint festzustehen, Printmedien seien in ihrer Reichweite beschränkt, während digitale Medien Aufwüchse zu verzeichnen haben. Nicht nur als passionierter Zeitungsleser seit Jahrzehnten bedaure ich diese Entwicklung. Die haptische Erfahrung einer analogen Zeitung ist für mich nicht ersetzbar. Möglicherweise wird es – freilich auf niedrigem Niveau – einen Grundbestand an Printmedien geben, da der Wunsch, eine gedruckte Zeitung in den Händen zu halten, vielleicht auch jüngere Menschen finden wird. Im Prinzip geht es jedoch weniger um die Ausspielwege der kirchlichen Publizistik, sondern um ihre kircheninterne und ihre gesamtgesellschaftliche Relevanz.

Die gesellschaftliche Relevanz von Kirche in Deutschland nimmt ab. Zu dieser Erkenntnis bedurfte es nicht der sechsten Kirchenmitgliedschaftsuntersuchung; sie ist gerade im mitteldeutschen Raum eine tägliche Realität. Erstaunlicherweise nimmt dabei die kirchliche Relevanz nicht in der Weise ab, wie es von außen betrachtet vielleicht erscheinen mag. Auch wenn Kirche in jeder Erscheinungsform seit Generationen in einer Minderheitensituation ist, wird sie weiterhin als relevanter Taktgeber gesellschaftlichen Zusammenlebens wahrgenommen. Diese Tatsache beruht allerdings nicht auf der Numerik großer Mitgliedszahlen. Vielmehr hat sie erfreulicherweise ihren tiefen Grund im guten Argument und einer spürbar im Evangelium Jesu Christi fundamentierten Haltung. Gerade in einer säkularen Gesellschaft ist der Eintrag einer religiösen Dimension – genauer: einer christlichen Dimension der Lebensdeutung – unabdingbar.

Dabei handelt es sich um eine Bringschuld der Kirche, ganz gleich, in welcher gesamtgesellschaftlichen Situation sie sich befinden mag. Die bisweilen anzutreffende Einstellung, Kirche sei zu finden und müssen nicht proaktiv die Stimme erheben, ist letztlich Ausdruck schwindender Glaubensstärke.

Kirchliche Publizistik ist eine Möglichkeit, öffentlich hörbar zu werden. Zugleich liegt darin auch eine der größten Gefährdungen. Exemplarisch wird dieses im Beitrag von Roland Rosenstock deutlich. Wäre kirchliche Publizistik tatsächlich eine Art publizistisch verlängerter Arm der kirchlichen Öffentlichkeitsarbeit, so hätte sie ihren Namen nicht verdient. Vielmehr muss sich kirchliche Publizistik, ebenso wie jede andere, auf ihre Letztbegründung befragen lassen. Parteinahen Zeitungen ist nicht vorzuwerfen, wenn ihre jeweilige Letztbegründung in der Programmatik der betreffenden Partei zu finden ist. Jede Art von Publizistik, die im weitesten Sinne eine Lebensdeutung für die Leserschaft bietet, muss zwingend eine solche Letztbegründung offenlegen können.

Mit dem bereits erwähnten protestantischen Selbstbewusstsein ist diese Letztbegründung in der Botschaft von der barmherzigen Gnade Gottes erkennbar und zugleich in größtmöglicher Weise diskursiv. Es sollte sogar ein zukünftig immer bedeutsamer werdender Anteil kirchlicher Publizistik sein, einen gesellschaftlichen Diskurs – bei gegebener Fundamentierung – in größtmöglicher Offenheit zu befördern und zu führen.

Gemeinsam mit jeder Publizistik steht damit auch die kirchliche in einer Verantwortung für den zukünftigen Weg unserer Gesellschaft. Werden wir zurückfallen in die verheerenden Botschaften der elementaren Vereinfacher, die damit populistisch Stimmen ergaunern? Oder werden wir vernünftig und fromm Gegenwarts- und Zukunftsfragen diskutieren und im Konsens einen Zukunftsweg gestalten?

Sollte also zukünftig unter dem fiskalischen Gesichtspunkt kirchliche Publizistik eingestellt werden, würde sich die Kirche damit einer wesentlichen Chance berauben, am gesellschaftlichen Diskurs in der für sie spezifischen Weise teilhaben zu können und ihn im besten Falle auch zu prägen.

Ein Blick in die Ökumene zeigt: Nur in wenigen Ländern ist eine vergleichbare publizistische Situation wie in Deutschland vorzufinden. Es scheint also für die Existenz von Kirche nicht zwingend zu sein, sich journalistisch zu äußern. Neben allen degressiven Erscheinungsbildern von Kirche in Deutschland, wie sie aktuell und seit längerer Zeit feststellbar sind, wäre es allerdings ein letztlich selbstverantworteter gravierender Schritt hin zu wachsender Selbstreferenzialität von Kirche, zu der gerade die Kirchenkritiker seit langer Zeit glaubende Menschen drängen wollen.

Auch die Kirchenzeitung „Glaube+Heimat" hat in ihrer 100-jährigen Geschichte immer wieder erfahren, wie vorwurfsvoll und teilweise aggressiv gefordert wurde, Kirche möge sich auf ihr „Eigentliches" zurückziehen. Dabei gehört es zum Eigentlichen des Evangeliums, öffentlich wirksam zu werden. Das fromme Selbstgespräch im stillen Kämmerlein ist denkbar, aber letztlich ein Zerrbild einer richtigen Praxis Pietatis. Kirche als Gemeinschaft der Glaubenden muss und will mit ihrer Botschaft in die Öffentlichkeit. Wenn sich Kirche damit selbstbewusst den Kriterien journalistischen Handwerks stellt und auf diese Weise gerade Menschen der Moderne ansprechen will, so ist das kein Luxus einzelner journalistisch Interessierter. Vielmehr ist es eine – wie im Falle von „Glaube+Heimat" dankenswerterweise seit 100 Jahren bestehende Chance, hörbar, sichtbar, lesbar zu sein. Nichts weniger ist der Auftrag, dem allein sich Kirche verpflichtet weiß.

So gilt es allen Beteiligten für ein Jahrhundert gemeinschaftlichen Ringens zu danken. Zu danken ist vor allem der treuen Leserschaft, die über Generationen das Erscheinen von „Glaube+Heimat" erst ermöglicht hat. In welcher Form auch immer möge „Glaube+Heimat" eine Zukunft haben.

Wir wären als Kirche andernfalls ärmer – wir wären als Gesellschaft andernfalls ärmer.

Joachim Liebig war bis 2024 Kirchenpräsident der Evangelischen Landeskirche Anhalts mit Sitz in Dessau. Er war langjähriger Vorsitzender des Evangelischen Presseverbandes in Mitteldeutschland sowie Mitglied im Aufsichtsrat des Gemeinschaftswerkes der Evangelischen Publizistik (GEP).